Roter Frauen- und Mädchenbund (RFMB) in Dresden und Ostsachsen 1925–1930

Chronik – Bilder – Dokumente

CHRISTIAN HERMANN

Roter Frauen- und Mädchenbund (RFMB) in Dresden und Ostsachsen 1925–1930

Chronik – Bilder – Dokumente

LEIPZIGER UNIVERSITÄTSVERLAG 2024

Das vorliegende Buch

Roter Frauen- und Mädchenbund (RFMB)
in Dresden und Ostsachsen 1925–1930
Chronik – Bilder - Dokumente

konnte nur aufgrund von vielfältiger Hilfe und Unterstützung erarbeitet werden. Dafür allen Beteiligten herzlichen Dank.

Herrn Prof. Dr. Hans-Jürgen Arendt, Schönheide, danke ich für das auf Anfrage sofort erteilte Einverständnis, seinen 2008 veröffentlichten grundlegenden Beitrag zum Roten Frauen- und Mädchenbund als Geleit dieses Buches verwenden zu dürfen. Ebenfalls Dank auch an die „Louise-Otto-Peters-Gesellschaft e.V.", Leipzig, für die Nachdruckgenehmigung.

Dem Militärhistorischen Museum der Bundeswehr in Dresden gebührt mein Dank, in Sonderheit

- Herrn Dr. Dr. Rudolf J. Schlaffer, Oberstleutnant und Direktor, für die freundlich erteilte Genehmigung zur Nutzung der musealen Sammlungen,
- den Mitarbeiterinnen und Mitarbeitern der Sachgebiete Bildgut und Orden/Varia für die schnelle Ermittlung und unkomplizierte Bereitstellung benötigter Ausstellungsstücke und
- den Mitarbeiterinnen der Bibliothek/Fachinformationsstelle für ihre gewissenhaften Literaturrecherchen, für die zuverlässige Literaturbereitstellung sowie für die gewährte technische Unterstützung.

Ebenso danke ich

- Herrn Dr. sc. Gerald Diesener, Geschäftsführer der Leipziger Universitätsverlag GmbH, für die Aufnahme dieses Buches ins Verlagsprogramm und für seinen unermüdlichen verlegerischen Einsatz sowie
- Frau Dipl.-Grafik-Designerin Annett Jana Berndt, Radebeul, für die äußerst gelungene Gestaltung dieses Buches zum RFMB in Dresden und Ostsachsen.

Christian Hermann

Dresden, im Januar 2024

Bibliografische Information der Deutschen Nationalbibliothek

Die Deutsche Nationalbibliothek verzeichnet diese Publikation in der Deutschen Nationalbibliografie; detaillierte bibliografische Daten sind im Internet über http://dnb.d-nb.de abrufbar.

Gesamtgestaltung und Satz: Annett Jana Berndt, Grafikdesign
Druck: docupoint GmbH, Barleben
ISBN 978-3-96023-565-1

INHALT

1. Zum Geleit

Hans-Jürgen Arendt

Der Rote Frauen- und Mädchenbund in der Weimarer Republik*

Schon kurze Zeit nach der Gründung der Kommunistischen Internationale im März 1919 begann in mehreren ihrer Parteien, darunter auch in der KPD, eine Diskussion zu der Frage, ob es zweckmäßig sei, spezifische Organisationen für Frauen ins Lebens zu rufen. Es ging dabei nicht um die weiblichen Parteimitglieder, sondern um Frauen außerhalb der kommunistischen Parteiorganisationen.

In seinen Gesprächen mit Clara Zetkin vertrat Lenin den Standpunkt, dass die kommunistischen Parteien unbedingt Organe brauchten, „deren besondere Aufgabe es ist, die breitesten Frauenmassen zu wecken, mit der Partei zu verbinden und dauernd unter ihrem Einfluss zu halten ... Das ist nicht Feminismus, das ist praktische revolutionäre Zweckmäßigkeit".[1] Auch die II. Konferenz Internationaler Kommunistischer Korrespondentinnen, die am 24. Oktober 1922 in Berlin tagte, sah in der Schaffung überparteilicher Frauenorganisationen eine Form, mit der in bestimmtem Umfange der Weg zu parteilosen proletarischen Frauen gefunden werden konnte.[2] Sie sah dabei nicht zuletzt die in großer Zahl vorhandenen, in politischer Hinsicht sehr differenzierten bürgerlichen Frauenorganisationen, die sich seit den sechziger Jahren des 19. Jahrhunderts entwickelt hatten und die auch Einfluss auf Teile des weiblichen Proletariats ausübten. Dennoch blieb es in der kommunistischen Bewegung – und das bis in die dreißiger Jahre hinein – bei großen Vorbehalten gegen Frauenorganisationen. Ihnen wurde mit dem Hinweis auf die angeblich bestehende Gefahr des „Frauenseparatismus" begegnet und der Stadtpunkt vertreten, die Frauen sollten sich doch in anderen Massenorganisationen des Proletariats und natürlich in den Gewerkschaften gemeinsam mit den Männern organisieren.

* Erstmals veröffentlicht in: Politikverbot, Politikzugang, Politikverdruss? Frauen und Politik im 19. Und 20. Jahrhundert. Berichte vom 16. Louise-Otto-Peters-Tag 2008 Leipzig, Leipzig 2009, S. 104-110. – Dank für die Genehmigung zum Nachdruck an Hans-Jürgen Arendt und an die „Louise-Otto-Peters-Gesellschaft e.V.", Leipzig.

1 Clara Zetkin: Erinnerungen an Lenin. In: Dies.: Ausgewählte Reden und Schriften. Bd. III, Berlin 1960, S. 145.

2 Vgl. Dieter Götze: Zur Entwicklung der internationalen kommunistischen Frauenbewegung zwischen dem II. und IV. Weltkongress der Komintern. In: Beiträge zur Geschichte der Arbeiterbewegung. Berlin. Heft 2 (1977), S. 262.

In der UdSSR, dem Land, das von der stärksten und erfolgreichsten kommunistischen Partei geführt wurde, an deren politischer Praxis sich die anderen Parteien der Kommunistischen Internationale zunehmend orientierten – es sei nur das Stichwort „Bolschewisierung" genannt –, gab es keine Frauenorganisationen.[3] Von dort her kamen also keine Impulse zur Gründung solcher Vereinigungen.

So ist es denn auch nicht verwunderlich, daß der deutsche Rote Frauen- und Mädchenbund bzw. sein unmittelbarer Vorläufer, die Rote Frauenliga, nicht einer Initiative des frauenpolitischen Apparates der Partei[4] seine Entstehung verdankt, sondern der Bundesleitung des Roten Frontkämpferbundes (RFB), dessen Ortsgruppen seit Sommer 1924 entstanden. Man kann fast von einer Verlegenheitslösung sprechen. Proletarische Frauen, vor allem aus der jüngeren Generation, hatten sich nämlich dem RFB angeschlossen, der aber als eine quasi paramilitärische Organisation („Schutz- und Wehrorganisation") damit seine Schwierigkeiten hatte. Frauen – so wurde von mehreren Bezirksleitungen des RFB der Bundesleitung gegenüber argumentiert – waren angeblich den physischen Anstrengungen der Märsche und felddienstartigen Übungen nicht gewachsen.

Inwieweit hier eher männerbündische Vorstellungen das Argument stützten, sei dahingestellt. Immerhin gab es vor allem in den Bezirksorganisationen Wasserkante (Hamburg), Thüringen, Westsachsen und Pfalz Gegenargumente, wobei auch auf historische Beispiele verwiesen wurde: Frauen bei der Verteidigung der Pariser Kommune (1871), die Rolle von Frauenbataillonen im russischen Bürgerkrieg, auch die Tatsache, dass Frauen sich stets im Sanitätsdienst bewährt hatten, nicht zuletzt, dass im Lager des politischen Gegners, im Umfeld des „Stahlhelm. Bund der Frontsoldaten" ein Frauenbund entstanden war.[5]

Doch diese Argumente setzten sich nicht durch. Sie führten zumindest nicht zu der Schlussfolgerung, die Frauen und Mädchen weiterhin im RFB zu belassen. Bei der Abstimmung auf der 2. Reichskonferenz des RFB in Berlin im Mai 1925 wurde vielmehr beschlossen, „die bestehenden Frauen- und Mädchenabteilungen obligatorisch vom RFB

---

3 Ausgehend vom System der Sowjets wurde 1923 in der UdSSR mit dem Aufbau der sogenannten Frauendelegiertenbewegung begonnen, deren Ziel es war, parteilose Frauen an das politische Leben heranzuführen, sie mit der KPdSU (B) zu verbinden und den Staatsorganen sowie den Leitungen der Betriebe gegenüber spezifische Interessen der Frauen zum Ausdruck zu bringen. Auf öffentlichen Frauenversammlungen erfolgte die Wahl der Delegierten in Komitees werktätiger Frauen gewöhnlich für ein Jahr.

4 Bei der Zentrale der KPD bestand seit 1920 das Reichsfrauensekretariat, aus dem 1926 die Frauenabteilung des Zentralkomitees hervorging. Bei den Bezirksleitungen bestanden Frauenabteilungen.

5 Gemeint ist der Bund Königin Luise, der 1923 in Halle (Saale) gegründet wurde. 1928 entstand außerdem noch der Stahlhelm-Frauenbund.

loszulösen und die Erfassung und Sammlung der Frauen im Roten Frauenbund durchzuführen", zu dem der RFB dann in ein Kartellverhältnis treten sollte.[6] Die Frauen und Mädchen wurden quasi aus der Organisation hinausgeworfen, was bei vielen von ihnen selbst natürlich auf Widerspruch stieß, wie schon auf der Reichskonferenz deutlich wurde. Der Mehrheitsbeschluss der Konferenz war tatsächlich ein Verstoß gegen eine Grundposition der Kommunistischen Internationale, wonach „grundsätzlich proletarische Frauen von keiner proletarischen Organisation ausgeschlossen werden können".[7]

Die Probleme beschäftigten nun auch die Zentrale der KPD, in der zu dieser Zeit weitreichende politische Veränderungen vor sich gingen, auf die hier allerdings nicht weiter eingegangen werden soll. Während die von Erna Halbe geleitete Frauenabteilung der Zentrale weiterhin den Standpunkt vertrat, dass eine besondere Frauenorganisation nach wie vor nicht zweckmäßig sei, befürwortete die das Frauensekretariat der Kommunistischen Internationale leitende Clara Zetkin „die Gründung eines Frauen-Agitationsorgans unter kommunistischer Führung", weil – wie sie am 24. Juli 1925 an ihre Mitarbeiterin Herta Sturm schrieb – die proletarische Einheitsfront „auch von dieser Seite her" gebildet werden müsse.[8] Clara Zetkin sah also in der Bildung einer Frauenorganisation, mochte diese auch ihren Ursprung in den Frauen- und Mädchenabteilungen des RFB haben, eine Chance für die Einheitsfrontpolitik und die Möglichkeit, mit Hilfe dieser Organisation neben vielen parteilosen Frauen auch Sozialdemokratinnen für die Einheitsfront zu gewinnen. Im Umfeld der SPD gab es übrigens keine Frauenorganisation.

In dieser Zeit, im Sommer 1925, entstanden nach dem Beschluss der 2. Reichskonferenz des RFB vielerorts Gruppen der Roten Frauenliga, und in der Bundesleitung des RFB wurde – auf Veranlassung Ernst Thälmanns – ein Statutenentwurf für die Organisation ausgearbeitet, die die Bezeichnung „Roter Frauen- und Mädchenbund" tragen sollte. Dessen förmliche Gründung erfolgte am 29. November 1925 auf einer Konferenz von 60 Delegierten im Lehrervereinshaus am Berliner Alexanderplatz. Ernst Schneller, Mitglied der Zent-

6 Zit. b. Kurt G. P. Schuster: Der Rote Frontkämpferbund 1924–1929. Beiträge zur Geschichte und Organisationsstruktur eines politischen Kampfbundes, Düsseldorf 1975, S. 117. [Nachtrag Ch.H.: Schuster zitiert nach einer Anlage zum Bericht W.24 des Poizeipräsidiums Stuttgart vom 21. Juli 1924. Aber im Originalprotokoll der 2. RFB-Reichskonferenz vom 22./23. Mai 1925 heißt es im Beschluß zum Antrag 13b nicht „obligatorisch", sondern „organisatorisch".]

7 Bericht über die Verhandlungen des 10. Parteitages der KPD (Sektion der KI), Berlin vom 12. bis 17. Juli 1925. Berlin 1926, S. 764.

8 Ehem. Zentrales Parteiarchiv der KPdSU (jetzt im Russischen Zentrum für die Aufbewahrung und das Studium von Dokumenten der neuesten Geschichte, Moskau), Fonds 507/2/67. – Bezüglich der in den Anmerkungen 8 und 14 genannten Archivalien ist der Verfasser Frau Dr. Gudrun Partlsch zu Dank für die Quellenexzerpte verpflichtet.

rale der KPD, hielt das Referat. Zur Vorsitzenden wurde die auf der Konferenz selbst nicht anwesende Clara Zetkin gewählt, zu ihrer Stellvertreterin die bisher als Chefredakteurin bei der „Niedersächsischen Arbeiterzeitung" in Hannover tätige 31 Jahre alte Helene Overlach, in deren Händen dann die eigentliche Leitung der Organisation lag.

Sie war die Tochter eines Arztes, von Beruf Handelslehrerin. Über die Freie Sozialistische Jugend und den Kommunistischen Jugendverband war sie zur KPD gekommen. Ab 1928 leitete sie die Frauenabteilung des ZK der KPD, gehörte diesem selbst auch an, später – als Kandidatin – auch dem Politbüro, und sie war außerdem Abgeordnete des Reichstages.[9]

Bis 1928 entstanden in ganz Deutschland etwa 400 Ortsgruppen des RFMB, hauptsächlich in den Großstädten, aber auch in kleineren Städten und vereinzelt auch auf dem Lande. Sie wurzelten im Milieu der Arbeiterviertel und erfassten vor allem junge Arbeiterfrauen, nur unzureichend jedoch Arbeiterinnen. Etwa ein Fünftel von ihnen war bereits in der KPD organisiert – in ihren Händen konzentrierten sich auch die Leitungsfunktionen; - bei den übrigen, parteilosen Mitgliedern handelte es sich eindeutig um Sympathisantinnen der kommunistischen Bewegung, um Sozialdemokratinnen wohl so gut wie nicht. Insofern ist die von Clara Zetkin betonte einheitspolitische Zielstellung nicht erreicht worden, wenn man einmal davon absieht, dass bereits einige Monate nach der Gründung des RFMB die von beiden Arbeiterparteien getragene Kampagne für die entschädigungslose Enteignung der in der Novemberrevolution gestürzten Fürsten auch die Frauen beider Parteien und der mit ihnen verbundenen Organisationen vereinte.

Die Wirksamkeit des RFMB war einerseits geprägt von Grundpositionen, die sich in den von der Gründungskonferenz beschlossenen Richtlinien über Zweck und Aufgaben des Bundes[10] finden, andererseits von aktuellen Aufgaben, die die KPD in der jeweils gegebe-

---

9 Zu Helene Overlach (1894-1983) vgl. Hans-Jürgen Arendt: Sie stritt mit Herz und Verstand für den Sozialismus. Helene Overlach. In: Beiträge zur Geschichte der Arbeiterbewegung. Berlin. Heft 6 (1988), S. 803-812; Hermann Weber/Andreas Herbst: Deutsche Kommunisten. Biographisches Handbuch 1918–1945. Berlin 2004, S. 552-553.

10 Bundesarchiv Berlin. Stiftung Archiv der Parteien und Massenorganisationen der DDR. Bestand Zentrales Parteiarchiv der SED. Nr. 85/1207. Bl. 22 ff. – Zum RFMB vgl. Hans-Jürgen Arendt/Werner Freigang: Der Rote Frauen- und Mädchenbund – die revolutionäre Frauenorganisation in der Weimarer Republik. In: Beiträge zur Geschichte der Arbeiterbewegung. Berlin. Heft 2 (1979), S. 249-258; Werner Freigang: Die Frauenpolitik der KPD in den Jahren der relativen Stabilisierung des Kapitalismus (unter besonderer Berücksichtigung der Zeit vom 9. Parteitag 1924 bis zum 11. Parteitag 1927). Phil. Diss. Leipzig 1972, Bl. 78-116 (ungedr.). Ders.: Von der Roten Frauenliga zum Roten Frauen- und Mädchenbund (Mai bis November 1925). In: Mitteilungsblatt der Arbeitsgemeinschaft „Geschichte des Kampfes der deutschen Arbeiterklasse um die Befreiung der Frau". Leipzig. Heft 3 (1973), S. 14-26; Kurt G. P. Schuster: Der Rote Frontkämpferbund (vgl. Anm. 6), S. 116-122.

nen Situation den um sie gescharten Massenorganisationen stellte bzw. wie sie sich tatsächlich aus den sozialen und politischen Auseinandersetzungen ergaben.

Da nur verhältnismäßig wenige Arbeiterinnen der Organisation angehörten und Betriebsgruppen des RFMB sich kaum zu bilden vermochten, war es schwierig, der in den Richtlinien gestellten Aufgabe zu entsprechen, die Auswirkungen der Rationalisierung in den Betrieben zu bekämpfen. Aber gemeinsam mit der Internationalen Arbeiterhilfe (IAH) und anderen proletarischen Organisationen engagierten sich RFMB-Gruppen bei Solidaritätsaktionen für streikende Belegschaften, etwa beim mehrwöchigen großen Streik der Mansfelder Bergarbeiter im Sommer 1930. In seiner Presse – die Bundesleitung gab die in 30.000 Exemplaren erscheinende „Frauenwacht" heraus – propagierte der RFMB die Frauenpolitik der KPD, die Gesetzentwürfe der kommunistischen Reichstagsfraktion von 1925 und 1928 für eine Reform des Mutter- und Kinderschutzes sowie die Forderung, den Paragraphen 218 des Strafgesetzbuches zu beseitigen. Der RFMB trat engagiert für die soziale Indikation ein. Der Kampf gegen den sogenannten Abtreibungsparagraphen war eines der großen sozialpolitischen Themen in der Weimarer Republik, nicht erst, nachdem Friedrich Wolfs Drama „Cyankali" auf den Theaterbühnen die Szene zum Tribunal machte.

Natürlich propagierte der RFMB – so vorbehaltlos wie die KPD auch – die Politik und das Leben in der Sowjetunion, warnte – besonders im Zusammenhang mit der Kampagne gegen den Bau des Panzerkreuzers A 1928 – vor Kriegsvorbereitungen und bekannte sich zur Solidarität mit der internationalen proletarischen Frauenbewegung, so, wenn er z. B. gegen die Einkerkerung der Streikführerinnen im großen Textilarbeiterstreik von Gastonia (USA) protestierte. Freundschaftliche Beziehungen bestanden zur französischen Schwesterorganisation „Union Fraternelle des Femmes contre la Guerre", zu den britischen Arbeiterfrauen-Gilden und anderen ausländischen Organisationen. Die Kritik der bürgerlichen Frauenorganisationen erfolgte wenig differenziert; ein gewisses Verständnis fand lediglich die pazifistisch orientierte „Internationale Frauenliga für Frieden und Freiheit".[11]

Immer wieder nahmen die Organisationen des RFMB an öffentlichen Kundgebungen des RFB teil, die Frauen vielfach einheitlich bekleidet mit Windjacken und charakteristischen roten Kopftüchern oder Baskenmützen. Der RFMB vermochte nie, seine Herkunft zu verleugnen. In einer Resolution kritisierte selbst der XI. Parteitag der KPD im März 1927 „die dem Bund infolge seiner Entwicklung anhaftenden Mängel". In der Resolution wurde der

11 Vgl. Dokumente und Materialien zur Geschichte der deutschen Arbeiterbewegung. Bd. VIII: Januar 1924 – Oktober 1929. Berlin 1975, S. 665-671 (Richtlinien der Bundesleitung des RFMB vom Februar 1928 für die Arbeit des RFMB zur Bekämpfung der bürgerlichen Frauenorganisationen).

militärische Anstrich und die übertrieben Teilnahme an Roten Tagen des RFB benannt und gemahnt: der RFMB müsse zur Erhöhung seiner Werbekraft mehr als bisher sein eigenes Gesicht als revolutionäre proletarische Frauenorganisation hervorkehren.[12] Zu dieser Orientierung passte dann freilich nicht, dass der RFMB auf seinen III. Reichskongress, der im August 1929 in Erfurt stattfand, wegen der Gefahr eines neuen Kriegsabenteuers gegen die UdSSR den Beschluss fasste, sich besonders der militärischen Ausbildung seiner Mitglieder zu widmen.[13] Doch ist zu vermuten, dass dieser Beschluss vom Apparat der KPD selbst angeregt, wenn nicht gar von diesem formuliert war.

Tatsächlich setzten derartige Orientierungen und Praktiken des Organisationslebens dem Masseneinfluss des RFMB nicht zu unterschätzende Grenzen. Clara Zetkin, die wiederholt beklagte, dass ihr Gesundheitszustand und die Tätigkeit in Moskau ihr kaum Möglichkeiten ließen, die Aufgabe als gewählte Vorsitzende der Organisation wahrzunehmen, erblickte in solchen Elementen des politischen Stils der Organisation einen Ausdruck der ungenügenden Beachtung weiblicher Mentalität. Bereits im Januar 1926 hatte sie darauf hingewiesen, dass es etwas anderes sei, breite politisch indifferente Frauenmassen organisatorisch sammeln zu wollen als jene Schichten des weiblichen Proletariats, „die einen militärischen Einschlag haben".[14] Sie war auch der Auffassung, dass die auf Initiative von Kommunisten geschaffenen überparteilichen Frauenorganisationen nach außen hin nicht ein Schild tragen dürften, „auf dem dick rot angemalt die Firma steht: Kommunistische Organisation".[15] Dagegen war freilich mit der Bezeichnung „Roter Frauen- und Mädchenbund" schon bei der Gründung verstoßen worden, womit deutlich wird, dass Clara Zetkin nicht wirklich daran beteiligt war. Clara Zetkin, die 1927 in ihr achtes Lebensjahrzehnt eintrat, orientierte immer wieder auf die Schulungsarbeit, in der sie eine wichtige Voraussetzung für die Entfaltung der Massenwirksamkeit der Organisation erblickte. Aber diese kam offensichtlich über Anfänge nicht hinaus.

Der RFMB vermochte sich nicht wirklich zu einer Massenorganisation zu entwickelt, wie speziell Clara Zetkin sie sich vorstellte. Der Grund dafür lag freilich nicht darin, dass sich die zumeist jungen, unerfahrenen, nichtsdestoweniger von viel politischem Idealismus getragenen Mitglieder zu wenig engagierten. Es waren vielmehr die ernsten Mängel in der

12 Dokumente der revolutionären deutschen Arbeiterbewegung zur Frauenfrage 1848–1974. Auswahl. Hrsg. v. d. Forschungsgemeinschaft „Geschichte des Kampfes der deutschen Arbeiterklasse um die Befreiung der Frau" an der Pädagogischen Hochschule „Clara Zetkin" Leipzig. Leipzig 1975, S. 110 (Resolution des 11. Parteitages der KPD, Essen, 2.–7. März 1927, zur Arbeit unter den Frauen).

13 Vgl. Frauenwacht. Berlin. Nr. 12 (1929), S. 5.

14 Ehem. Zentrales Parteiarchiv der KPdSU (vgl. Anm. 8), Fonds 507/3/46.

15 Internationale Presse-Korrespondenz. Berlin. Nr. 74, S. 1174.

Politik der KPD, der von der Parteiführung um Thälmann verantwortete ultralinke Kurs, der der Massenwirksamkeit der Partei und aller mit ihr verbundenen Organisationen Grenzen setzte, besonders der Kurs, der unter Stalins maßgeblichem Einfluss ab 1928 eingeschlagen wurde. Speziell für den RFMB kam hinzu, dass die Führung der KPD sich unter dem Einfluss der Kommunistischen Internationale in ihrer Frauenpolitik seit dem Frühjahr 1929 immer mehr auf eine andere Form der massenpolitischen Wirksamkeit orientierte: die Bewegung der Konferenzen werktätiger Frauen, die ihre Höhepunkte in den beiden Reichskongressen werktätiger Frauen Deutschlands im Oktober 1929 und November 1930 sowie in sieben Landeskongressen im Herbst 1931 fand.[16]

Bis 1927 entwickelte sich der RFMB, was seine Mitgliederzahlen anbelangt, durchaus erfolgreich: Besaß er im Januar 1926 etwa 4.000 Mitglieder, so erreichte er 1927 die Zahl von etwa 25.000. Das war die höchste Zahl, und das waren etwa 8.000 Frauen mehr, als zu dieser Zeit in der KPD organisiert waren. Der RFMB hatte aber zugleich 14.000 Mitglieder weniger als der weibliche Anteil in der Roten Hilfe Deutschlands (RHD). Das war eine kommunistische Solidaritätsorganisation, der seit 1927 mehr als 39.000 Frauen und Mädchen angehörten,[17] was m. E. deutlich macht, dass die praktischen Aufgaben, wie die Rote Hilfe und übrigens auch die Internationale Arbeiterhilfe (IAH) sie wahrnahmen, Aufgaben im Bereich der proletarischen Solidarität, die Frauen mehr ansprachen als jene, die der RFMB in den Vordergrund stellte. Und wenn wir schon bei Zahlen sind, ist nicht zu vergessen, dass in den bürgerlichen Frauen- und Mädchenorganisationen, vor allem in den um die beiden großen Kirchen gruppierten, Ende der zwanziger Jahre etwa 5 Millionen Mitglieder organisiert waren. Neben dem RFMB existierten 230 andere Frauenorganisationen in Deutschland.[18] Zu ihren Mitgliedern gehörten auch viele Arbeiterfrauen.

Zu den Schwierigkeiten, mit denen der RFMB in seiner Entwicklung konfrontiert war, gehörten neben dem Einfluss innerer Faktoren der Einfluss äußerer. Die Wirksamkeit sozial-

16 Vgl. dazu Hans-Jürgen Arendt: Der Kampf der Kommunistischen Partei Deutschlands um die Einbeziehung der werktätigen Frauen in die revolutionäre deutsche Arbeiterbewegung in der Periode der Weltwirtschaftskrise (1929 bis 1932). Phil. Diss. Karl-Marx-Universität Leipzig 1970, S. 81-140 und 207-221 (ungedr.). Ders. und Siegfried Scholze: Zur Rolle der Frau in der Geschichte des deutschen Volkes (1830 bis 1945), Leipzig 1984, S. 188 f., 193, 200 f., 209 f.

17 Belege für die Zahlen bei Hans-Jürgen Arendt: Zum Anteil der Frauen in den Organisationen der deutschen Arbeiterbewegung in den Jahren der Weimarer Republik. In: Mitteilungsblatt (vgl. Anm. 10), S. 17-31. Für den RFMB liegt für die Folgezeit nur noch eine Zahl aus dem Jahre 1928 vor: 18.000 Mitglieder. Vgl. Gertrud Alexander: Mobilisierung der Frauen. Die imperialistische Kriegsgefahr und die Frauen, Hamburg/Berlin 1928, S. 48.

18 Vgl. dazu Hans-Jürgen Arendt: Die bürgerlichen Frauenorganisationen in der Weimarer Republik. Ein Überblick. In: Jahrbuch für Geschichte, Bd. 38, Berlin 1989, S. 167-200.

demokratischer und bürgerlicher Organisationen ist hier zu nennen, der mentale Faktor ist schon angedeutet worden; das in der Gesellschaft herrschende Frauenleitbild kann nicht außer Acht gelassen werden. Und da war auch die Staatsmacht, unter deren argwöhnischen Blicken sich das Wirken des RFMB vollzog. Wie die in den Archiven überlieferten Akten zeigen, führten der Reichskommissar für Überwachung der öffentlichen Ordnung bzw. die Nachrichtenabteilungen der Innenministerien systematisch Buch über die Organisation. Nach den blutigen Berliner Maiereignissen 1929[19] verboten auf Verlangen des Reichsinnenministers Severing (SPD) die Innenminister der deutschen Länder den Roten Frontkämpferbund. Das württembergische Innenministerium nutzte die Gelegenheit, den RFMB, den es als „Zweigorganisation" des RFB betrachtete, gleich mit zu verbieten. Unter Berufung auf das Reichsvereinsgesetz protestierte die Stuttgarter Gauleitung des RFMB dagegen, und das württembergische Innenministerium erhielt sogar vom Reichsinnenminister die Empfehlung, das Verbot zu überprüfen,[20] doch wohl ohne Erfolg. In anderen Ländern beschlagnahmte die Polizei Fahnen der Organisation, wenn diese bei Demonstrationen mitgeführt wurden. Funktionärinnen wurden vorübergehend festgenommen. Es entstand 1929/30 eine Situation, die die Fortsetzung der öffentlichen Wirksamkeit des Bundes sehr erschwerte. Als im Herbst 1930 auf Initiative der KPD der Kampfbund gegen den Faschismus geschaffen wurde, traten die noch existierenden RFMB-Gruppen diesem bei und bildeten in dieser Organisation sogenannte Frauenstaffeln. Sie sahen sich – wie auch die anderen Arbeiterorganisationen, einschließlich der sozialdemokratischen – zunehmend dem Terror von Hitlers SA und SS ausgesetzt und gehörten im Frühjahr 1933 mit zu den ersten Verfolgten des Naziregimes. Es waren nicht zuletzt frühere RFMB-Mitglieder, die in die ersten Frauenkonzentrationslager verschleppt wurden.

Helene Overlach, die einstige stellvertretende Bundesvorsitzende, wurde bei illegaler Arbeit im Dezember 1933 im Ruhrgebiet verhaftet, vom Oberlandesgericht Hamm zu drei Jahre Zuchthaus verurteilt und nach ihrer Strafverbüßung zunächst in das Konzentrationslager Moringen und danach in das KZ Lichtenburg eingeliefert, von dort 1938 entlassen, im August 1944 aber erneut verhaftet und in das Frauenkonzentrationslager Ravensbrück gebracht. Ähnliche Schicksale trafen andere Mitglieder der RFMB-Bundes- und Gauleitungen. Die ehemalige Leiterin des Gaues Ostsachsen und KPD-Landtagsabgeordnete Helene Glatzer wurde wegen illegaler Arbeit im Widerstand im Januar 1935 von der Gestapo in Halle verhaftet und wenige Tage später im Polizeigefängnis der Saalestadt ermordet.[21]

19 Vgl. dazu Thomas Kurz: „Blutmai". Sozialdemokraten und Kommunisten im Brennpunkt der Berliner Ereignisse von 1929. Mit einem Geleitwort von Heinrich August Winkler. Berlin/Bonn 1988.

20 Bundesarchiv Potsdam, Reichsministerium des Innern, Nr. 25668/15, Bl. 240.

21 Vgl. Hermann Weber/Andreas Herbst: Deutsche Kommunisten (vgl. Anm. 9), S. 248.

2. Vorbemerkung

Im Sommer 1924 wird von der Kommunistischen Partei Deutschlands (KPD) der Rote Frontkämpferbund (RFB) gegründet und am 13. August 1925 als „Roter Frontkämpferbund. Reichsbund proletarischer Kriegsteilnehmer Deutschlands e.V." in das Vereinsregister eingetragen.

Der RFB soll möglichst viele Proletarier, vor allem die Soldaten des Ersten Weltkrieges, als Mitglieder gewinnen und sie ideologisch und organisatorisch an die KPD binden. Propagiert als Organisation der Einheitsfront, wirkt der RFB von 1924 bis 1929 als proletarische Schutz- und Wehrorganisation, vor allem aber als Demonstrations- und Agitationstruppe der KPD.

Eine derartige proletarische Organisation gibt es für Frauen und Mädchen in den 1920er Jahren nicht. Deshalb treten sie – teils gegen männlichen Widerspruch – den RFB-Ortsgruppen bei, bilden auch eigene „rote" Gruppen. Im Mai 1925 beschließt die 2. RFB-Reichskonferenz die Trennung der Frauen vom RFB und ihre Erfassung in einer eigenständigen Organisation. Daraufhin wird am 29. November 1925 der „Rote Frauen- und Mädchenbund" (RFMB) als offiziell außerparteiliche, tatsächlich aber – wie auch der RFB – von der KPD geführte proletarische Organisation gegründet.[1]

Im KPD-Bezirk Ostsachsen werden ab 1925 nach und nach 24 Ortsgruppen des Roten Frauen- und Mädchenbundes gebildet[2] und im RFMB-Gau Ostsachsen zusammengefasst.[3] Die RFMB-Gauleitung hat ihren Sitz in Dresden, dem sogenannten Gauvorort. Die

1 In den Richtlinien der KPD über die Fraktionsarbeit im RFMB vom Frühjahr 1927 heißt es u.a.: „Der RFMB. ist eine Hilfsorganisation im Klassenkampf, die bereits indifferente Frauenschichten erfassen und zu Klassenkämpferinnen erziehen soll. Er wendet besondere Methoden der Agitation und Propaganda an, indem er stets an die Tagesnöte und Sorgen der Frauen anknüpft [...] Die Verbindung politischer Aufklärung mit proletarischer Unterhaltung, die Pflege des Gemeinschaftslebens in den Ortsgruppen und Abteilungen, die Pflege der proletarischen Disziplin, des demonstrativen Charakters des [Roten Frauen- und Mädchen-]Bundes durch Abzeichen, Bundeskleidung usw. verstärken seine Werbekraft."

2 siehe Inhalt Punkt 4.3.1 und 4.3.2

3 Der RFMB-Gau Ostsachsen (Dresden) ist bis zur 5. RFMB-Gaukonferenz am 19. Januar 1930 selbständig und geht dann durch Vereinigung mit den RFMB-Gauen Westsachsen (Leipzig) und Erzgebirge/Vogtland (Chemnitz) in dem neugebildeten RFMB-Gau Sachsen auf.

RFMB-Ortsgruppe Groß-Dresden ist mit etwa 300 Mitgliedern[4] die stärkste Ortsgruppe im RFMB-Gau Ostsachsen und als einzige in Abteilungen untergliedert.[5]

Seit ihrem Entstehen werden die RFMB-Ortsgruppen – ebenso wie die des RFB und weiterer proletarischer Organisationen – von den örtlichen Polizeibehörden überwacht, die Ergebnisse beim Sächsischen Ministerium des Innern (Dresden) zusammengefasst und dem Reichsinnenministerium (Berlin) gemeldet. Ziel ist die Kontrolle der Aktivität und der Wirksamkeit des RFMB, der einerseits in enger Verbindung mit der KPD und dem RFB steht und handelt, andererseits aber als eine selbständige Organisation proletarischer Frauen (KPD-Mitglieder und Parteilose) angesehen wird.

Die nachfolgend wiedergegebene, im Jahre 1928 durch die RFB-Bundesleitung veröffentlichte Charakterisierung und politische Einordnung des Roten Frontkämpferbundes (RFB) kann zweifellos auch für den Roten Frauen- und Mädchenbund (RFMB) Verwendung finden, wenn nur die Bezeichnung „Roter Frontkämpferbund" durch „Roter Frauen- und Mädchenbund" ausgetauscht wird.

„Der Rote Frontkämpfer-Bund *[→ Rote Frauen- und Mädchenbund]* ist eine außerparteiliche proletarische Massenorganisation. Führung und Mitgliedschaft rekrutieren sich [...] restlos aus der proletarischen Klasse. Der RFB. *[→ RFMB.]* ist keine kommunistische Parteiorganisation, keine ‚Abteilung' oder ‚Filiale' der Kommunistischen Partei. Die Mitgliedschaft des RFB. *[RFMB.]* setzt sich aus kommunistischen und aus parteilosen klassenbewussten Arbeitern *[Arbeiterinnen]* zusammen, die auf dem Boden des revolutionären Klassenkampfes stehen. Der RFB. *[RFMB.]* erblickt jedoch in der KPD. die einzige Arbeiterpartei Deutschlands, die einzige Partei, die den revolutionären Klassenkampf organisieren und das Proletariat zum Siege führen kann."[6]

Trotz dieser grundsätzlichen Übereinstimmung von RFB und RFMB sind beide Organisationen nicht gleichzusetzen. Die Unterschiede bestätigt sogar die zum Reichsinnenministerium gehörende Behörde des Reichskommissars für Überwachung der öffentlichen Ordnung auf eine Anfrage des Polizeipräsidiums Stuttgart vom 7. Juni 1929, ob der RFMB eine Zweigorganisation des RFB sei und deshalb mit unter das im Mai 1929 ergangene Verbot des RFB falle.[7] Anders als beim RFB sieht das Reichsinnenministerium im

---

4 Vgl. Bericht über Kontrolle KPD-Bezirk Ostsachsen 07.10.1929 durch ZK der KPD, 11.10.1929.

5 siehe Inhalt Punkt 4.4

6 Reih dich ein in die Rote Front, hrsg. von der Bundesführung des RFB, Berlin 1928, S. 9/10.

7 Schreiben Reichskommissar für Überwachung der öffentlichen Ordnung, Berlin, 08.06.1929; siehe Inhalt Punkt 3: 08.06.1929

Wirken des RFMB keine Veranlassung zu einem Verbot. Der RFMB besteht offiziell bis zum Frühjahr 1933, bis zur Auflösung aller revolutionären proletarischen Organisationen durch die Nationalsozialisten.

Um die Erforschung der Geschichte des RFMB auf Bundesebene hat sich insbesondere die Arbeitsgemeinschaft „Geschichte des Kampfes der deutschen Arbeiterklasse um die Befreiung der Frau" an der Pädagogischen Hochschule Leipzig verdient gemacht und zahlreiche Veröffentlichungen (z.B. Hans-Jürgen Arendt, Werner Freigang) vorgelegt. Auch in Publikationen zur Geschichte des RFB (z.B. Kurt Finker, Kurt G. P. Schuster) finden sich Hinweise zum Wirken des RFMB. Dem hingegen wurde die tägliche Kleinarbeit der RFMB-Kameradinnen auf der Ebene einzelner RFMB-Gaue und besonders in den RFMB-Ortsgruppen kaum bzw. nicht beachtet.

Heute, fast ein Jahrhundert nach Gründung des RFMB, sind Untersuchungen zum politischen und organisatorischen Alltag dieser Organisation im RFMB-Gau Ostsachsen und seinen Ortsgruppen nur eingeschränkt möglich. Die RFMB-Gauleitung und die Verantwortlichen in den Ortsgruppen haben vermutlich kaum etwas zu Papier gebracht, und die wenigen Protokolle und Niederschriften wurden nicht dauerhaft abgelegt. Deshalb fehlen originale schriftliche Überlieferungen. Auch sind Erinnerungsberichte speziell zum RFMB in Ostsachsen nicht vorhanden, weil in den zurückliegenden Jahrzehnten das Interesse an der „Erforschung der Geschichte der örtlichen Arbeiterbewegung" neben dem RFB als proletarischer Schutz- und Wehrorganisation fast ausschließlich auf die Geschichte der KPD und den von ihr geführten antifaschistischen Widerstandskampf konzentriert war.

Aus der „Arbeiterstimme", der KPD-Zeitung für den Bezirk Ostsachsen, aus weiteren zeitgenössischen Druckerzeugnissen und aus den Berichten örtlicher Polizeibehörden und des Sächsischen Ministerium des Innern lassen sich Einzelheiten gewinnen, die in ihrer Gesamtheit und zeitlichen Abfolge von dem Bemühen der RFMB-Kameradinnen zeugen, sowohl im RFMB-Gau Ostsachsen als auch in seinen Ortsgruppen den vom 1. RFMB-Reichskongress (20.–22.11.1926) gestellten Aufgaben gerecht zu werden:

- „Kampf gegen die kapitalistische Rationalisierung mit ihren verheerenden Auswirkungen, insbesondere für die Arbeiterinnen.
- Kampf gegen den imperialistischen Krieg, insbesondere gegen die Kriegspläne gegen Sowjetrußland.
- Kampf gegen die bürgerlichen Frauenorganisationen, die die proletarischen Frauen vom Klassenkampf abhalten wollen."[8]

8 Frauenwacht. Organ des Roten Frauen- und Mädchen-Bundes, Nr. 7/Jg. 1, November 1926, S. 3.

Dazu sind in der Chronik[9] die derzeit verfügbaren Angaben aufgeführt. Zu beachten ist dabei, dass viele Ankündigungen zu Versammlungen und zu anderen Maßnahmen nicht auf ihre Realisierung überprüft werden können, sie weisen aber zumindest auf das Vorhaben hin. Einschränkend muss auch gesagt werden, dass die meisten Abbildungen in den 1920er Jahren entstanden bzw. damaligen Druckerzeugnissen entnommen sind und deshalb nicht in jedem Falle heutigen Ansprüchen genügen.

Die sehr späte, aber gerade dadurch unbedingt notwendige Spurensuche zum Wirken des RFMB in Dresden und Ostsachsen während der fünf Jahre des Bestehens des RFMB-Gaues Ostsachsen (1925 bis 1930) zeitigt Ergebnisse, die – wenn auch nicht zufriedenstellend – Ansatzpunkte für weitere Forschungen auf regionaler und lokaler Ebene sein können.

9 siehe Inhalt Punkt 3

3. Roter Frauen- und Mädchenbund (RFMB) in Dresden und Ostsachsen 1925–1930

Chronik – Bilder – Dokumente

Zur Beachtung:

1. Bei den chronologischen Angaben sind
   a) die Abkürzungen durchgängig: OG = Ortsgruppe; Abt. = Abteilung,
   b) die Informationen weitgehend entsprechend der Quelle (z. B. wichtige Versammlung, Rednerin anwesend, Liederbücher mitbringen, Gäste willkommen).
2. Bei den zitierten Auszügen sind
   a) Fettdruck und gesperrte Schrift unterstrichen wiedergegeben,
   b) Einfügungen durch [nnn], Weglassungen durch [...] deutlich gemacht,
   c) Weglassungen am Anfang und Ende nicht gekennzeichnet,
   d) Abkürzungen beibehalten und gelegentlich ergänzt,
   e) Zeilenumbrüche durch Schrägstriche angegeben,
   f) offensichtliche Schreibfehler stillschweigend korrigiert.
3. Abbildungen von Ausstellungsstücken aus den Sammlungen des Militärhistorischen Museums der Bundeswehr in Dresden sind mit Inventarnummer *(MHM, ...)* angegeben, die übrigen Abbildungen sind privat.

Sommer 1924 Gründung des Roten Frontkämpferbundes (RFB) durch die Kommunistische Partei Deutschlands (KPD).

Abzeichen der Kommunistischen Partei Deutschlands (KPD)

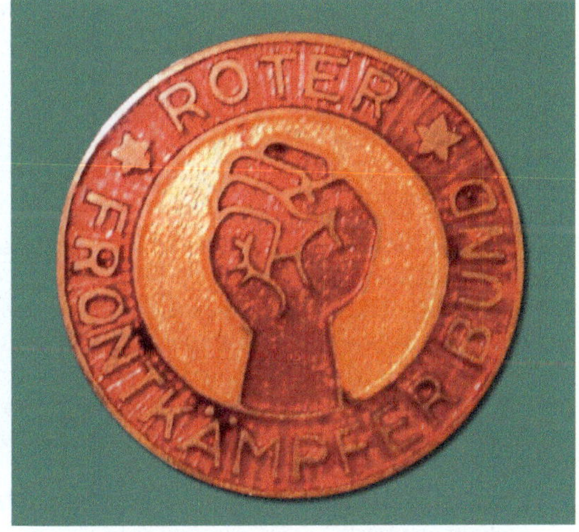

Abzeichen des Roten Frontkämpferbundes (RFB), 1. Form (ohne e.V.), 1924–1926 (MHM, BBAD2396)

15. Oktober 1924 RFB-Bundesleitung erwägt innerhalb des RFB die Schaffung von Frauenabteilungen und Abteilungen von nicht militärisch ausgebildeten Männern (Ungediente, keine Weltkriegsteilnehmer).

„Frauen und unausgebildete Männer werden ebenfalls unserer Organisation angeschlossen, und zwar [sind sie] in besonderen Frauen-, bezw. Abt.[eilungen] der Ungedienten zusammenzufassen. – Genauere Richtlinien hierüber gehen den Bezirken[1] [RFB-Gauen] noch zu." *(Aus: Rundschreiben RFB-Bundesleitung, 15.10.1924)*

3.1 1925

1. Februar 1. RFB-Reichskonferenz. – Beschlossen wird u.a. allgemein die Mitarbeit von Frauen und Mädchen im RFB.

9. Februar RFB-Bundesleitung kündigt in einem Rundschreiben „Diskussionsmaterial" zur Vorbereitung der 2. RFB-Reichskonferenz (→ 22./23.05.1925) an, u.a. zur „Organisierung und Betätigung der Frauen und Mädchen innerhalb des Bundes [RFB]".

5. März RFB-Bundesleitung verlangt das rechtzeitige Einreichen von Anträgen zur RFB-Reichskonferenz (→ 22./23.05.1925).

„Das trifft auch zu über die Organisierung und Betätigung der Frauen, da einige Bezirke [RFB-Gaue] schon jetzt die Auffassung vertreten, von der Erfassung der Frauen ganz Abstand zu nehmen.[2] Ihr müßt uns Eure Erfahrungen über die Frauen- und Mädchenabteilungen mitteilen." *(Aus: Rundschreiben RFB-Bundesleitung, 05.03.1925)*

---

1 Die Bezeichnung „RFB-Bezirk" wird auf Beschluss der 2. RFB-Reichskonferenz (22./23.05.1925) geändert in „RFB-Gau".

2 Derartigen Auffassungen wurde auch 1929 bei der Diskussion um die Aufnahme von Frauen in antifaschistische Schutz- und Wehrorganisationen entgegengetreten: „Den falschen Auffassungen, daß man die schwachen Frauen und Jugendlichen zum schweren Kampf gegen den Faschismus nicht gebrauchen könne, muß […] auf das schärfste entgegengetreten werden. Heute steht bereits fest, daß die Frauen und Jugendlichen zu einem aktiven Kampf gegen den Faschismus durchaus bereit sind. (Argumente, wie: darunter leidet der RFMB sind gleichfalls unsinnig. Im Gegenteil, bei guter politischer Arbeit unter den Frauen in den Antifaorganisationen, findet hier der RFMB ein neues Rekrutierungsfeld.) Es ist also geradezu eine der Hauptaufgaben, bei Schaffung der Antifaschistischen Schutzorganisationen möglichst breite Frauenschichten und Jugendliche zu erfassen." (Aus: Merkblatt für die Schaffung und Zusammenfassung antifaschistischer Schutz-{Abwehr-}Organisationen, 1929)

3. April RFB-Bundesleitung fordert in einem Rundschreiben die Bezirke [RFB-Gaue] auf, „in der Frauen- und Mädchenfrage [...] bis zur nächsten [RFB-]Reichskonferenz [22.05.1925] keine weiteren Maßnahmen zur Erfassung, Eingliederung und Uniformierung der Frauen und Mädchen vorzunehmen. Die Bezirke [RFB-Gaue] müssen ihre Erfahrungen in dieser Frage sofort der [RFB-]Bundesleitung mitteilen".

8. Mai RFB-Bundesleitung weist in einem Rundschreiben die RFB-Gaue darauf hin, „daß am 21. Mai [1925] der Rotfrontkämpfertag [1. RFB-Reichstreffen] in Berlin stattfindet, und daß angesichts der Marschleistungen, die an diesem Tage verlangt werden und auch im Hinblick auf das Programm dieses Tages, Frauen- und Mädchendelegationen auf keinen Fall geschickt werden dürfen. [...]"

9. Mai RFB-Bundesleitung teilt mit, dass die 2. RFB-Reichskonferenz (→ 22./23.05.1925) die „Frauen- und Mädchenfrage" entscheiden wird.

„Es hat sich in den verschiedenen Bezirken [RFB-Gauen] gezeigt, daß die Frauen den Strapazen bei verschiedenen Aufmärschen nicht gewachsen waren und zusammenbrachen. Diese Tatsache hat natürlich [...] die Veranstaltungen sehr ungünstig beeinflußt und die Bezirke [RFB-Gaue] dazu gebracht, von der Teilnahme der Frauen und Mädels bei solchen Veranstaltungen Abstand zu nehmen. Wir weisen auch jetzt darauf hin, daß bis zur [2.] Reichskonferenz [→ 22./23.05.1925] folgendes zu beachten ist:

1. Wo schon Frauen und Mädchenabteilungen bestehen, müssen diese getrennt in besonderen Zusammenkünften vom R.F.B. und R.J.[3] ihre Sitzungen abhalten.
2. Bis zur Reichskonferenz keine Neuaufnahmen von Frauen und Mädchen und keine weiteren Schritte zur Uniformierung derselben vornehmen.
3. Einzelne Bezirke [RFB-Gaue] haben Vorschläge über Schaffung von einer besonderen Frauenorganisation Roter-Frauen-Bund vorgeschlagen. Die kommende Reichskonferenz wird daher erst endgültig diese Frage regeln. –

Die Berliner Organisation des R.F.B. hat beschlossen, daß an den am 21. Mai [1925] geplanten Aufmärschen und Umzügen keine Frauen- und Mädchenabteilungen uniformiert oder ununiformiert teilnehmen können. Wir ersuchen daher die Bezirke [RFB-Gaue] auf das Strengste dafür zu wirken, daß keine uniformierten Frauen und Mädchen am 21. Mai [1925] nach Berlin kommen." *(Aus: Rundschreiben RFB-Bundesleitung, 09.05.1925)*

3 In den 1920er Jahren werden überwiegend als Abkürzungen verwendet: R.F.B. und RFB. für Roter Frontkämpferbund; R.J., R.J.St. und RJ. für Roter Jungsturm/Rote Jungfront; R.F.M.B. und RFMB. für Roter Frauen- und Mädchenbund.

13. Mai Rote Frauenliga, Bezirksleitung Wasserkante: Vorschlag für eine Satzung der Roten Frauenliga (→ Juni 1925).

„I. Die Frauenliga vereinigt in sich die Schichten werktätiger Mädchen und Frauen, die auf dem Boden des Klassenkampfes stehen.
II. Name: Rot Front Frauenliga e.V.
III. Die Frauenliga hat die Aufgabe, den Kampf für soziale Verbesserungen wie Mutterschutz, Kinderhilfe, Schulpflege usw. zu führen. Für Abschaffung des § 218 und 219 einzutreten, Aufklärung zu schaffen über die Ursachen und den Klassencharakter der Kriege und mit allem Mitteln weitere imperialistische Kriege zu verhindern in enger Verbindung mit dem R.F.B. und dem R.J.St.
IV. Die Frauenliga erstreckt sich über das ganze deutsche Reich.
V. An der Spitze der Frauenliga steht der Ligavorstand, bestehend aus 7 Personen, der 1. und 2. Vorsitzenden, der Schriftführerin, der Kassiererin und 3 Beisitzerinnen. [...] Sitz der Liga ist Berlin. Die Liga soll in das Vereinsregister eingetragen werden.
VI. Das Reichsgebiet wird vom Ligavorstand in Bezirke eingeteilt, die sich aus der Frauenliga der einzelnen Orte zusammensetzen. Der Ligavorstand bestimmt einen Bezirksvorort.
VII. An der Spitze des Bezirks steht der Bezirksvorstand. [...]
VIII. In jedem Ort des [Deutschen] Reiches kann eine Frauenliga gegründet werden. Aufgenommen können werden alle werktätigen Frauen und Mädchen von 14 bis 45 Jahren, [...]
IX. Die höchste Instanz der Frauenliga ist die Generalversammlung. Sie setzt sich zusammen aus dem Ligavorstand und je einer Delegierten aus den Bezirken.
X. Die ordentliche Generalversammlung findet jährlich einmal statt. [...]
XI. Jedes Mitglied ist verpflichtet, einen Monatsbeitrag zu leisten, dessen Höhe der Ligavorstand bestimmt. Ebenso bestimmt der Ligavorstand über die Verteilung der eingegangenen Beträge auf die Bezirks-[kassen] und Zentralkasse.
XII. Ausgeschlossen können werden alle Mitglieder, die sich eine unehrenhafte Handlung zu Schulden kommen lassen, oder dem Zweck der Liga zuwiderhandeln. [...]
XIII. Die Uniformierung erfolgt einheitlich im ganzen [Deutschen] Reich." *(Aus: Schreiben der Bezirksleitung Wasserkante der Roten Frauenliga an die Zentrale der KPD, 13.05.1925)*

20./21. Mai 1. RFB-Reichstreffen in Berlin. – Etwa 30.000 Teilnehmer.

22./23. Mai 2. RFB-Reichskonferenz. – Beschlossen wird eine getrennt vom RFB bestehende Frauenorganisation.

„Auf der letzten Reichskonferenz [1. RFB-Reichskonferenz, 01.02.1925] ist diese Frage [Frauenorganisation] nicht genügend geklärt worden. Es wurde zwar beschlossen, die Frauen sich im RFB. mitbetätigen zu lassen. Einige Zeit darauf sind aber von verschiedenen Bezirken [RFB-Gauen] Anträge eingelaufen, Frauen an den Ausmärschen und ähnlichen Veranstaltungen nicht teilnehmen zu lassen, weil sie den Anstrengungen nicht gewachsen sind und der Bund darunter leidet. Daraufhin hat die Bundesleitung Richtlinien an die Bezirke ergehen lassen, die besagen, daß in der Frauenfrage keine besonderen Schritte mehr unternommen werden sollen, bis diese Frage auf dieser [2. RFB-]Reichskonferenz zur völligen Klärung kommt. Einige Bezirke [RFB-Gaue] haben diese Richtlinien nicht beachtet, sie sind doch dazu geschritten, Frauenabteilungen zu bilden, diese einzukleiden usw. Das ist sehr undiszipliniert. [...] Die Bundesleitung schlägt zu dieser Frage vor organisatorische Loslösung der Frauenabteilungen des RFB. und Zusammenfassung in selbständigen Organisationen." *(Aus: Protokoll der 2. RFB-Reichskonferenz, 22./23.05.1925)*

„Zur Frauen und Mädchenfrage
wird der Vorschlag der Bundesleitung angenommen, der die Loslösung der Frauen- und Mädchenabteilung vom RFB. vorsieht und für die Gründung einer Frauenorganisation unter dem Namen ‚Roter Frauenbund' eintritt." *(Aus: Die Rote Front, 01.07.1925)*

Juni Von der RFB-Bundesleitung werden – ausgehend vom Vorschlag der Bezirksleitung Wasserkante der Roten Frauenliga (→ 13.05.1925) Satzungen für einen „Roten Frauen- und Mädchenbund" erarbeitet.

27. Juni RFB-Bundesleitung informiert zur „Frauen- und Mädchenfrage".

„In der Frauen- und Mädchenfrage sind jetzt die Besprechungen zum Abschluß gekommen. Die Satzungen liegen zur Genehmigung vor. Ebenso ist ein Muster für die einheitliche Bekleidung der Frauen eingereicht worden." *(Aus: Rundschreiben RFB-Bundesleitung, 27.06.1925)*

26. Juli Eine „Frauengruppe mit roten Kopftüchern" nimmt in Dresden an der Antikriegskundgebung von KPD und RFB in den „Annensälen", Fischhofplatz 10, und an der Antikriegsdemonstration teil.

Anzeige der „Annensäle" in Dresden, Fischhofplatz 10, dem „Kommerslokal" von KPD und weiteren proletarischen Organisationen (Aus: 1. Rotes Sachsentreffen [...] 1927 in Dresden, Dresden 1927)

13. August Eintragung des RFB als „Roter Frontkämpferbund. Reichsbund proletarischer Kriegsteilnehmer Deutschlands e.V." in das Reichsvereinsregister unter Nummer 4545 beim Amtsgericht Berlin-Mitte.

27. August Gründung einer „RFB-Frauengruppe" bei der RFB-OG Pirna.

28. August Erstes öffentliches Auftreten der RFB-Frauengruppe Pirna.

„Am 28. August [1925] nachmittags in der 6. Stunde fand hier [in Pirna] auf dem städtischen Sportplatze ein Fußballspiel zwischen der Fußballmannschaft I der Freien Turn-, Sport- und Spielvereinigung Pirna gegen eine russische Fußballmannschaft statt. – Die Fußballspieler stellten am hiesigen

Volkshaus[4] und marschierten unter großer Beteiligung nach dem Sportplatz, an der Spitze der Spielmannszug der freien Turnerschaft, am Schluß der Spielmannszug des Roten Frontkämpferbundes. Der Abmarsch erfolgte in derselben Weise. – Führer war der hier, Braustraße 10 b wohnhafte Arbeiter Karl Arnold Pluschke, […] Dem Spiele dürften schätzungsweise 2000 Personen beigewohnt haben. Die ganze Veranstaltung hatte einen politischen Anstrich, indem eine große Anzahl jugendlicher Personen weiblichen Geschlechts rote Tücher um den Kopf geschlungen hatte, an welchen über der Stirn der Sowjetstern befestigt war, während die des männlichen Geschlechts rote Tücher um den Hals gebunden hatten, an deren hinteren Zipfeln der Sowjetstern befestigt war. […]" *(Aus: Bericht Polizei Pirna, 02.09.1925)*

September Polizeiliches Überwachungsergebnis zur „Frauen- und Mädchenfrage" in Dresden:

„Der R.F.B. Dresden hat den erst aufgegriffenen Plan, eine selbständige Frauengruppe zu gründen, wieder fallen lassen, um Zersplitterung zu verhüten. – Die Zahl der weiblichen Mitglieder beträgt 30. Es ist beabsichtigt, sie im Sanitätsdienst auszubilden." *(Aus: Bericht Sächsisches Ministerium des Innern, 23.10.1925)*

19./20. September „Roter Tag" des RFB-Gaues Ostsachsen in Pirna. – Teilnahme u.a. der RFB-Ortsgruppe Meißen, der sich etwa 14 Frauen angeschlossen hatten.

RFB-Ortsgruppe Meißen mit mehreren Frauen am 20. September 1925 vor der Abfahrt nach Pirna zum „Roten Tag" des RFB-Gaues Ostsachsen

4 „Volks-Haus Gasthof Weißes Roß" in Pirna, Reitbahnstraße 3; im folgenden „Volkshaus"

RFB-Ortsgruppe Meißen mit mehreren Frauen beim „Roten Tag" des RFB-Gaues Ostsachsen am 20. September 1925 in Pirna

19./20. September „Roter Tag" des RFB-Gaues Schlesien in Görlitz. – Teilnahme u.a. der RFB- und RJ-Ortsgruppe Bautzen, denen sich 3 Frauen aus Bautzen, davon eine Frau in RFB-Bundeskleidung, angeschlossen hatten.

RFB- und RJ-Ortsgruppe Bautzen beim „Roten Tag" des RFB-Gaues Schlesien in Görlitz am 19./20. September 1925. - Von den 3 Frauen, die sich der RFB-Ortsgruppe Bautzen angeschlossen hatten, trägt eine Frau (Bildmitte) RFB-Bundeskleidung

9. Oktober RFB-Bundesleitung informiert zur Roten Frauenliga.

„Betr. [Rote] Frauenliga[5]
Zu dieser Frage können wir Euch jetzt mitteilen, daß die Zentrale [der KPD] nun endlich Anfang nächster Woche in einer gemeinsamen Sitzung mit uns [RFB-Bundesleitung] und den betr. Instanzen die Frage regeln wird. Wir werden Euch dann sofort konkrete Anweisungen geben." *(Aus: Rundschreiben 24/25 RFB-Bundesleitung, 09.10.1925)*

1. November Anzeige „RFB.-Bekleidung" der Dresdner Firma „VESBA"[6] (Vereins-, Sport-, Berufs-Bekleidung und Ausrüstung) in der RFB-Zeitung „Die Rote Front". – Nach Gründung des Roten Frauen- und Mädchenbundes (→ 29.11.1925) liefert die Firma „VESBA" auch RFMB-Bundeskleidung für Frauen und Mädchen (→ 26.10.1927, Anfang 11.1927).

Anzeige „RFB.-Bekleidung" der Dresdner Firma „VESBA" (Vereins-, Sport-, Berufs-Bekleidung und Ausrüstung) in der RFB-Zeitung „Die Rote Front" (Aus: Die Rote Front, 01.11.1925)

14./15. November Erweiterte RFB-Bundesleitung berät u.a. zur Gründung der Roten Frauenliga.

„Vor einigen Tagen hat nun endlich eine Sitzung stattgefunden, die ein vorbereitendes Komitee zur Gründung der Roten Frauenliga bestimmt hat. In kürzester Zeit wird eine Reichskonferenz zur offiziellen Gründung stattfinden und ein Aufruf herauskommen." *(Aus: Protokoll Erweiterte Bundesleitungssitzung 14./15.11.1925)*

---

5 Rote Frauenliga (RFL): Bezeichnung der Frauenorganisation vor Festlegung des Namens „Roter Frauen- und Mädchenbund"

6 „VESBA": in Anzeigen auch „Vesba"; folgend immer „VESBA"

21. November RFB-Bundesleitung: Rundschreiben an alle RFB-Gauleitungen.

„In einer Besprechung, die vor der erweiterten Bundesleitungssitzung mit den Vertretern der [Roten] Frauenliga und der Arbeiterpartei [KPD] stattfand, wurde beschlossen, die Rote Frauenliga endlich aufzuziehen.
Das vorbereitende Komitee der RFL. [Roten Frauenliga] hat für Sonntag, den 29.11.25 morgens 9 Uhr nach Berlin, im Lokal Elisabethgarten (Schulz), Elisabethstr. 30, eine Konferenz aller Vertreterinnen der RFL. aus den verschiedenen Gauen einberufen.
Wir ersuchen Euch sofort mit der Kameradin, die diese Arbeit in Eurem [RFB-]Gau leitet, in Verbindung zu treten und ihr mitzuteilen, daß sie an dieser Konferenz teilnehmen soll. Es dürfte sich jedoch empfehlen, daß Ihr uns sofort die Adresse der betr. Kameradin mitteilt, damit wir erst noch einmal mit dem Komitee verhandeln, ob aus finanziellen Gründen die Anwesenheit Eurer Vertreterin möglich sein kann." *(Aus: Rundschreiben RFB-Bundesleitung, 21.11.1925)*

29. November Gründung des Roten Frauen- und Mädchenbundes in Berlin

Tagesordnung:

1. Politische Lage und Aufgaben des RFMB, Referat Ernst Schneller.
2. Satzungsberatung.
3. Wahl der Bundesleitung.
4. Verschiedenes.

Festlegungen unter Punkt 4 der Tagesordnung u.a.:

1. Der Gruß des RFMB ist „Rot Front!".
2. Die Anrede der Mitglieder ist „Genossin".
3. Das Abzeichen des RFMB ist die „Faust" (in etwas unterschiedlicher Form zum Abzeichen des RFB).
4. Zur „Bundeskleidung" wird die RFMB-Bundesleitung nähere Bestimmungen herausgeben.

„Die erste Konferenz des Roten Frauen-Bundes.
Am Sonntag, den 29. November, tagte in Berlin im Lehrervereinshaus die 1. Konferenz[7] der Vertreterinnen des Roten Frauen- und Mädchenbundes (RFMB), auf welcher die Gründung des Roten Frauen- und Mädchenbundes im Reichsmaßstab vollzogen wurde.
Diese Konferenz war von etwa 60 Delegierten aus verschiedenen Teilen des Reiches besucht. Schon bestehende Ortsgruppen des RFMB., wie Hamburg, Dresden, Bremen, Köln, Leipzig, Königsberg, Speyer, Hannover, hatten Vertreterinnen entsandt, während aus einigen [RFB-]Gauen Begrüßungsschreiben vorlagen.
Das einleitende Referat über die politische Lage und die Aufgaben des RFMB. hielt der Genosse [Ernst] Schneller. Indem er in kurzen Zügen eine Analyse der politischen Lage gab, kam er auf die Aufgaben des RFMB. zu sprechen. Ebenso wie der Rote Frontkämpferbund in der kurzen Zeit seines Bestehens breite Schichten von Arbeitern in die Front des kämpfenden Proletariats eingereiht hat

7 1. Konferenz: eigentlich Gründungskongress, da folgend: 1. Reichskongress (20.–22.11.1926), 2. Reichskongress (10.–12.02.1928). 3. Reichskongress (17.–19.08.1929)

und so zu einem Machtfaktor der Roten Klassenfront in Deutschland geworden ist, genau in derselben Weise steht vor dem Vortrupp der klassenbewußten Proletarierinnen die Aufgabe, neue Formen der Organisation zu bilden, mit deren Hilfe es uns möglich ist, parteilose Frauenkreise mit unseren Gedanken, unseren Ideen vertraut zu machen.
Die Tatsache, daß sich ohne unser Zutun und ohne unsere Hilfe schon in einer ganzen Reihe von Orten im Reiche Ortsgruppen des RFMB. gebildet haben, legt uns die Verpflichtung auf, das Bestehende einheitlich in einer straffen Organisation zusammenzufassen und durch eine systematische Kampagne im Reichsmaßstabe Zehn- und Hunderttausende von Frauen und Mädchen in die rote Klassenfront einzugliedern.
Von den Vertreterinnen wurde allgemein begrüßt, daß jetzt endlich die Initiative zur Gründung des RFMB. ergriffen worden ist.
Für die Bundesleitung wurde als 1. Vorsitzende die Genossin Clara Zetkin [in Abwesenheit] vorgeschlagen, was von den Delegierten stürmisch begrüßt wurde.
Vom Vertreter des RFB. wurde die Erklärung abgegeben, daß der RFB. alles tun wird, was in seinen Kräften steht, um die Schwesterorganisation in jeder Beziehung zu unterstützen und beim Aufbau der jungen Organisation mitzuhelfen.

Clara Zetkin, 1. Bundesvorsitzende des am 29. November 1925 gegründeten Roten Frauen- und Mädchenbundes (RFMB)

Ernst Thälmann, 1. Bundesvorsitzender des Roten Frontkämpferbundes (RFB) in RFB-Bundeskleidung 1925

Die vorliegenden Satzungen wurden mit wenigen Ausnahmen einstimmig angenommen.
Die neugewählte Bundesleitung wurde beauftragt, besondere Richtlinien für den Aufgabenkreis und die Methoden der Arbeit festzulegen, sowie für das Verhältnis zu anderen proletarischen und gegnerischen Organisationen bestimmte Anweisungen auszuarbeiten.
An die Genossin Clara Zetkin, an die russischen Frauen und Mädchen (durch das zentrale Frauensekretariat, Moskau) und an den 1. Vorsitzenden des Roten Frontkämpferbundes, Ernst Thälmann, wurden Begrüßungsschreiben gesandt. Auch der politischen Gefangenen wurde in einer politischen Resolution gedacht.
Die Konferenz war ein einstimmiges Bekenntnis der Notwendigkeit des Aufbaues des RFMB. und ein einheitlicher Willensausdruck, mit allen Kräften den Aufbau der Organisation mit Unterstützung des RFB. durchzuführen.
Die Bundesleitung des RFMB. wird an die bestehenden Ortsgruppen Richtlinien für die Arbeit herausgeben und den Aufbau des RFMB. durch eine besondere Pressekampagne einleiten.
Die Konferenz wurde, da in allen Fragen vollkommene Einstimmigkeit herrschte, schon 3 Uhr mit dem Gesang der ‚Internationale' geschlossen." *(Aus: Die Rote Front, 15.12.1925)*

14. Dezember Gründung der RFMB-OG Groß-Dresden aus der seit Sommer 1925 bestehenden RFB-„Frauengruppe". – Gründungslokal: „Gasthaus Stadt Braunschweig", Jakobsgasse 4.

„Am 14.12.25 ist in Dresden die Gründung einer Ortsgruppe des ‚Roten Frauenbundes' erfolgt. Mit der Leitung derselben ist dem Vernehmen nach die Ehefrau [Emma] des komm.[unistischen] Bürger-

Im „Gasthaus Stadt Braunschweig" in Dresden, Jakobsgasse 4, wird am 14. Dezember 1925 die RFMB-Ortsgruppe Groß-Dresden gegründet (Aus: Festschrift zum 1. Roten Sachsentreffen des RFB [...] 1927 in Dresden, Dresden 1927)

Brosche des Roten Frauen- und Mädchenbundes, mit (links) und ohne (rechts) der auf die Fahne geprägten Abkürzung „R.F.u.M.B." (Abbildung rechts MHM, BAAD3057)

meisters [Friedrich, genannt Fritz] Schreiter aus Zschachwitz (Amtshauptmannschaft Pirna) beauftragt worden. Die Satzung des RFB soll angeblich auch für diese Ortsgruppe gelten. Als äußeres Abzeichen tragen die Mitglieder bei öffentlichem geschlossenen Auftreten ein rotes Kopftuch." *(Aus: Bericht Sächsisches Ministerium des Innern, 23.01.1926)*

Ende Dezember
Gründung der RFMB-OG Kötzschenbroda.

3.2 1926

17. Januar RFMB-OG Groß-Dresden: Teilnahme am Werbeumzug der RFB-Abt. 2 (Zentrum). – Stellen 12,30 Uhr am Freiberger Platz.

Ab 1926 hat der Rote Frauen- und Mädchenbund eine eigene Zeitung, die in Berlin herausgegebene „Frauen-Wacht. Organ des Roten Frauen- und Mädchen-Bundes"

Februar Polizeiliches Überwachungsergebnis zu RFMB in Sachsen:

„In letzter Zeit hat der Bund [RFMB] in Sachsen Fuß gefaßt […]“ *(Aus: Bericht Sächsisches Ministerium des Innern, 20.03.1926)*

1. Februar RFMB-OG Groß-Dresden: Versammlung im „Gasthaus Stadt Braunschweig“, Jakobsgasse 4.

„Die werktätigen Frauen und Mädchen sammeln sich im Roten Frauen- und Mädchenbund

In einer sehr gut besuchten Versammlung am 1. Februar in Dresden referierte die Genossin M.[artha] Krieger über die wirtschaftliche Lage und die Aufgaben des RFMB. Sie zeigte die Widersprüche der kapitalistischen Weltunordnung auf und zeigte den Weg zur Befreiung der Arbeiterklasse. Als Vorbedingung eines Sieges der arbeitenden Klasse wies sie auf die Notwendigkeit des Zusammenschlusses der werktätigen Frauen und Mädchen hin, die mit dem männlichen Proletariat gemeinsam den Befreiungskampf führen müssen. Die Ausführungen wurden mit lebhaftem Beifall aufgenommen.

In der Diskussion erklärte der Kamerad M.[artin] Schneider, daß die revolutionären Arbeiterorganisationen den Zusammenschluß des revolutionären weiblichen Proletariats begrüßen. Er versicherte, daß die Organisation, welche er vertritt [die KPD] kameradschaftlich mit dem RFMB zusammen kämpfen und zusammen siegen werde. – Die Genossin E.[mma] Schreiter forderte die Versammelten auf, zu der internationalen Frauenwoche vom 1.-8. März gemeinsame Kundgebungen durchzuführen.

Nach Erledigung von verschiedenen Wahlen schloß die Versammlung mit dem Gesang: ‚Brüder, zur Sonne, zur Freiheit!‘

Alle Arbeiterfrauen und -Mädchen werden aufgefordert, in allen Orten den Zusammenschluß herbeizuführen, um gemeinsam mit der gesamten Arbeiterschaft für die Befreiung der Arbeiter gegen den gemeinsamen Feind, den Kapitalismus, zu kämpfen.“ *(Aus: Arbeiterstimme[8], 05.02.1926)*

Die „Arbeiterstimme“, Tageszeitung der KPD für den Bezirk Ostsachsen, erscheint ab 1. April 1925 in Dresden anstelle des in Chemnitz herausgegebenen „Volksblattes“

Werbung für die „Arbeiterstimme“, Tageszeitung der KPD für den Bezirk Ostsachsen (Aus: Festschrift zum 1. Roten Sachsentreffen des RFB […] 1927 in Dresden, Dresden 1927)

8 Arbeiterstimme, Tageszeitung der KPD für den Bezirk Ostsachsen. – Die Arbeiterstimme erscheint seit 1. April 1925. Sie wird in Dresden-Altstadt, Güterbahnhofstraße 2, gedruckt, verantwortlich zeichnet Landtagsabgeordneter Rudolf Renner (KPD).

Gebäude in Dresden, Güterbahnhofstraße 2, mit Reklame für die „Arbeiterstimme", Tageszeitung der KPD für den Bezirk Ostsachsen. – Verlag, Setzerei und Druckerei der „Arbeiterstimme" befanden sich im Hintergebäude, in der Filiale der „Peuvag" (Papier-Erzeugungs- und Verwertungs-A.-G.)

Setzerei der „Arbeiterstimme" in Dresden, Güterbahnhofstraße 2, Hintergebäude.– 1.v.r. Landtagsabgeordneter Rudolf Renner (KPD)

Auslieferungsfahrzeug für die „Arbeiterstimme" vor dem Gebäude Güterbahnhofstraße 2 – eine Limousine DKW 4=8 Typ P 25 PS mit abgedunkelten reklamebeschrifteten hinteren Seitenscheiben

2. Februar KPD-Bezirksleitung 8 Ostsachsen: Bericht an ZK der KPD zum RFMB.

„Als besonderes Verdienst ist wohl noch zu nennen, durch die Arbeit des R.F.B. die Bewegung unter den Frauen und Mädchen, diese haben [sich] zu einem Roten Frauen- und Mädchen-Bund zusammengeschlossen." *(Aus: Bericht KPD-Bezirksleitung 8 Ostsachsen an ZK der KPD, 02.02.1926)*

3. Februar RFMB-OG Ebersbach/Friedersdorf (Frauengruppe): Versammlung fällt aus, dafür Teilnahme an Soermus-Konzert[9]. – RFMB-Mitglieder u.a.: Frida Thomas, Hedwig Weniger, Hilde Weniger.

Werbeblatt (Ausschnitt) für Konzerte des estnischen Geigers Eduard Soermus 1926 in mehreren Orten Ostsachsens, u.a. am 3. Februar 1926 in Ebersbach

Hedwig Weniger, Mitglied der RFMB-Ortsgruppe Ebersbach/Friedersdorf (Aufnahme 1950er Jahre)

5. Februar RFMB-OG Radeberg:

„Alle Frauen und Mädchen, die gewillt sind, dem Roten Frauen- und Mädchenbund beizutreten, wollen sich heute [...] abend 7,30 Uhr bei der Genossin Edelmann, Stolpener Straße (‚Reichskrone'), 1. Et.[age], einfinden." *(Aus: Arbeiterstimme, 05.02.1926)*

9 Der estnische Geiger Eduard Soermus (der „Rote Geiger") trat in den 1920er Jahren in zahlreichen von proletarischen Organisationen veranstalteten Solidaritätskonzerten in Deutschland auf. Im Frühjahr 1929 gab er in Ostsachsen 11 Konzerte zugunsten der Roten Hilfe Deutschlands (RHD).

11. Februar RFMB-OG Ebersbach/Friedersdorf (Frauengruppe): Versammlung bei Frida Thomas, Oberfriedersdorf Nr. 142.

16. Februar RFMB-Gauleitung Ostsachsen: Aufruf zur 1. RFMB-Gaukonferenz Ostsachsen in Dresden (→ 20.02.1926):

„Frauen, Mädchen des schaffenden Volkes
Schließt euch zusammen zum Kampf gegen Not und Elend
Das Massenelend wächst von Tag zu Tag. Tausende und aber Tausende von Männern und Frauen liegen als Erwerbslose auf der Straße. Die Zahl der hungernden Erwerbslosen und ihrer Angehörigen kann heute schon auf 13 Millionen geschätzt werden. Die Löhne der in Arbeit Stehenden reichen nicht aus, das Notwendigste zum Lebensunterhalt anzuschaffen. Ein Ende dieses Elends ist noch nicht zu erwarten, im Gegenteil, die Unternehmer drohen mit weiteren Massenentlassungen und Abbruch ganzer Industriezweige. Handelsfirmen machen zu tausenden bankrott. Zehntausende Bankrotte zählt die Statistik für das Jahr 1925, 1600 allein für Dezember 1925. Der Mittelstand geht zugrunde und wird in das Proletariat hinabgestoßen. Besonders schwer werden von den Geschäftsstillegungen die kaufmännischen weiblichen Angestellten betroffen, die als letzten Ausweg vor dem Hungertode die Straße sehen, den Verkauf ihres Körpers, die Prostitution. Die Wirtschafts-krise trifft also besonders hart die Frauen und Mädchen des werktätigen Volkes. Der freche Unternehmerangriff trifft mit besonderer Schärfe die Arbeiterinnen und Angestellten, die wegen ihrer politischen Unerfahrenheit noch stärker ausgebeutet werden als die Männer. Was ist gegen dieses Massenelend zu tun?
Welche Aufgaben haben die proletarischen Frauen und Mädchen?
Tausende von Erwerbslosen protestieren in den Massenversammlungen gegen die Verelendung; Tausende marschieren durch die Straßen der Großstädte und fordern Brot. Die Frauen der Erwerbslosen, die Arbeiterinnen, die Jugendlichen, die überhaupt keine Erwerbslosenunterstützung erhalten, sie müssen teilnehmen an dieser Kundgebung der Erwerbslosen.
Wo sind die Frauen in einem Augenblick, wo es nicht nur gilt, dem Unternehmertum die proletarische Faust zu zeigen, sondern auch den kapitalistischen Staat zu zwingen, die Forderung der Werktätigen anzuerkennen und durchzuführen?
Die Länderregierungen haben den davongejagten Fürsten Milliarden in den Hals geworfen. Selbst die Dirnen dieser „Landesväter" beanspruchen heute große Renten.
Während 13 Millionen Menschen in Deutschland verhungern, während Millionen im größten Elend leben, während man den Kriegsopfern, den Witwen und Waisen jede Erhöhung ihrer Rente verweigert, verschleudert man an die Kriegshetzer und davongelaufenen Fürsten Milliarden. Die Frauen müssen gegen diesen Raubzug, für die entschädigungslose Enteignung der Fürsten kämpfen.
‚Die Frau gehört in das Haus', sagen die Vertreter der bürgerlichen Gesellschaft, weil sie genau wissen, daß die aufgeklärte Proletarierfrau der erbittertste Gegner dieser Klassengesellschaft ist. Darum ist es notwendig, den Zusammenschluß der werktätigen Frauen und Mädchen herbeizuführen. Der ‚Rote Frauen- und Mädchenbund' hat sich die Aufgabe gestellt, die Vereinigung der Ausgebeuteten herzustellen. Unter den Losungen:

Weg mit dem heutigen Ausbeutungs- und Unterdrückungssystem!
Her mit Arbeit und Brot!

Her mit ausreichender Unterstützung der Erwerbslosen und Notleidenden!

Her mit der entschädigungslosen Enteignung der Fürstenhäuser!

Es lebe der internationale Kampf aller Werktätigen gegen die internationalen Räuber!

sollen die Frauen mobilisiert und in die Klassenfront des Proletariats eingereiht werden.

Wir fordern alle Mädchen und Frauen Ostsachsens auf, unserer Organisation beizutreten und in allen Orten Ortsgruppen zu gründen.

Am Sonnabend, den 20. Februar 1926 findet die erste Gaukonferenz [Ostsachsen] des ‚Roten Frauen- und Mädchenbundes' in Dresden statt. Alle Arbeiterorganisationen werden aufgefordert, die Funktionärinnen ihrer Organisation zu dieser Konferenz zu delegieren. Die Genossin [Helene] Overlach hat sich bereiterklärt, das Referat über die Notwendigkeit des RFMB zu übernehmen. Diese Gaukonferenz soll zur Mobilisierung und zum Aufbau unserer Organisation beitragen

Hinein in die rote Klassenfront!

Tretet ein in den Roten Frauen- und Mädchenbund!

RFMB. Die Gauleitung Ostsachsen. *(Aus: Arbeiterstimme, 16.02.1926)*

Frauen, Mädchen des schaffenden Volkes

schließt euch zusammen zum Kampf gegen Not und Elend

Das Massenelend wächst von Tag zu Tag. Tausende und aber Tausende von Männern und Frauen liegen als Erwerbslose auf der Straße. Die Zahl der hungernden Erwerbslosen und ihrer Angehörigen kann heute schon auf 13 Millionen geschätzt werden. Die Löhne der in Arbeit Stehenden reichen nicht aus, das Notwendigste zum Lebensunterhalt anzuschaffen. Ein Ende dieses Elends ist noch nicht zu erwarten, im Gegenteil, die Unternehmer drohen mit weiteren Massenentlassungen und Abbruch ganzer Industriezweige. Handelsfirmen machen zu tausenden bankrott. Zehntausend Bankrotte zählt die Statistik für das Jahr 1925, 1600 allein für Dezember 1925. Der Mittelstand geht zugrunde und wird in das Proletariat hinabgestoßen. Besonders schwer werden von den Geschäftsstillegungen die kaufmännischen weiblichen Angestellten betroffen,

Am Sonnabend, den 20. Februar 1926, findet die erste Gaukonferenz des „Roten Frauen- und Mädchenbundes" in Dresden statt. Alle Arbeiterorganisationen werden aufgefordert, die Funktionärinnen ihrer Organisation zu dieser Konferenz zu delegieren. Die Genossin Overlach hat sich bereiterklärt, das Referat über die Notwendigkeit des RFMB. zu übernehmen. Diese Gaukonferenz soll zur Mobilisierung und zum Aufbau unserer Organisation beitragen.

Hinein in die rote Klassenfront!

Tretet ein in den Roten Frauen- und Mädchenbund!

RFMB. Die Gauleitung Ostsachsen.

Aufruf (Ausschnitt) der RFMB-Gauleitung Ostsachsen zur 1. RFMB-Gaukonferenz Ostsachsen in Dresden am 20. Februar 1926 (Aus: Arbeiterstimme, 16.02.1926)

16. Februar KPD-Bezirksleitung 8 Ostsachsen: Schreiben an das Zentralkomitee (ZK) der KPD.

„Dresden, den 16.2.26

An das ZK. Werte Genossen!

Wie uns durch die Gauleitung des RFB mitgeteilt wurde, kommt am Sonnabend, den 20.2.26 zu einer Gaukonferenz des RFMB Ostsachsen die Genossin [Helene] Overlach. Wir ersuchen Euch, dieselbe zu verständigen, daß sie sich bereits am Sonnabend nachmittag gegen 3 Uhr auf unserem Parteibüro einfindet, da wir mit ihr noch verschiedenes zu besprechen haben. Hier bestehen Differenzen in der Frage des RFMB.

Mit kommunistischem Gruß

Bez.[irks]-Leitung der KPD 8 Ostsachsen Polbüro[10]."

10 Polbüro: Polit-Büro, auch Politisches Büro

20. Februar 1. RFMB-Gaukonferenz Ostsachsen. – Tagungsort: Dresden, Hauptbahnhof, Wartesaal der 3. und 4. Klasse

Tagesordnung:

1. Zweck und Aufgaben des RFMB. Rednerin: Helene Overlach, RFMB-Bundesleitung
2. Bericht der RFMB-Gauleitung Ostsachsen
3. Neuwahl der RFMB-Gauleitung Ostsachsen
4. Gauangelegenheiten

In die RFMB-Gauleitung Ostsachsen werden u.a. gewählt:

Ella Husche, RFMB-Gauleiterin; Margarethe Kluttig, RFMB-Gaukassiererin.

„Am 20. Februar fand in Dresden eine Gaukonferenz der Organisation [RFMB-Gau Ostsachsen] statt. An ihr nahmen etwa 60 weibliche und 15 männliche Personen teil." *(Aus: Bericht Sächsisches Ministerium des Innern, 20.03.1926)*

24. Februar RFMB-OG Groß-Dresden: Teilnahme an der Kundgebung des Einheitskomitees in den „Blumensälen", Blumenstraße 48. – Thema: „Volksbegehren zum Volksentscheid für die entschädigungslose Enteignung der Fürsten".

Anzeige „Tanzpalast Blumensäle" in Dresden, Blumenstraße 48 (Aus: Festschrift zum 1. Roten Sachsentreffen des RFB […] 1927 in Dresden, Dresden 1927)

26. Februar RFMB-OG Zittau: Versammlung mit RFB 19,30 Uhr in „Stadt Metz". – Thema: „1. RFMB-Gaukonferenz Ostsachsen in Dresden" (→ 20.02.1926). – „Alle Parteigenossen haben ihre Frauen unbedingt in die Versammlung zu schicken."

1. März RFB-Bundesabzeichen wird gesetzlich geschützt, Musterschutz Nr. 941 306 Klasse 44a. –

Abzeichen des Roten Frontkämpferbundes (RFB), 2. Form (mit e.V.), 1926–1929 (MHM, BBAG9582)

Anzeige der „Metallwarenfabrik Hermann Aurich", Dresden, Blumenstraße 49, Lieferant von RFB- und RFMB-Bundesabzeichen

Alleinhersteller: Metallwarenfabrik Hermann Aurich, Dresden, Blumenstraße 49. – Die Metallwarenfabrik Hermann Aurich, Dresden, lieferte auch die RFMB-Bundesabzeichen.

2. März RFMB-OG Groß-Dresden: Versammlung in der Gaststätte „Weißeritzburg", Weißeritzstraße. – Gäste erwünscht, Liederbücher mitbringen.

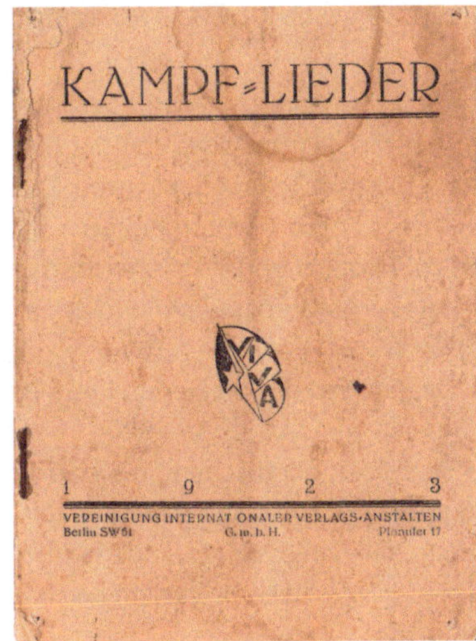

KAMPF-LIEDER

1923

VEREINIGUNG INTERNATIONALER VERLAGS-ANSTALTEN
Berlin SW 61 G. m. b. H. Planufer 17

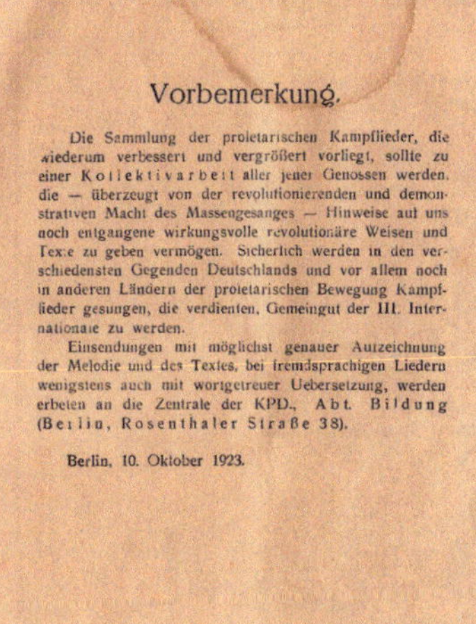

Vorbemerkung.

Die Sammlung der proletarischen Kampflieder, die wiederum verbessert und vergrößert vorliegt, sollte zu einer Kollektivarbeit aller jener Genossen werden, die — überzeugt von der revolutionierenden und demonstrativen Macht des Massengesanges — Hinweise auf uns noch entgangene wirkungsvolle revolutionäre Weisen und Texte zu geben vermögen. Sicherlich werden in den verschiedensten Gegenden Deutschlands und vor allem noch in anderen Ländern der proletarischen Bewegung Kampflieder gesungen, die verdienten, Gemeingut der III. Internationale zu werden.

Einsendungen mit möglichst genauer Aufzeichnung der Melodie und des Textes, bei fremdsprachigen Liedern wenigstens auch mit wortgetreuer Uebersetzung, werden erbeten an die Zentrale der KPD., Abt. Bildung (Berlin, Rosenthaler Straße 38).

Berlin, 10. Oktober 1923.

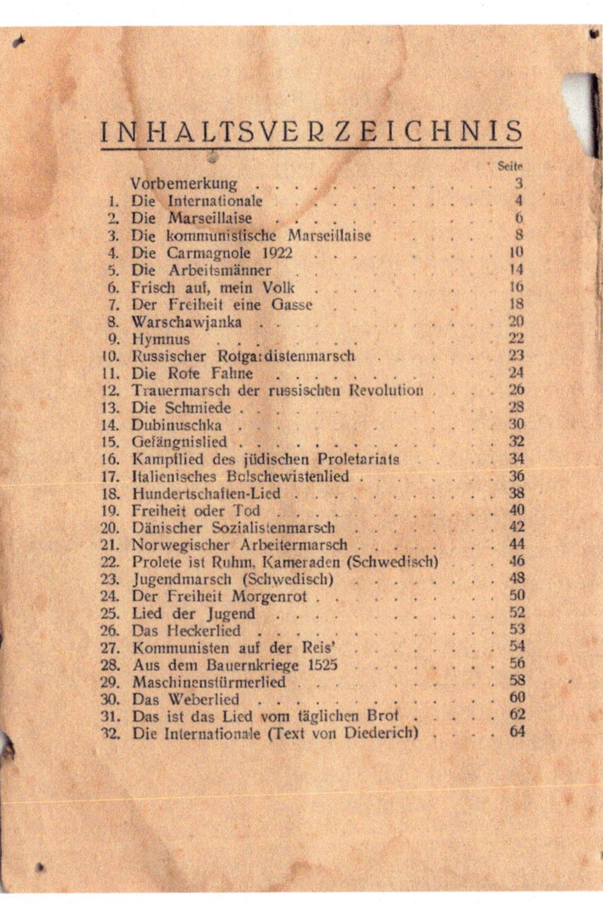

INHALTSVERZEICHNIS

Das Liederbuch „Kampf-Lieder" wird im Herbst 1923 in Berlin von der Vereinigung Internationaler Verlags-Anstalten (VIVA) herausgegeben und findet weite Verbreitung bei KPD (ab 1923), RFB (ab1924) und RFMB (ab 1925) (Innentitel, Seite 2 und 3)

3. März RFMB-OG Zschachwitz: Versammlung mit RFB im Gasthof „Zur Krone".

4. März Gründung der RFMB-OG Bannewitz in einer Versammlung 19,30 Uhr bei Richters im „Amselgrund". – Rednerin anwesend.

4.–17. März Volksbegehren für einen Volksentscheid zur entschädigungslosen Enteignung der Fürsten.
Aufruf der RFMB-Bundesleitung:

„Frauen, Arbeiterinnen, zeichnet euch ein!
Vom 4. bis einschließlich 17. März 1926 liegen in allen Städten und Ortschaften Deutschlands die Eintragungslisten zum Volksbegehren aus. Jeder Mann, jede Frau, die am Eintragungstag 20 Jahre alt sind, müssen sich in die Listen eintragen.
Was bedeutet das Volksbegehren für die Frau?
Die im Jahre 1918 davongelaufenen Kaiser, Könige und Fürsten mit ihrem ganzen verwandtschaftlichen Anhang, ja selbst ihre Dirnen, stellen heute maßlose Ansprüche an das deutsche Volk.
2 ½ Milliarden Goldmark fordern die deutschen Fürsten an Renten, Landbesitz und Schlössern. Die werktätige Bevölkerung soll diese ungeheuerlichen, frechen Ansprüche in Form neuer Steuern und Abgaben befriedigen. Die Reichsregierung, als Vertreterin des Großkapitals und des Junkertums, beabsichtigt, den Fürsten durch monarchistische gesinnte Richter die geforderten Milliarden zusprechen zu lassen.
Fürstenenteignung ist dagegen die Forderung der Werktätigen. Die Fürsten dürfen keinen Pfennig erhalten, das ist die Ansicht aller werktätigen Volksschichten. […]
Der Ausschuß für Fürstenenteignung, die Kommunistische und Sozialdemokratische Partei haben einen Gesetzentwurf bei der Regierung eingereicht auf entschädigungslose Enteignung der Fürsten. Verwendung der enteigneten Vermögen für die Fürsorgebedürftigen, der Schlösser als Kinderheime, die Ländereien für die landarmen Kleinbauern und Siedler. […] Damit der Gesetzentwurf im Reichstag zur Verhandlung kommt, müssen mindestens 4 Millionen Wähler ein Volksbegehren stellen. Ihr Frauen des schaffenden Volkes müßt euch darum restlos in die Listen für das Volksbegehren […] eintragen. […]
Roter Frauen- und Mädchen-Bund. Klara Zetkin. Lene [Helene] Overlach." *(Aus: Arbeiterstimme, 09.03.1926)*

Werbung von RFB und RFMB in Ostsachsen zur Teilnahme am Volksbegehren für einen Volksentscheid zur entschädigungslosen Enteignung der Fürsten (Aus: Arbeiterstimme, 13.03.1926)

6. März Protest von RFMB-Ortsgruppen gegen Zurückweisung vom 2. RFB-Reichstreffen (→ 23./24.05.1926).

„Aus einer Anzahl [RFMB-]Ortsgruppen haben die Leiterinnen des Frauenbundes sehr energische Briefe geschrieben, daß sie sich eine Zurückweisung vom [2. RFB-]Reichstreffen nicht gefallen lassen und auf alle Fälle im Einverständnis mit den Org.-Leitern des RFB nach Berlin kommen werden. – Hierzu folgendes: Die Loslösung der Frauenabteilungen ist überall noch nicht so weit gediehen, daß eine Abweisung der Frauen zum Reichstreffen verstanden wird. Die Frauen unserer Kameraden wollen selbst die Berlin-Fahrt mitmachen und haben schon eine große Sammeltätigkeit für die Berliner Reise entwickelt. – Der Rote Frauen- und Mädchenbund wird zur Demonstration auf einem besonderen Platz Aufstellung nehmen, da er einen 2-3stündigen Umzug nicht mitmachen kann. – Die Abteilungen der Frauen, welche nach Berlin fahren, müssen getrennt von unseren Kameraden fahren, ebenso wie sie in Berlin von den Genossinnen des Frauenbundes in Quartier gebracht werden. *(Aus: Rundschreiben 7/26 RFB-Bundesleitung, 06.03.1926)*

7. März RFMB-OG Kötzschenbroda: Teilnahme an einem Werbemarsch der RFB-OG Groß-Dresden durch Kötzschenbroda und Radebeul.

12. März RFMB-OG Zittau: Teilnahme an einer außerordentlichen Versammlung von RFB und RJ in „Stadt Metz".

14. März RFMB-OG Zschachwitz: Umzug und Landpropaganda. – Stellen 8 Uhr.

19. März RFMB-OG Lockwitz: Versammlung mit KPD und RFB im „Unteren Gasthof", Lugaer Straße 71. – Redner: Martin Schneider, Dresden; Thema: „Märzkämpfe".

22. März RFMB-Gau Ostsachsen: Termin zur Abrechnung für alle RFMB-OG bei RFMB-Gaukassiererin Margarethe Kluttig.

25. März RFMB-OG Groß-Dresden: Öffentliche Versammlung.

27. März RFMB-OG Weinböhla: Teilnahme am RFB-Werbeabend. – Aufforderung an Frauen und Mädchen, sich dem RFMB anzuschließen. – Mitglieder der RFMB-OG Weinböhla: Martha Bachmann, Klara Hennig, … Huth, Erna Kießling, Frieda Schade.

30. März RFMB-Abt.[11] 2 (Neustadt-West): Versammlung 19,30 Uhr im Restaurant „Goldbrunnen", Görlitzer Straße. – Rednerin: Stadtverordnete Dora Wettengel (KPD); Thema: „Die Verseuchung der heranwachsenden Jugend durch Geschlechtskrankheiten".

11 Im RFB-Gau Ostsachsen ist nur die RFMB-Ortsgruppe Groß-Dresden in Abteilungen untergliedert. Deshalb wird folgend anstelle der ausführlichen Bezeichnung „RFMB-OG Groß-Dresden Abteilung …" die Abkürzung „RFMB-Abt. …" verwendet.

16. April RFMB-OG Bannewitz: Frauenversammlung im „Gasthof Bannewitz".

17. April RFMB-Gau Ostsachsen: Pressebeitrag von Ella Husche, RFMB-Gauleiterin Ostsachsen, zur Reichsgesundheitswoche.

„Licht, Luft und Sonne!
[...] Vom 18. bis 23. April [1926] ist auf Anregung des Reichsministeriums des Innern eine Reichsgesundheitswoche geplant, die in ganz Deutschland von den Kommunen durchgeführt werden soll. Die gequälten, sorgenvollen Frauen des Proletariats und des Mittelstandes werden hoffnungsvoll aufhorchen. [...] Will der deutsche Staat, will die Gemeinde sich endlich unserer und unserer Kinder Not annehmen? Will der Staat uns in dieser Reichsgesundheitswoche praktische Hilfe bringen? Hat er sich vielleicht darauf besonnen, die ehemaligen Fürstenschlösser als Kinderheime, Entbindungsanstalten und als Heimstätten für die Kriegsopfer einzurichten? Sollen wir Säuglingswäsche und Milch für die Kleinen, billige Nahrungsmittel bekommen? Wird man den Wöchnerinnen die Wochenhilfe und das Stillgeld erhöhen? Wird der Staat den Schutz für Mutter und Kind, vor allem auch der schwangeren Arbeiterinnen in den Betrieben übernehmen? Wird er unseren erwerbslosen Männern, den erwerbslosen Arbeiterinnen und Angestellten ihre Unterstützung um 50 Prozent erhöhen und die Unternehmer zur Zahlung menschenwürdiger Löhne zwingen? Wird er uns menschenwürdige Wohnungen bauen?
Nein, ihr Frauen! Das alles wird der Staat, wird die Kommune keineswegs tun. Sie wird euch nichts schenken. Sie wird euch nicht einmal das geben, was euch zusteht. Sie wird euch weise Lehren statt Brot bieten.
[...] daß diese Lehren, die man euch in der Reichsgesundheitswoche vorsetzen wird, wie ihr die Kinder aufziehen, wie ihr euch gesundhalten sollt, nichts nützen, denn es fehlt euch an dem Wichtigsten, um diese Lehren auch durchzuführen, am Geld. [...]
Die Aufgabe des Roten Frauenbundes [sic] wird es sein, den Frauen mit aller Deutlichkeit zu zeigen, daß mit der Reichsgesundheitswoche nur der Versuch unternommen wird, die Frauen weiter zu verdummen und in Unwissenheit über die wahren Ursachen ihres Elends zu halten. Den Frauen soll die Schuld in die Schuhe geschoben werden, wenn ihre Kinder krank sind und verelenden. Die Schuld trifft aber nicht sie, sondern den heutigen kapitalistischen Staat, [...] Die Schuld trifft jene Parteien, die erst in dieser Woche im Reichstag alle kommunistischen Anträge für die Volksgesundheit abgelehnt haben. [...] Das zeigt das wahre Gesicht der Parteien, der Deutschnationalen Volkspartei, der Deutschen Volkspartei, des Zentrums und der Demokraten [...] Wir warnen jede proletarische Frau davor, diesen bürgerlichen Vereinen ins Garn zu gehen, denn diese helfen ihnen nicht, sondern halten sie nur vom Kampf um ihre berechtigten Interessen ab. Selbstverständlich sind wir auch für die Volksaufklärung. Aber sie muß verbunden werden mit dem Zur-Verfügung-Stellen der notwendigen Mittel zur Volksgesundung. Wir brauchen da nur hinzuweisen auf Sowjetrußland, das mit einer großzügigen Aufklärung über Gesundheitsfragen, die praktische Fürsorge für Mutter und Kind durch Einrichtung von Kinderheimen, Krippen und Entbindungsstationen u.a. mehr verbindet. – Es ist notwendig, daß die Frauen in der Reichsgesundheitswoche ihre Stimme für die Forderungen an den Staat und an die Gemeinden erheben. Der Rote Frauen- und Mädchen-Bund ruft darum in dieser Woche in allen Großstädten Deutschlands zu Frauenkundgebungen auf, in denen namhafte Ärzte über deutsches und russisches Gesundheitswesen sprechen unter gleichzeitiger Illustrierung durch Lichtbilder und Filmvorträge.

Wir rufen allen Frauen zu: kämpft mit uns für den Ausbau der sozialen Fürsorge, für eine ausreichende Fürsorge für Mutter und Kind, für die Erhöhung der Wochenhilfe, Einrichtung von Krippen und Kinderheimen durch den Staat und Kommune, für gesunde Wohnungen. Kämpft mit uns gegen die Abtreibungsparagraphen, für die Amnestierung der verurteilten Frauen. Kämpft mit uns gegen die Regierung Hindenburg-Luther und ihre sächsische Trabantin, die Heldt-Bünger-Regierung, die das Volk im Elend verkommen läßt. Tretet ein für das Bündnis mit dem Arbeiterstaat Sowjetrußland. Erkämpft euch, ihr Frauen, gemeinsam mit euren Arbeitsbrüdern, ein Arbeiterdeutschland." *(Aus: Arbeiterstimme, 17.04.1926)*

22. April RFMB-OG Groß-Dresden: Versammlung. – Ausgabe der RFMB-Mitgliedsabzeichen.

„In einer am 22.4. [1926] von der Dresdner [RFMB-]Ortsgruppe abgehaltenen Versammlung ist an die Mitglieder das Abzeichen des RFMB ausgegeben worden. Das Abzeichen ist eine silberne Anstecknadel (Broschenform) in Pfenniggröße mit einer geballten roten Faust in der Mitte. Die Umschrift lautet: ‚Roter Frauen- und Mädchenbund'. – Nach vertraulichen Mitteilungen soll der Gau Ostsachsen 135 Mitglieder zählen." *(Aus: Bericht Sächsisches Ministerium des Innern, 20.05.1926)*

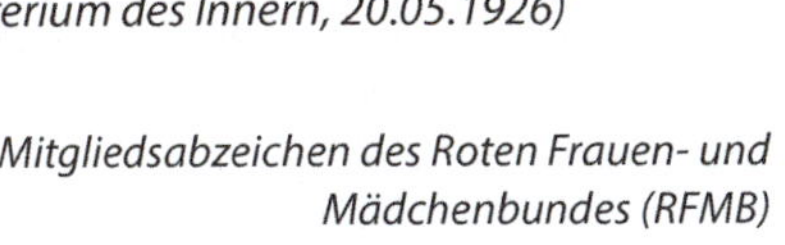
Mitgliedsabzeichen des Roten Frauen- und Mädchenbundes (RFMB)

23. April RFMB-Gau Ostsachsen: Die bisherige RFMB-Gaukassiererin Margarethe Kluttig übernimmt von Ella Husche kommissarisch die Leitung des RFMB-Gaues Ostsachsen.

„Durch Beschluß [...] der engeren [RFMB-]Gauleitung übernehme ich bis zur nächsten Gaukonferenz [2. RFMB- Gaukonferenz Ostsachsen → 06.03. 1927] die Leitung des [RFMB-]Gaues Ostsachsen. Alle Zuschriften sind nicht mehr an Genn. [Genossin] Ella Husche, sondern Margarethe Kluttig, [Dresden], Schreibergasse 15, zu richten." *(Aus: Arbeiterstimme 26.04.1926)*

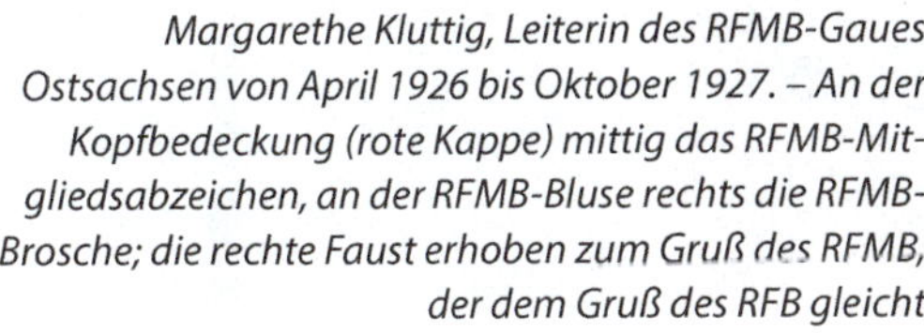
Margarethe Kluttig, Leiterin des RFMB-Gaues Ostsachsen von April 1926 bis Oktober 1927. – An der Kopfbedeckung (rote Kappe) mittig das RFMB-Mitgliedsabzeichen, an der RFMB-Bluse rechts die RFMB-Brosche; die rechte Faust erhoben zum Gruß des RFMB, der dem Gruß des RFB gleicht

„Die bisherige Führerin [Leiterin] des Gaues Ostsachsen im RFMB. [Ella Husche] hat infolge von Differenzen die Leitung niederlegen müssen. Bis zur Neuwahl ist eine Genossin [Margarethe Kluttig] vertretungsweise mit der Geschäftsführung beauftragt worden.“ *(Aus: Bericht Sächsisches Ministerium des Innern, 20.05.1926)*

24. April Gründung der RFMB-OG Meißen 19,30 Uhr in „Stadt Magdeburg“, Fährmannstraße 10.

26. April RFMB-OG Bautzen: Versammlung bei Genossen Emil Rentsch, Moritzstraße 12. – Redner: Alexander Horstmann.

27. April RFMB-OG Radeberg: 20 Uhr Versammlung bei Genossin Edelmann („Reichskrone“).

28. April RFMB-OG Groß-Dresden: Aufruf zur Teilnahme an der Demonstration zum 1. Mai:

„Die proletarische Frau demonstriert am 1. Mai
für Abschaffung der §§ 218, 219, / für die restlose Enteignung der Fürsten, / für die Auflösung des arbeiterfeindlichen Landtages, / für die Rückeroberung des starken Achtstundentages / gemeinsam mit der Roten Front! / Stellplatz: 2 Uhr nachmittags Freiberger Platz
Roter Frauen- und Mädchenbund.“ *(Aus: Arbeiterstimme, 28.04.1926)*

Die proletarische Frau demonstriert am 1. Mai
für Abschaffung der §§ 218, 219,
für die restlose Enteignung der Fürsten,
für die Auflösung des arbeiterfeindlichen Landtages,
für die Rückeroberung des starken Achtstundentages
gemeinsam mit der Roten Front!
Stellplatz: 2 Uhr nachmittags Freiberger Platz
Roter Frauen- und Mädchen-Bund.

Aufruf der RFMB-Ortsgruppe Groß-Dresden zur Teilnahme an der Demonstration am 1. Mai 1926 (Aus: Arbeiterstimme, 28.04.1926)

1. MAI
10 10
10 10
KPD

Spendenmarke „1. Mai – KPD“

Abzeichen der Kommunistischen Partei Deutschlands (KPD)

1. Mai RFMB-OG Ebersbach/Friedersdorf (Frauengruppe): Stellen mit RFB und KPD 8,30 Uhr bei Kamerad Paul Weniger (Hempelmühle); 12,45 Uhr Treffen bei „Stadt Leipzig", Ebersbach.

3. Mai RFMB-OG Radeberg: Versammlung mit RFB im „Deutschen Haus".

5. Mai RFMB-OG Groß-Dresden: Versammlung in „Dießners Restaurant", Freiberger Straße 35.

7. Mai RFMB-OG Lockwitz: Versammlung mit RFB im Gasthaus „Scharfe Ecke". – Mitgliedsbücher mitbringen. Gäste haben Zutritt.

11. Mai RFMB-OG Zschachwitz: Versammlung in der „Goldenen Krone". – Liederbücher mitbringen. Gäste willkommen.

RFB-Liederbuch „Rot Front. Neues Kampf-Liederbuch", erschienen in Berlin im August 1925, verboten am 16. September 1925 (Titelblatt, Innentitel, Seite 79, 80). – Dieses Liederbuch wird trotz Verbot von RFB- und RFMB-Mitgliedern genutzt

ROT FRONT

Neues
Kampflieder-Buch

Berlin 1925

VEREINIGUNG INTERNATIONALER VERLAGS-ANSTALTEN
G. M. B. H.

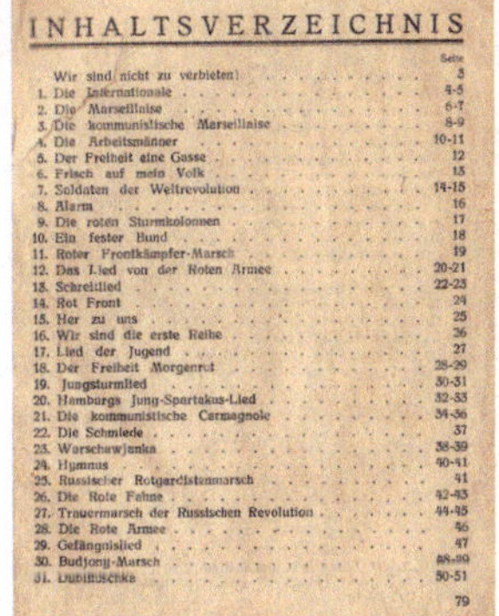

INHALTSVERZEICHNIS

79

Für den Verlag verantwortlich H. Remmele, Berlin.
Druck: »Peuvag« Berlin, Druckereifiliale Breslau 10, Trebnitzer Strasse 50

12. Mai RFMB-OG Bannewitz: Frauenabend im „Amselgrund".

15. Mai RFMB-OG Groß-Dresden: Teilnahme am Unterhaltungsabend der RFMB-OG Zschachwitz. – Stellen 18 Uhr am Stübelplatz.

15. Mai RFMB-OG Zschachwitz: Unterhaltungsabend mit Tanz in der „Goldenen Krone".

Mai, 2. Hälfte Die Dresdner Firma „VESBA" (Vereins-, Sport-, Berufs-Bekleidung und Ausrüstung) bietet in der RFB-Zeitung „Die Rote Front" RFMB-Bundeskleidung „nach Vorschrift der Bundesleitung" an.

23./24. Mai 2. RFB-Reichstreffen in Berlin.

„Die Beteiligung war unter Berücksichtigung der ungünstigen wirtschaftlichen Verhältnisse gut (Dresden etwa 300 Frontkämpfer und 40 Frauen [...]). *(Aus: Bericht Sächsisches Ministerium des Innern, 21.06.1926)*

Dank des RFB-Gaues Ostsachsen an die Gastgeber in Berlin:
„Zurückgekehrt drängt es uns, allen Kameraden der 12. Abteilung [der RFB-Ortsgruppe Berlin] unseren herzlichsten Dank für die freundliche Aufnahme und Bewirtung zu übermitteln; desgleichen der Steglitzer Bevölkerung, die unsere Kameraden in so gastfreundlicher Weise aufgenommen hat. – Wir haben einen sehr guten Eindruck mit nach Dresden genommen." *(Aus: Die Rote Fahne, 02.06.1926)*

Abzeichen (3 x 5 cm) zum 2. RFB-Reichstreffen am 23./24. Mai 1926 in Berlin

Wandanhänger (10 x 15 cm) zum 2. RFB-Reichstreffen 23./24. Mai 1926 in Berlin (MHM, BBAF5408)

Mitglieder der RFB- und RFMB-Ortsgruppe Ebersbach/Friedersdorf am 23. Mai 1926 vor der Abfahrt nach Berlin zum 2. RFB-Reichstreffen (→ 23./24.05.1926)

1. Juni RFMB-Abt. 4 (Kaitz-Strehlen): Versammlung 19,30 Uhr im „Lannerhof".

2. Juni RFMB-Abt. 2 (Neustadt-West): Versammlung 19,30 Uhr im „Bürgergarten", Lübecker Straße 16.

4. Juni RFMB-OG Bannewitz: Frauenversammlung 19,30 Uhr im „Amselgrund".

4. Juni RFMB-OG Bautzen: Werbeversammlung in Soculahora. – Abmarsch 19 Uhr vom Bahnhof Bautzen.

4. Juni RFMB-OG Lockwitz: Versammlung 19,30 Uhr in „Wilhelms Restaurant", Am Plan 114.

8. Juni RFMB-Abt. 1 (Zentrum): Versammlung 19,30 Uhr im „Rizzibräu", Güterbahnhofstraße 8. – Gäste willkommen.

9. Juni RFMB-OG Zschachwitz: Versammlung 19,30 Uhr bei Emma Schreiter.

12. Juni RFMB-OG Meißen: Teilnahme an RFB-Demonstration und RFB-Versammlung. – Stellen zur Demonstration 14,30 Uhr an der Fährmannstraße. Versammlung 19,30 Uhr in der „Grünen Laube", Schützestraße 8.

Mitte Juni RFMB-OG Groß-Dresden: Teilnahme an der Propaganda von KPD, RFB, SPD, Reichsbanner und weiteren proletarischen Organisationen für den Volksentscheid zur entschädigungslosen Enteignung der Fürsten (→ 20.06.1926).

Mitglieder der RFMB-Ortsgruppe Groß-Dresden (links im Bild) mit KPD, RFB, SPD, Reichsbanner und weiteren proletarischen Organisationen bei der Propaganda für den Volksentscheid zur entschädigungslosen Enteignung der Fürsten. – Die Tafel an der Kamel-Attrappe trägt die Aufschrift „Ich bleibe am 20. [Juni, Tag des Volksentscheids] zu Hause"

15. Juni RFMB-Abt. 2 (Neustadt-West): Versammlung 19,30 Uhr im „Bürgerhof", Bürgerstraße 29. – Rednerin: Stadtverordnete Dora Wettengel (KPD); Thema: „Frauen und der Volksentscheid zur entschädigungslosen Enteignung der Fürsten".

16. Juni RFMB-Abt. 4 (Kaitz-Strehlen): Versammlung 19,30 Uhr im „Lannerhof".

18. Juni RFMB-Abt. 4 (Kaitz-Strehlen): Stellen 17,30 Uhr an der Brauerei Mockritz.

Mitgliedsabzeichen der Kommunistischen Partei Deutschlands (KPD), des Roten Frontkämpferbundes (RFB), der Sozialdemokratischen Partei Deutschlands (SPD) und des Reichsbanners Schwarz-Rot-Gold (MHM, BBAD3140). – KPD, RFB, RFMB, SPD und Reichsbanner sowie weitere proletarische Organisationen beteiligten sich an der Propaganda für den Volksentscheid zur entschädigungslosen Enteignung der Fürsten

18. Juni RFMB-OG Ebersbach/Friedersdorf: Teilnahme an einer Demonstration von KPD, RFB und der Gemeinschaft proletarischer Freidenker in Ebersbach für den Volksentscheid zur entschädigungslosen Enteignung der Fürsten.

Abzeichen des „Zentralverbandes proletarischer Freidenker“. – Die proletarischen Freidenker demonstrierten am 18. Juni 1926 in Ebersbach mit KPD, RFB und RFMB für den Volksentscheid zur entschädigungslosen Enteignung der Fürsten

20. Juni Volksentscheid für die entschädigungslose Enteignung der Fürsten. – Das im März von der KPD veranlasste und von der SPD mitgetragene Volksbegehren (→ 04.–17.03.1926) wird von 12,5 Millionen Wahlberechtigten unterstützt und übertrifft damit weit die erforderlichen 10 Prozent. Am 20. Juni 1926 unterstützen 14,5 Millionen (36,4 %) Wahlberechtigte den Volksentscheid, doch ein Gesetz zur entschädigungs-

Demonstration von KPD, RFB, RFMB und der Gemeinschaft proletarischer Freidenker in Ebersbach für den Volksentscheid zur entschädigungslosen Enteignung der Fürsten, 18. Juni 1926

losen Enteignung wird als verfassungsändernd erklärt, für seine Annahme ist die absolute Mehrheit erforderlich – damit ist der Volksentscheid gescheitert.

22. Juni RFMB-Abt. 1 (Zentrum): Versammlung 19,30 Uhr im „Rizzibräu", Güterbahnhofstraße 8. – Rednerin: Stadtverordnete Dora Wettengel (KPD).

23. Juni RFMB-OG Lockwitz: Werbeversammlung 19,30 Uhr in „Wilhelms Restaurant", Am Plan 114. – Redner: Alfred Werner. – Alle proletarischen Frauen herzlich willkommen.

23. Juni RFMB-OG Zschachwitz: Teilnahme an der Werbeversammlung der RFMB-OG Lockwitz. – Abmarsch 19 Uhr am Bahnhof Niedersedlitz.

29. Juni RFMB-Abt. 1 (Zentrum): Pflichtdienst[12] bei Menzel, Rosenstraße 87.

---

12 Pflichtdienst: unbedingtes Erscheinen zum vorgesehenen „Dienst" (u.a. Versammlung, Veranstaltungsteilnahme, Ausmarsch)

3. Juli RFMB-OG Groß-Dresden: Teilnahme an den fünf Begrüßungsfeiern für auswärtige Teilnehmer am „Roten Tag" des RFB-Gaues Ostsachsen in Dresden (→ 03./04.07. 1926), u.a. RFMB-Abt. 1 (Zentrum) in der Gaststätte „Alberthafen", Magdeburger Straße.

Roter Tag in Dresden

Sonnabend, den 3. Juli und Sonntag, den 4. Juli 1926

Gegen den Monarchismus und die Fürstenabfindung!
Gegen die schwarz-weiß-rote Reaktion!

Gegen den imperialistischen Krieg und die drohende Kriegsgefahr!
Für die rote Klassenfront des Proletariats!

Losungen zum „Roten Tag" des RFB-Gaues Ostsachsen in Dresden am 3./4. Juli 1926 (Aus: Arbeiterstimme, 03.07.1926)

3./4. Juli „Roter Tag" des RFB-Gaues Ostsachsen in Dresden. – Teilnahme der RFMB-OG Groß-Dresden. Stellen 10,30 Uhr am Freiberger Platz.

„Roter Tag in Dresden.
[…] Zwei Tage stand Dresden im Zeichen der Roten Front. Der Rote Tag der Frontkämpfer hatte die breitesten Massen mobil gemacht. […] Seit den Aufmärschen des Jahres 1923 stand Dresden nicht mehr so stark unter dem Eindruck revolutionärer Begeisterung […] Am Sonnabend [03.07.1926] wurde der Einmarsch der auswärtigen Teilnehmer schon zu einer wuchtigen Kundgebung. […] Der Sonntagvormittag begann früh 6 Uhr mit dem Wecken durch die Kapellen des RFB. Um 9 Uhr spielten die Kapellen des Frontkämpferbundes zu Platzkonzerten auf. […] Von 12 Uhr an begann der Aufmarsch auf dem Hauptstellplatz [Weißeritzstraße]. Gegen 1 Uhr setzte sich der gewaltige Aufmarsch in Bewegung. Durch das Stadtinnere, über einen Teil der Neustadt ging es nach dem Hauptplatz, dem Stadion des Dresdner Sportvereins 1910 […] Rund 4 000 Uniformierte [Mitglieder des RFB und des RFMB in Bundeskleidung] marschierten an der Spitze des Zuges. Insgesamt marschierten 10-12 000 Personen mit. […] Gegen 4 Uhr erreichte die Spitze des Zuges den Sportplatz. […] Der Wald der Fahnen postierte sich unter der Tribüne, an der ein mannshohes Porträt Lenins angebracht war und vor der ein riesiges Transparent mit dem Gruß der Frontkämpfer ‚Rot Front!' leuchtete." *(Aus: Arbeiterstimme, 05.07.1926)*

„Die Beteiligung war mäßig, sie dürfte weit hinter den Erwartungen zurückgeblieben sein. […] An der Spitze [des Demonstrationszuges] marschierten etwa 2 200 uniformierte Rote Frontkämpfer, ihnen folgten ca. 1 300 Männer, Frauen und Jugendliche, insgesamt waren also gegen 3 500 Personen beteiligt. Die kommunistische Zeitung ‚Arbeiterstimme' übertrieb auch in diesem Falle gewaltig, indem sie die Teilnehmerzahl mit 10-12 000 bezifferte." *(Aus: Bericht Sächsisches Ministerium des Innern, 25.08.1926)*

Abzeichen zum „Roten Tag" des RFB-Gaues Ostsachsen in Dresden am 3./4. Juli 1926

13. Juli RFMB-OG Groß-Dresden: Versammlung im „Rizzibräu", Güterbahnhofstraße 8.

14. Juli RFMB-OG Zschachwitz: Versammlung bei Emma Schreiter.

16. Juli Gründung der RFMB-OG Gittersee in der „Rehbockschenke", Dresdner Straße 66.

„Der RFB [Ortsgruppe Gittersee] ist durch mehrmalige Aufforderung von verschiedenen werktätigen Frauen zu dem Entschluß gekommen, am 16. Juli [1926] abends 8 Uhr im ‚Rehbock', Gittersee, zur Gründung eines [einer Ortsgruppe des] Roten Frauen- und Mädchenbundes zu schreiten. Wir rufen daher [...] besonders alle Frauen und junge Mädchen [...] auf, zahlreich zu erscheinen, damit auch in unseren Orten [Gittersee, Burgk, Klein-Naundorf, Coschütz] ein Roter Frauen- und Mädchenbund zustande kommt." *(Aus: Arbeiterstimme, 15.07.1926)*

„[RFB-Ortsgruppe] Gittersee [...] Wichtige Mitgliederversammlung im Restaurant ‚Rehbock'. Referat der Kameradin [Martha] Krieger über: Zweck und Ziele des RFMB. – Kameraden bringt eure Frauen und erwachsenen Töchter mit." *(Aus: Arbeiterstimme, 16.07.1926)*

17.–24. Juli RFMB-Gau Ostsachsen: Teilnahme an der Sammelwoche der KPD für die streikenden englischen Bergarbeiter.

Aufruf der KPD-Bezirksleitung Ostsachsen: „Seit Monaten stehen die englischen Bergarbeiter im schweren Kampf gegen die Grubenbarone., Mit rücksichtslosem Terror sollen die Bergarbeiter gezwungen werden, für niedrigeren Lohn länger unter Tage zu arbeiten. [...] – Die Internationale Arbeiterhilfe hat zur Unterstützung der englischen Kameraden Sammellisten herausgegeben. Die gesamte Partei muß die Sammlungen auf das entschiedenste unterstützen. Die Partei setzt hiermit für die Zeit vom 17.–24. Juli [1926] eine allgemeine Sammelwoche für die Unterstützung der englischen Streiks an." *(Aus: Arbeiterstimme, 14.07.1926)*

20. Juli RFMB-Abt. 2 (Neustadt-West): Gruppenabend im „Bürgerhof", Bürgerstraße 29. – Liederbücher mitbringen.

Anzeige „Restaurant Bürgerhof", Bürgerstraße 29; Werbung als „Verkehrslokal des RFB und der KPD (Aus: 1. Rotes Sachsentreffen [...] 1927 in Dresden, Dresden 1927)

22. Juli RFMB-Gau Ostsachsen: Teilnahme an der KPD-Zellendelegierten-Konferenz Ostsachsen zum Thema „Frauenorganisationen".

„Zur Arbeit unter den proletarischen Frauen

In der am Donnerstag, den 22. Juli [1926], stattgefundenen Zellendelegierten-Konferenz in Dresden erstattete Genossin Maria Seyring aus Berlin Bericht von der Tagung der Internationalen Frauenkonferenz in Moskau. [...]

Teilnahme von Vertreterinnen des RFMB-Gaues Ostsachsen an der KPD-Zellendelegierten-Konferenz in Dresden am 22. Juli 1926. – Bild unten 1. Reihe v.l.n.r.: 1. Emma Bittwald, 2. Else Frölich, 3. Margarethe Kluttig, RFMB-Gauleiterin Ostsachsen

Auf der Tagesordnung der Moskauer Frauenkonferenz wurde auch die Frage der Notwendigkeit der Bildung proletarischer Frauenorganisationen behandelt. Von den russischen Genossinnen wurde der Standpunkt vertreten, daß, wo diese ausgesprochenen Frauenorganisationen noch nicht bestehen, solche durch unsere Partei nicht zu gründen sind, [...] Die Mehrheit der Delegierten war jedoch für die Bildung dieser Organisationen. In Deutschland haben wir als eine solche Organisation den Roten Frauen- und Mädchenbund geschaffen. Die Genossin betonte und forderte die regste Arbeit der Genossinnen im RFMB als Kommunistinnen. Sie müssen es sein, die dafür sorgen, daß der RFMB eine Organisation ist, wo die proletarischen Frauen und Mädchen sich zusammenfinden zu politischer Aufklärungs- und Schulungsarbeit, wo sie vertraut werden mit dem Klassenstandpunkt. Der RFMB soll die Agitation unter den Proletarierinnen betreiben. Im RFMB sollen die Frauen die Notwendigkeit der Organisierung des zu seiner Befreiung erkennen, damit sie ihre Männer nicht davon abhalten, für die Forderungen der Arbeiterklasse zu kämpfen. *(Aus: Arbeiterstimme, 10.08.1926)*

23. Juli RFMB-OG Groß-Dresden: Sitzung der RFMB-Funktionärinnen und RFMB-Abteilungsleiterinnen bei Margarethe Kluttig, Schreibergasse 15. – U.a. Abrechnung der Marken und Abzeichen vom „Roten Tag" des RFB-Gaues Ostsachsen in Dresden (→ 03./04.07.1926).

11. August RFMB-Abt. 3 (Striesen): Öffentliche Versammlung 19,30 Uhr im „Glasewaldthof", Glasewaldt-/Ecke Wittenberger Straße. – Rednerin: Stadtverordnete Dora Wettengel (KPD). – Mitglieder der RFMB-Abt. 3 (Striesen) u.a.: Emma Bittwald, Lotte Donath, Helene Glatzer, Ella Hanold, Margarethe Hartmann, Margarethe Kluttig, Rosa Menzer, Minna Neubert, Else Rude, Martha Schuster, Anna Strzelewicz, Lisbeth Wagner, Anna Weidner.

17. August RFMB-OG Groß-Dresden: Versammlung im „Rizzikeller" (ehem. „Rizzibräu"), Güterbahnhofstraße 8. – Redner: Stadtverordneter Alfred Schrapel (KPD).

17. August RFMB-Abt. 2 (Neustadt-West): Versammlung im „Bürgerhof", Bürgerstraße 29.

18. August Gründung der RFMB-OG Freital im Restaurant „Bergkeller", Jägerstraße 10.

„Heute Mittwoch abend 7,30 Uhr findet im Restaurant „Bergkeller" [Jägerstraße 10] die Gründungsversammlung für eine Ortsgruppe des Roten Frauen- und Mädchenbundes statt. – Wir ersuchen alle Genossinnen, insbesondere die Frauen unserer Parteigenossen, an dieser Versammlung teilzunehmen." *(Aus: Arbeiterstimme, 18.08.1926)*

20. August RFMB-OG Lockwitz: Versammlung im „Unteren Gasthof", Lugaer Straße 71. – Mitgliedsbücher mitbringen.

Roter Frauen- und Mädchen-Bund.
Mittwoch, den 18. August:
Freital. 7,30 Uhr Gründungsversammlung der Ortsgruppe im „Bergkeller".

Bekanntgabe der Gründungsversammlung der RFMB-Ortsgruppe Freital in der „Arbeiterstimme", KPD-Zeitung für den Bezirk Ostsachsen

22. August RFMB-OG Groß-Dresden: Teilnahme am „Roten Tag" in Weinböhla. – Fahrt ab Wettiner Bahnhof 10,51 Uhr mit Sonntagsfahrkarte bis Coswig.

25. August RFMB-Abt. 3 (Striesen): Versammlung im „Glasewaldthof", Glasewaldt-/Ecke Wittenberger Straße. – 1. Vortrag von Martha Krieger über „Frauengestalten aus Ibsens Dramen"; 2. Lieder zur Laute von Genossin Eisold [auch Eysold].

26. August RFMB-OG Groß-Dresden: Information zur Teilnahme am 12. Internationalen Jugendtag in Bautzen (→ 04./05.09.1926).

„Alle Genossinnen, die mit dem Auto nach Bautzen [zum 12. Internationalen Jugendtag] fahren wollen, müssen sich melden und Fahrgeld, 2 Mark, legen bei Genossin [Margarethe] Kluttig, Schreibergasse 15. Spätestens bis 31. August." *(Aus: Arbeiterstimme, 26.08.1926)*

27. August RFMB-Abt. 7 (Kemnitz-Cossebaude): Versammlung in „Gasthof Krüger", Dresden-Stetzsch.

27. August RFMB-OG Gittersee: Versammlung im der „Rehbockschenke", Dresdner Straße 66.

28. August Werbung für den 12. Internationalen Jugendtag des KJVD in Bautzen am 4./5. September 1926 in der „Arbeiterstimme", KPD-Zeitung für den Bezirk Ostsachsen.

Werbung für den 12. Internationalen Jugendtag des KJVD am 4./5. September 1926 in Bautzen. – Die Grafik zeigt Frauen an der Seite der RFB-Mitglieder (Aus: Arbeiterstimme, 26.08.1926)

28. August RFMB-OG Bannewitz: Versammlung im „Amselgrund". – Zu erscheinen haben die RFMB-Mitglieder aus Bannewitz, Hänichen, Kummersdorf, Possendorf, Rippien, Welschhufe und Wilmersdorf. – Rednerin anwesend.

31. August RFMB-OG Freital: Versammlung in der „Roten Schänke". – Redner: Landtagsabgeordneter Dr. Richard Schmincke (KPD), Dresden.

1. September RFMB-Abt. 1 (Zentrum): Versammlung im „Rizzikeller" (ehem. „Rizzibräu"), Güterbahnhofstraße 8. – Rednerin: Martha Krieger. – Mitgliedsbücher mitbringen.

1. September RFMB-Abt. 2 (Neustadt-West): Versammlung im „Bürgerhof", Bürgerstraße 29. – Vortrag von Martha Krieger über „Frauengestalten aus Ibsens Zeiten." – Lieder zur Laute. Sympathisierende mitbringen.

4./5. September 12. Internationaler Jugendtag des KJVD in Bautzen. – Teilnahme des RFMB-Gaues Ostsachsen und weiterer proletarischer Organisationen (Werbung → 28.08.1926).

Mitglieder von RFMB, RFB, KPD, KJVD und RJ aus Dresden beim 12. Internationalen Jugendtag in Bautzen am 4./5. September 1926. – Unter ihnen die Dresdner RFMB-Mitglieder Martha Lange und Anni Wustmann

7. September RFMB-OG Groß-Dresden: Beginn eines Samariter-Kurses für RFMB-Mitglieder in der Ortskrankenkasse.

10. September RFMB-OG Gittersee: Versammlung 20 Uhr in der „Rehbockschenke", Dresdner Straße 66.

Spendenmarke „Liebknecht-Fond KJI" der Kommunistischen Jugendinternationale

12. September RFMB-OG Lockwitz: Teilnahme am „Roten Werbetag" der RFB-OG Lockwitz.

„Der am 12. September [1926] stattgefundene Rote Tag hat in unserem kleinen Ort einen tiefen Eindruck hinterlassen. Nachdem Sonntag früh die Einwohner durch die Weckrufe der roten Bläser [Schalmeienkapelle] munter gemacht worden waren, fanden Platzkonzerte statt. Zur selben Zeit marschierten die Ortsgruppen der Umgegend aus allen Eingangsstraßen ein und so bildete sich gegen Mittag ein glänzender Demonstrationszug von über 1000 Personen, von denen ungefähr 500 in der Uniform [Bundeskleidung] der Roten Frontkämpfer gezählt wurden. – Die Arbeitersportler und der Gesangverein ‚Sängerlust' unterstützten in dankenswerter Weise die Veranstaltung durch Gesangsvorträge und ein spannendes Fußballspiel. – Anschließend daran fand ein künstlerischer Abend statt, in deren Rahmen die Rote Truppe Strzelewicz vor dem bis auf den letzten Platz gefüllten Saal unter stürmischen Beifall revolutionäre Kunstdarbietungen zeigte. Der nachhaltige Eindruck wird auch hier der roten Front manch neuen Kämpfer zuführen. Diejenigen Arbeiter und Arbeiterinnen, die den Willen haben, mit uns zu marschieren, werden zu der am Freitag, den 24. September [→ 24.09.1926], abends 8 Uhr im ‚Unteren Gasthof' angesetzten Versammlung eingeladen." *(Aus: Arbeiterstimme, 18.09.1926)*

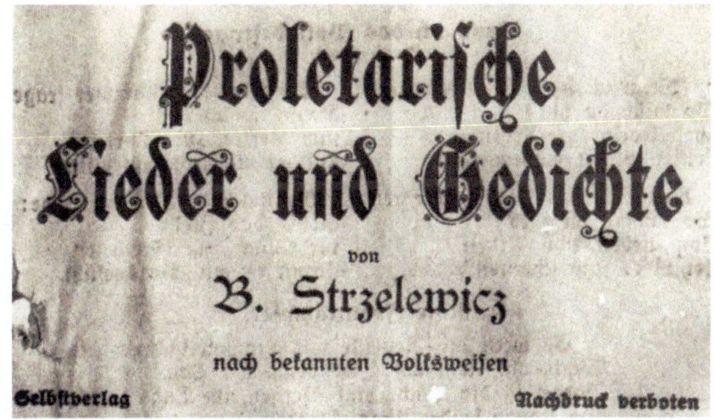
Proletarische Lieder und Gedichte
von
B. Strzelewicz
nach bekannten Volksweisen
Selbstverlag
Nachdruck verboten

Titelblatt (Ausschnitt) zu „Proletarische Lieder und Gedichte" von Boleslaw (Bernhard) Strzelewicz

Boleslaw (Bernhard) Strzelewicz (1857–1938) – Schauspieler, politischer Vortragskünstler und Leiter der „Roten Truppe"

14. September RFMB-Abt. 2 (Neustadt-West): Versammlung im „Bürgerhof", Bürgerstraße 29. – Rednerin: Suse Wagner; Thema: „Die Frau und die Kirche".

14. September RFMB-Abt. 3 (Striesen): Versammlung 19,30 Uhr im „Glasewaldthof", Glasewaldt-/Ecke Wittenberger Straße. – Rednerin: Martha Krieger. – Liederbücher mitbringen.

14. September RFMB-OG Radeberg: Versammlung im „Deutschen Haus". – Rednerin: Johanna Aschenbach, Mitglied der RFMB-Gauleitung Ostsachsen.

15. September RFMB-Abt. 1 (Zentrum): Versammlung im „Rizzikeller" (ehem. „Rizzibräu"), Güterbahnhofstraße 8. – Rednerin: Elisabeth Sparschuh.

15. September RFMB-OG Freital: Versammlung in der Pestalozzischule. – Gäste willkommen.

18. September RFMB-OG Lockwitz: Einladung zur Werbeversammlung (→ 24.09.1926).

24. September RFMB-OG Gittersee: Versammlung in der „Rehbockschenke", Dresdner Straße 66. – Kontrolle der Mitgliedsbücher.

24. September RFMB-OG Lockwitz: Werbeversammlung mit RFB im „Unteren Gasthof", Lugaer Straße 71 (Einladung → 18.09.1926).

25. September RFMB-Abt. 1 (Zentrum): Wichtige Besprechung 15 Uhr im Gaubüro, Jakobsgasse 15.

25. September RFMB-Abt. 1 (Zentrum): Teilnahme am „Roten Tag" des RFB-Untergaues Pirna in Heidenau. – Treffen am Hauptbahnhof 8 Uhr.

28. September RFMB-OG Groß-Dresden: Vollversammlung im „Brandenburger Hof", Berliner Straße 26/Ecke Peterstraße. – Kontrolle der Mitgliedsbücher.

29. September RFMB-Abt. 1 (Zentrum): Versammlung im „Rizzikeller" (ehem. „Rizzibräu"), Güterbahnhofstraße 8.

Ende September Polizeiliches Überwachungsergebnis zum RFB- und RFMB-Gau Ostsachsen:

„Die Dresdner Ortsgruppe des Bundes [RFMB] hält regelmäßig aller 14 Tage Mitgliederversammlungen ab, die durchschnittlich von 35 – 40 Personen besucht werden. – Die Mitgliederzahl des [RFMB-] Gaues Ostsachsen soll sich auf reichlich 300 Personen erhöht haben. – In neuerer Zeit ist die Wahrnehmung gemacht worden, daß die Mitglieder des RFMB an den Veranstaltungen nicht mehr in der von der Bundesleitung festgesetzten Einheitskleidung – graugrüne Windjacke und gleichfarbige Mütze – teilnehmen, sondern meist in roter Bluse, schwarzem Rock und roter, sogen. Jacobinermütze erscheinen." *(Aus: Bericht Sächsisches Ministerium des Innern, 22.10.1926)*

Oktober RFMB-Gau Ostsachsen: Teilnahme an der Propaganda der KPD und weiterer proletarischer Organisationen zur Landtagswahl (31.10.1926).

1. Oktober RFMB- und KPD-OG Groß-Dresden: Frauenversammlung in den „Annensälen", Fischhofplatz 10.

„Die proletarischen Frauen zum Kongreß der Werktätigen.
Am 1. Oktober [1926] hatte die KPD im Stadtteil Zentrum 1 und der RFMB zu einer Kundgebung der werktätigen Frauen in den ‚Annensälen' aufgerufen. Der große Saal war völlig überfüllt. Unter lebhaftem Beifall sprach an Stelle der verhinderten Genossin [Maria] Seyring Genossin Böhme über die ‚Selbstwehr der Frauen in der kapitalistischen Gesellschaft'. Die Schalmeienkapelle des Roten Frontkämpferbundes umrahmte den Vortrag mit Kampfliedern. Zum Kongreß der Werktätigen nahm die Versammlung einstimmig folgende Resolution an:
‚Die am 1. Oktober in den Annensälen versammelten proletarischen Frauen und Mädchen begrüßen die Einberufung eines Kongresses der Werktätigen und geloben, in allen Betrieben dahin zu wirken, daß die Frauen und Mädchen aktiv an der Vorbereitung und Druckführung des Kongresses mitarbeiten. Die proletarische Frau gehört in eine Reihe mit ihrem kämpfenden Arbeitsbruder. Das brutale Vorgehen der kapitalistischen Klasse zwingt uns zur Selbstwehr und damit in die einheitliche Kampffront der werktätigen Bevölkerung. Diese Kampffront zu erweitern und zu verstärken, betrachten die Versammelten [sic] Proletarierinnen als heilige Pflicht!'
Die Aufgabe unserer in den Betrieben arbeitenden Genossinnen und auch die der proletarischen Hausfrauen ist es, diese Resolution in die Tat umzusetzen.' *(Aus: Arbeiterstimme, 05.10.1926)*

1. Oktober RFMB Gau Ostsachsen: Versammlungsanzeigen sind nicht mehr an die Redaktion der „Arbeiterstimme" zu senden, sondern an das Büro des RFB-Gaues Ostsachsen in Dresden.

Spendenmarke „Für den Kongress der Werktätigen"

Sämtliche Versammlungsanzeigen
des Roten Frontkämpferbundes, der Roten Jungfront und
des Roten Frauen- und Mädchenbundes
sind ab 1. Oktober
nicht mehr an die Redaktion, sondern
an das Gaubureau
Adresse: Kurt Stein, Dresden-Altstadt, Jakobsgasse 15,
mindestens 24 Stunden vor dem gewünschten Erscheinungstermin zu senden. Für das Erscheinen der Anzeigen wird andernfalls keine Gewähr übernommen.
BL Orgabt.

RFMB Gau Ostsachsen: Versammlungsanzeigen zur Veröffentlichung in der „Arbeiterstimme" sind ab 1. Oktober 1926 nicht mehr an die Redaktion, sondern an das RFB-Gaubüro in Dresden zu senden. (Aus: Arbeiterstimme, 29.09.1926) – Die Frist von 24 Stunden wird am 12. Oktober 1926 auf 48 Stunden verlängert.

2./3. Oktober RFMB-OG Groß-Dresden: Teilnahme am „Roten Tag" des RFB-Untergaues in Neusalza-Spremberg. – Mitglieder der RFMB-OG Neusalza-Spremberg u.a.: Lina Dressler, Hedwig Fiedler, Hedwig Horke, Alma Koksch, Alma Nitsche, ... Philipp, Elsa Richter, Liesel Schölzel, Mariechen Schölzel, Selma Strehla, Lina(?) Wagner, Lotte Wildner

„Alle Genossen [sic] [Genossinnen], die nach Neusalza-Spremberg mit dem Auto fahren wollen, müssen sich melden bis Freitag, den 1. Oktober, bei Genossin [Margarethe] Kluttig. Abfahrt Sonnabend [02.10.1926] 2 Uhr Fischhofplatz."
(Arbeiterstimme, 28.09.1926)

„Neusalza-Spremberg (Roter Tag.)
Am 2. und 3. Oktober [1926] fand in Neusalza-Spremberg ein Roter Tag der Oberlausitz statt. – Schon am Sonnabend [02.10.1926] rückten von allen Seiten per Bahn, Auto, Rad und Fuß die Abteilungen [Ortsgruppen] des RFB an. Der Saal des ‚Kretscham' war denn auch bald überfüllt. Das Programm des Begrüßungsabends war wirklich gelungen [...] – Genosse Sommer, Dresden, hielt die Begrüßungsrede und rief in treffenden Worten die Arbeiterschaft zur Schließung der Front des klassenbewußten Proletariats auf. – Zur Demonstration am Sonntag [03.10.1926] marschierten über 500 Mann auf. Der Zug endete auf dem Obermarkt, wo vor zirka 1000 Menschen der Genosse Schubert, Dresden, und Genosse Sommer begeistert aufgenommene Ansprachen hielten. – Dazu überreichte Genossin [Margarethe] Kluttig im Namen des RFMB eine Sturmfahne an die dortige Ortsgruppe. – Auch der Jungspartakusbund [JSB] ließ es sich nicht nehmen, durch einen Vertreter anfeuernde Worte an die proletarischen Väter und Mütter zu übermitteln. – Der glänzend verlaufene Tag hat auch hier die Basis der roten Front verbreitert und vertieft." *(Aus: Arbeiterstimme, 05.10.1926)*

8. Oktober RFMB-Abt. 2 (Neustadt-West): Versammlung im „Bürgerhof", Bürgerstraße 29. – Lesung von Genossin Haustein. – Mitgliedsbücher mitbringen.

8. Oktober RFMB-OG Lockwitz: Versammlung 20 Uhr im „Unteren Gasthof", Lugaer Straße 71.

„Roter Tag" des RFB-Untergaues Ebersbach am 2./3. Oktober 1926 in Neusalza-Spremberg. – Margarethe Kluttig, RFMB-Gauleiterin Ostsachsen, überreicht der RFMB-Ortsgruppe Neusalza-Spremberg auf dem Obermarkt in Neusalza-Spremberg eine Sturmfahne, 3. Oktober 1926. – Mitte v.r.: 1. Margarethe Kluttig, RFMB-Gauleiterin Ostsachsen, 2. Alma Nitsche, 3. Elsa Richter, 4. Emil Hänsel, 5. Richard Fiedler; rechts hinter 5.: Adolf Nitsche; links (mit erhobener Faust): Albert Richter

Frieda Lompa, Mitglied der RFMB-Ortsgruppe Bischofswerda, in RFMB-Bundeskleidung und Ehemann Alfred Lompa, ab 1926 Mitglied der RFB-Ortsgruppe Bischofswerda (zuvor RFB-Ortgruppe Groß-Dresden), in RFB-Bundeskleidung

10. Oktober RFMB-OG Bischofswerda: Landpropaganda mit KPD und RFB. – Stellen 8 Uhr Süßmilchstraße.

13. Oktober RFMB-Abt. 4 (Kaitz-Strehlen): Versammlung 19,30 Uhr im „Ratsgarten". – Rednerin: Genossin Böhme; Thema: „Landtagswahl" (31.10.1926) – Genossin Höring: Lieder zur Laute

18. Oktober RFMB-OG Groß-Dresden: Große öffentliche Frauenversammlung im „Bürgergarten", Lübecker Straße 16. – Rednerin: Stadtverordnete Dora Wettengel (KPD); Thema: „Die proletarische Frau und der Wahlkampf".

Anzeige „Gasthof und Ballsaal Bürgergarten" in Dresden-Löbtau, Lübecker Straße 16, als „Verkehrslokal der Dresdner Arbeiterschaft" (Aus: 3. Sächsisches Arbeiter-Turn-und-Sportfest [...], Dresden 1928, S. 91

20. Oktober RFMB-Abt. 3 (Striesen): Versammlung 19,30 Uhr im „Glasewaldthof", Glasewaldt-/Ecke Wittenberger Straße. – 1. Referat; Thema: „Kongreß der Werktätigen"; 2. Vorbereitung der Landtagswahl (31.10.1926).

20. Oktober RFMB-OG Freital: Versammlung 19,30 Uhr im Restaurant „Bergkeller", Jägerstraße 10. – Thema: „Die Frau und die bevorstehende Landtagswahl".

22. Oktober RFMB-Abt. 11 (Johannstadt): Proletarische Frauenkundgebung mit KPD im „Reißigerhof", Reißigerstraße 70. – Rednerin: Stadtverordnete Genossin Böhme; Thema: „Die Not der proletarischen Frau". – Mitglied der RFMB-Abt. 11 (Johannstadt) u.a.: Rosa Neubert.

24. Oktober RFMB-OG Groß-Dresden: Teilnahme an der Gedenkfeier für die Opfer des Reichswehreinmarsches 1923 in Freiberg. – Die Kranzdelegationen der Abteilungen treffen sich am RFMB-Gaubüro, Jakobsgasse 15.

31. Oktober Landtagswahl in Sachsen.

Gräber der Opfer des Reichswehreinmarsches 1923 in Freiberg

2. November RFMB-OG Groß-Dresden: Versammlung im „Bürger-Casino", Große Brüdergasse 25. – Annahme einer Resolution gegen die drohende Hinrichtung der 1921 in den USA wegen angeblicher Raubüberfälle zum Tode verurteilten italienischen Arbeiter Nicola Sacco und Bartolomeo Vanzetti. – Die Resolution wird dem US-Konsulat in Dresden übergeben und von diesem an die US-Botschaft nach Berlin weitergeleitet.

„Gelegentlich einer Mitgliederversammlung, in welcher zu der Verurteilung der beiden italienischen Anarchisten Sacco und Vanzetti durch amerikanische Gerichte Stellung genommen wurde, hat die [RFMB-]Gauleitung Ostsachsen an das amerik. Konsulat in Dresden eine Resolution nachstehenden Wortlautes gesandt:
‚Wiederum wird durch Zeitungsmeldungen bekannt, daß die beiden ital. Revolutionäre Sacco und Vanzetti vor ihrer Aburteilung stehen, und daß der oberste Staatsgerichtshof die von den Verteidigern beantragte Wiederaufnahme des Verfahrens abgelehnt hat. Schon seit sechs Jahren schmachten die beiden Revolutionäre unschuldig in den amerikanischen Kerkern. Die gesamte Arbeiterschaft der Welt ist auf Grund der bisherigen Ergebnisse der Verhandlungen, die einwandfrei die Unschuld an dem ihnen zur Last gelegten Mord nachweisen, auf das höchste empört, daß man Sacco und Vanzetti noch in den Kerkern hält.
Die am 2.11.26 in Dresden stark besuchte Mitglieder-Versammlung des RFMB. ist empört über das unmenschliche Vorgehen der amerikanischen Justiz, verlangt mit aller Entschiedenheit die sofortige Freilassung von Sacco und Vanzetti, sie fordert vom obersten Staatsgerichtshof die Wiederaufnahme des Verfahrens und die Freisprechung der Unschuldigen.'" *(Aus: Bericht Sächsisches Ministerium des Innern, 20.12.1926)*

VANZETTI

SACCO

Rettet sie vor dem elektrischen Stuhl!

Die amerikanische Bourgeoisie will die beiden revolutionären Arbeiter morden. Beide wurden wegen eines angeblichen Mordes an einem Zahlmeister zum Tode verurteilt. Jetzt sollen sie hingerichtet werden, obgleich der tatsächliche Mörder, Madeiras, der mit Sacco in einem Gefängnis sitzt, ein Geständnis abgelegt hat.

Arbeiter aller Länder, deutsche Arbeiter, protestiert gegen die Ermordung der Klassenkämpfer.

Die „Arbeiterstimme", KPD-Zeitung für den Bezirk Ostsachsen, hatte bereits im Juli 1927 zum Protest gegen die drohende Hinrichtung der 1921 in den USA wegen angeblicher Raubüberfälle zum Tode verurteilten italienischen Arbeiter Nicola Sacco und Bartolomeo Vanzetti aufgerufen (Aus: Arbeiterstimme, 12.07.1926)

5. November RFMB-Abt. 4 (Kaitz-Strehlen): Versammlung 19,30 Uhr im „Ratsgarten". – U.a. Kontrolle der Mitgliedsbücher.

9. November Gründung der RFMB-Abt. 5 (Laubegast) in „Meißners Restaurant". – Rednerin: Olga Körner. – Mitwirkung der RFB-Schalmeienkapelle.

14. November Gemeinderatswahlen in Sachsen.

„Die von der Partei [KPD] großzügig betriebene Wahlpropaganda wurde – wie auch bereits zur Landtagswahl (31.10.) – von den Unterorganisationen RFB., RFMB., K.J. und R.H. in erhöhtem Maße unterstützt." *(Aus: Bericht Sächsisches Ministerium des Innern, 20.12.26)*

15. November Gründung der RFMB-Abt. 6 (Süd-West) im „Bürgergarten", Lübecker Straße 16. – Rednerin: Elisabeth Sparschuh.

Gaststätte „Bürgergarten" in Dresden-Löbtau, Lübecker Straße 16 (Aufnahme 1970er Jahre). – Im „Bürgergarten" wird am 15. November 1926 die RFMB-Abteilung 6 (Süd-West) gegründet

Anzeige „Gasthof und Ballsaal Bürgergarten" in Dresden-Löbtau, Lübecker Straße 16, als „Kommerslokal u. Standquartier, Verkehrslokal der gesamten Arbeiterschaft" (Aus: Festschrift zum 1. Roten Sachsentreffen des RFB [...] 1927 in Dresden, Dresden 1927)

16. November RFMB-Abt. 1 (Zentrum): Versammlung 19,30 Uhr im „Schützenliesel".

16. November RFMB-Abt. 2 (Neustadt-West): Gruppenabend im „Bürgerhof", Bürgerstraße 29. – Redner: Albert Ebert; Thema: „Grundfragen des Klassenkampfes".

16. November RFMB-Abt. 3 (Striesen): Versammlung 19,30 Uhr im „Glasewaldthof", Glasewaldt-/Ecke Wittenberger Straße. – Rednerin: Suse Wagner.

20. November RFMB-OG Gittersee: Versammlung in der „Rehbockschenke", Dresdner Straße 66.

20.–22. November 1. RFMB-Reichskongress[13] in Berlin. – Delegierte aus dem RFMB-Gau Ostsachsen: Margarethe Kluttig (Leiterin RFMB-Gau Ostsachsen), Johanna Aschenbach (Mitglied der RFMB-Gauleitung Ostsachsen), Elisabeth Sparschuh.
Referate: 20.11.1926 „Der RFMB und seine Aufgaben", Helene Overlach; 21.11.1926 „Praktische Durchführung der Aufgaben", Therese Völker; 22.11.1926 „Die bürgerlichen Frauenorganisationen", Maria Wiedmaier.

„Zum ersten Referat: ‚Der RFMB und seine Aufgaben' sprach Genossin [Helene] Overlach. Sie gab den Jahresbericht. Aus der gesamten wirtschaftlichen und politischen Lage und aus den Lehren der bisher geleisteten Arbeit erwachsen die Aufgaben.[14] Mehr als bisher heran an die arbeitende Frau. Kampf gegen die Rationalisierung mit ihren verheerenden Auswirkungen für die proletarischen Frauen. Kampf gegen imperialistische Kriege, insbesondere gegen die Einkreisung Sowjetrußlands. Kampf den bürgerlichen Frauenorganisationen, die die Frauen vom Klassenkampf abhalten." *(Aus: Arbeiterstimme, 01.12.1926)*

Beschlüsse des 1. RFMB-Reichskongresses:
1. Aufruf an alle Arbeiterinnen, Hausfrauen und Angestellten. 2. Für die politischen Gefangenen! 3. An die tapferen Bergarbeiterfrauen Englands!

„Aufruf an alle Arbeiterinnen, Hausfrauen und Angestellten.
Novemberstürme wehen, ein böser Winter steht vor der Tür. Keine warmen Kleider, keine Kohle, keine guten Schuhe, Lebensmittel unerhört teuer, das ist das Ergebnis achtjähriger Politik der deutschen Republik.
Ihr Frauen der Arbeit, ihr Frauen der Not, lang genug habt ihr gedarbt, kehrt endlich den bürgerlichen Frauenorganisationen den Rücken, die euch auffordern, durchzuhalten und auf Gott zu

13 gelegentlich auch bezeichnet als Reichskonferenz. Der RFB hielt „Reichskonferenzen" ab, der RFMB hingegen „Reichskongresse".

14 Zu den Aufgaben siehe auch: Frauenwacht. Organ des Roten Frauen- und Mädchen-Bundes, Nr. 7/ Jg. 1, November 1926, S. 3.

vertrauen, der ja alles nach seinem Willen lenke. In Wirklichkeit lenkt die kapitalistische Gesellschaft mit ihrer Staatsmacht alles nach ihrem Profit.
Der RFMB hat sich darum die Aufgabe und das Ziel gesetzt, alle Arbeiterinnen und Hausfrauen des Proletariats, des Mittelstandes und die Landarbeiterinnen in seiner Organisation zu sammeln, sie aufzuklären über ihre Klassenlage, sie zu Kämpferinnen für die Befreiung der Frau aus Knechtschaft und Not zu erziehen und gemeinsam mit den männlichen Arbeitsbrüdern um die Verbesserung ihrer elenden Lage zu kämpfen. Arbeiterinnen und Arbeiterfrauen! Große Kämpfe stehen uns bevor. Die kapitalistische Regierung bringt ganz besonders für die Frauen Hetzarbeit, verlängerte Arbeitszeit, niedrige Löhne. Deshalb gilt es, den Kampf zu führen um höhere Löhne und verkürzte Arbeitszeit.
Arbeiterinnen im Betrieb! Laßt euch nicht als Lohndrücker und Streikbrecher gegen eure Arbeitsbrüder mißbrauchen. Tretet ein in die freien Gewerkschaften, um in geschlossener Front den wirtschaftlichen Kampf zu führen.
Arbeiterfrauen und Arbeiterinnen! Kämpft mit uns gegen den Abbau der Fürsorge für Mutter und Kind, für ausreichenden Schutz und vermehrte Fürsorge für schwangere Mütter, für die Säuglinge und kleinen Kinder. Alle Frauen müssen sich zu großen Kundgebungen und Versammlungen zusammenfinden, um dem Gesetzentwurf der Kommunistischen Partei zum Schutz für Mutter und Kind im Reichstag zur Annahme zu verhelfen.
Ganz besondere Aufmerksamkeit erfordert der Kampf gegen die geistige Unterdrückung in Form des neuen Reichs-Schulgesetzentwurfs und gegen das Schund- und Schmutzgesetz. Frauen erkennt, wozu man eure Kinder erzieht, um sie nachher umso leichter für imperialistische Ziele gebrauchen zu können.
Frauen, heraus auch gegen den von Monat zu Monat sich steigernden Mietwucher, gegen die Preistreiberei der allernotwendigsten Lebensmittel, gegen die hohen Steuern, die dem Arbeiter seinen ohnehin schon niedrigen Lohn noch mehr verkürzen.
Frauen, heraus gegen eine Regierung, die für die Fürsten Milliarden übrighat. Gegen eine Klassenjustiz, die Fememörder begnadigt, klassenbewußte Kämpfer hinter Zuchthausmauern steckt, gegen die Kriegspläne Deutschlands und der übrigen Raubstaaten, die sich insbesondere gegen Sowjetrußland richten.
Vergeßt nicht die furchtbaren Kriegsjahre 1914–1918! Nach dem leuchtenden Beispiel der russischen Arbeiterinnen und Bäuerinnen laßt uns die Fahne des Sozialismus hochhalten und erkämpfen, was sie sich bereits geschaffen haben: den Arbeiter- und Bauernstaat. Nur wenn wir den profitgierigen Kapitalismus überwinden, werden wie auch die Ursachen aller Kriege beseitigen.

Elisabeth Sparschuh, Delegierte des RFMB-Gaues Ostsachsen zum 1. RFMB-Reichskongress von 20. bis 22 November 1926 in Berlin (Aufnahme 1970er Jahre)

Arbeiterfrauen, endlich erwacht! Tretet ein in die Rote Klassenfront! Arbeiterfrau und Arbeiterin, wo Du stehst an der Maschine, am Kochtopf oder im Bureau, hinein in die rote Klassenfront! Beteilige dich am Kongreß der Werktätigen, der vom 3. bis 5. Dezember [1926] stattfindet und der alle Ausgebeuteten und Unterdrückten sammelt zum gemeinsamen Kampf! Schließe dich der Organisation an, die für deine Interessen kämpft, dem Roten Frauen- und Mädchenbund!
1. Reichskongreß des RFMB." *(Aus: Arbeiterstimme, 29.11.1926)*

24. November RFMB-OG Groß-Dresden: Vorbereitung der Feier zum einjährigen Bestehen des RFMB (→ 03.12.1926). – Probe des Sprechchores im „Brandenburger Hof", Berliner Straße 26/Ecke Peterstraße.

25. November RFMB-OG Lockwitz: Ankündigung eines „Roten Schalmeienkonzerts" im „Unteren Gasthof", Lugaer Straße 71 (→ 27.11.1926).

„Rotes Schalmeienkonzert. / Am Sonnabend, 27. November [1926] findet im ‚Unteren Gasthof' das erste Konzert der Dresdner Schalmeienkapelle des Roten Frontkämpferbundes anläßlich der Gründungsversammlung des Roten Frauen- und Mädchenbundes [Gründung im Bund → 29.11.1925] statt. Außerdem erfolgt die Aufführung einer politischen Groteske." *(Aus: Arbeiterstimme, 25.11.1926)*

26. November RFMB-Abt. 3 (Striesen): Versammlung im Restaurant „Zur Erdkugel", Altstriesen 3. – Redner: Kurt Fabian, Radeberg (Betriebsrat im Sachsenwerk, SPD- und DMV-Mitglied, Angehöriger der 2. Russland-Delegation); Thema: „Meine Erlebnisse in Sowjetrußland".

27. November RFMB-OG Lockwitz: „Rotes Schalmeienkonzert" im „Unteren Gasthof", Lugaer Straße 71 (Ankündigung → 25.11.1926).

30. November RFMB-Abt. 1 (Zentrum): Versammlung im „Schützenliesel". – Tagesordnung: 1. Referat „Die Frau und die Kirche"; 2. „1. Reichskongress des RFMB in Berlin" (→ 20.–22.11.1926).

30. November RFMB-Abt. 2 (Neustadt-West): Gruppenabend im „Bürgerhof", Bürgerstraße 29.

1. Dezember RFMB-OG Groß-Dresden: Aufruf zur Teilnahme an der Feier zum einjährigen Bestehen des RFMB (Gründung im Bund, 29.11.1925) am 3. Dezember 1926 in den „Annensälen", Fischhofplatz 10.

„Alle Arbeiterfrauen erscheinen am Freitag, den 3. Dezember abends 7,30 Uhr in den ‚Annensälen', Fischhofplatz [10], zur Kundgebung des RFMB anläßlich seines einjährigen Bestehens. – Rednerin: Genossin Kampfrad [Rußland-Delegierte], Leipzig. – Mitwirkung der Schalmeienkapelle

[Laubegast-Striesen] des RFB. Rezitationen, Lieder zur Laute usw. – Eintritt 30 Pf." *(Aus: Arbeiterstimme, 01.12.1926)*

1. Dezember RFMB-Abt. 3 (Striesen): Versammlung 19,30 Uhr im „Glasewaldthof", Glasewaldt-/Ecke Wittenberger Straße. – Rednerin: Elisabeth Sparschuh; Thema: „1. RFMB-Reichskongreß in Berlin" (→ 20.–22.11.1926).

2. Dezember RFMB-OG Groß-Dresden: Vorbereitung der Feier zum einjährigen Bestehen des RFMB (→ 03.12.1926). – Probe des Sprechchores im „Bürgergarten", Lübecker Straße 16.

3. Dezember RFMB-OG Groß-Dresden: Feier zum einjährigen Bestehen des RFMB in den „Annensälen", Fischhofplatz 10.

„Der Rote Frauen- und Mädchenbund, Ortsgruppe Dresden, hielt am 3.12.1926 anläßlich des einjährigen Bestehens des Bundes eine Kundgebung in Dresden ab. / Die Rußland-Delegierte Kampfrad aus Leipzig und Olga Körner – Dresden – schilderten die Verhältnisse in Rußland in den rosigsten Farben. Etwas Neues brachten sie nicht. / Von der [RFMB-]Gauleitung [...] wurde der [RFMB-]Ortsgruppe [Groß-Dresden] ein rotes Banner überreicht. Worauf die Mitglieder der Ortsgruppe den Fahneneid[15] leisteten. / Die Feier war von etwa 700 Personen besucht und verlief ruhig." *(Aus: Bericht Sächsisches Ministerium des Innern, 22.01.1927)*

4. Dezember RFMB-OG Meißen: Teilnahme an RFB-Versammlung im „Schweizerhaus". – Stellen 19 Uhr Fährmannstraße.

4. Dezember RFMB-OG Freital: Teilnahme am Unterhaltungsabend der RJ Freital in Oberhäslich.

4. Dezember RFMB-OG Gittersee: Versammlung in der „Rehbockschenke", Dresdner Straße 66. – Thema: „1. RFMB-Reichskongress in Berlin" (→ 20.–22.11.1926).

4. Dezember RFMB-OG Lockwitz: Versammlung 20 Uhr im „Unteren Gasthof", Lugaer Straße 71. – Tagesordnung: Neuwahlen.

5. Dezember RFMB-Abt. 7 (Kemnitz-Cossebaude): Versammlung im Straßenbahnhof Gohlis. – Rednerin: Elisabeth Sparschuh; Thema: „1. RFMB-Reichskongreß in Berlin" (→ 20.–22.11.1926).

15 Zum Fahneneid siehe auch 2. Dezember 1927 und 10.–12. Februar 1928.

6. Dezember RFMB-OG Gittersee: Versammlung 19,30 Uhr im Restaurant „Bergkeller", Jägerstraße 10. – Thema: „1. RFMB-Reichskongress in Berlin (→ 20.–22.11.1926).

7. Dezember RFMB-OG Bautzen: Kursusabend bei Richter, Heringstraße 2.

8. Dezember RFMB-Abt. 6 (Süd-West): Versammlung im „Bürgergarten", Lübecker Straße 16.

9. Dezember RFMB-OG Gittersee: Außerordentliche Versammlung in der „Rehbockschenke", Dresdner Straße 66.

9. Dezember RFMB-OG Groß-Dresden: Aufruf mit KPD, RFB, KJVD und RJ zur Demonstration gegen den Bürgerblock-Landtag (→ 10.12.1926).

Heraus zur Demonstration
gegen den Bürgerblock-Landtag –
für die Existenzforderungen der Werktätigen!
Morgen, den 10. Dezember, nachm. 6 Uhr auf den Schützenplatz in Dresden
Stellplätze zum gemeinsamen Abmarsch:
[illegible]
KPD KJVD RFB RFMB RJ Groß-Dresden

Aufruf von KPD, KJVD RFB, RFMB und RJ zur Teilnahme an der Demonstration am 10. Dezember 1926 (Aus: Arbeiterstimme. 09.12.1026)

10. Dezember RFMB-OG Groß-Dresden: Teilnahme mit KPD, KJVD, RFB und RJ an der Demonstration gegen den Bürgerblock-Landtag – für die Existenzforderungen der Werktätigen.

„Die Demonstration wurde […] von der Partei [KPD], der Jugend, dem RFB, RFMB und RJ am 10. Dezember [1926] nachmittag 6 Uhr auf dem Schützenplatz in Dresden veranstaltet. Von den Teilnehmern ist diese Demonstration als sehr gelungen bezeichnet worden." *(Aus: Bericht KPD-Bezirksleitung Ostsachsen an ZK der KPD, [Dezember 1926])*

11. Dezember RFMB-OG Bischofswerda: Versammlung 19 Uhr im Vereinslokal, Gaststätte „Werner", Altmarkt.

12. Dezember RFMB-OG Groß-Dresden: Übung des Sprechchores in der „Jakobsschänke", Jakobsgasse.

15. Dezember RFMB-Gauleitung Ostsachsen: Beginn eines Referenten-Kursus (Russland-Kursus) im „Dampfschiff" in Dresden, Münzgasse (an der Frauenkirche). – Leitung Horst Richter.

15. Dezember RFMB-Gau Ostsachsen: Sitzung der Erweiterten RFMB-Gauleitung Ostsachsen in Dresden im RFMB-Büro, Jakobsgasse 15.

17. Dezember RFMB-OG Radeberg: Versammlung mit KPD und RFB im „Deutschen Haus". – Rednerin: Margarethe Kluttig, RFMB-Gauleiterin Ostsachsen; Thema: „1. RFMB-Reichskongreß in Berlin" (→ 20.–22.11.1926).

18. Dezember RFMB-OG Kötzschenbroda: Versammlung im „Lößnitzer Hof", Grüne Straße. – Rednerin: Johanna Aschenbach; Thema: „1. RFMB-Reichskongreß in Berlin" (→ 20.–22.11.1926)

18. Dezember RFMB-OG Gittersee: Versammlung in der „Rehbockschenke", Dresdner Straße 66. – Interessanter Vortrag.

21. Dezember RFMB-Abt. 2 (Neustadt-West): Proletarische Weihnachtsfeier 20 Uhr im „Bürgerhof", Bürgerstraße 29.

21. Dezember RFMB-OG Kötzschenbroda: Teilnahme an der Weihnachtsfeier der IAH im „Anker".

24. Dezember RFMB-OG Freital: Ankündigung der Fahnenweihe der RFMB-OG im „Sächsischen Wolf", Dresdner Straße 53 (→ 27.12.1926).

„Fahnenweihe des RFMB in Freital
Am Montag, den 27. Dezember [1926], abends 7,30 Uhr im „Sächsischen Wolf", Freital-Deuben. – Mitwirkende: Schalmeienkapelle des RFB, Kommunistischer Jugendverband, IAH-Kindergruppe u.a.m. – Eintritt frei." *(Aus: Arbeiterstimme 24.12.1926)*

27. Dezember RFMB-OG Freital: Fahnenweihe der RFMB OG Freital 19,30 Uhr im „Sächsischen Wolf", Dresdner Straße 53 (Ankündigung → 24.12.1926).

29. Dezember RFMB-Abt. 1 (Zentrum): Versammlung im „Schützenliesel".

29. Dezember RFMB-Abt. 3 (Striesen): Unterhaltungsabend im „Glasewaldthof", Glasewaldt-/Ecke Wittenberger Straße. – Mitglieder proletarischer Organisationen und andere Gäste sind eingeladen.

29. Dezember RFMB-Abt. 6 (Süd-West): Versammlung im „Bürgergarten", Lübecker Straße 16.

30. Dezember RFMB-OG Gittersee: Teilnahme am Vortrag „Russische Revolution" in der „Rehbockschenke", Dresdner Straße 66.

3.3 1927

6. Januar RFMB-OG Groß-Dresden: Schulungskursus für alle Mitglieder bei Kaiser, Am See 7. – Leitung: Horst Richter.

7. Januar RFMB-OG Lockwitz: Versammlung mit RFB im „Unteren Gasthof", Lugaer Straße 71.

9. Januar RFMB-OG Groß-Dresden: Versammlung in „Onkel Tom's Hütte", Ostragehege. – Thema: „Reichskongreß der Werktätigen in Berlin" (03.-05.12.1926).

10. Januar RFMB-OG Groß-Dresden: Beteiligung am Sprechchor von KPD, RFB, KJV, RJ und RH. – Probe im „Restaurant Findeisen", Töpferstraße 3.

Gaststätte „Onkel Tom's Hütte" in Dresden, Ostragehege

10. Januar RFMB-Abt. 7 (Kemnitz-Cossebaude): Versammlung im Straßenbahnhof Gohlis. – Rednerin: Elisabeth Sparschuh; Thema: „Proletarische Erziehung".

10.–12. Januar Gemeinsame Veranstaltungen von KPD, KJVD, RFMB, IAH und IB zur Kampagne „Mutter und Kind in Deutschland und Sowjetrußland" mit Lichtbildervortrag vom Landtagsabgeordneten Dr. Richard Schmincke (KPD); Rednerin: Helene Hoernle am 10. Januar 1926 in den „Blumensälen", Blumenstraße 48, am 11. Januar 1926 im „Bürgergarten", Lübecker Straße 16, und am 12. Januar 1926 in der „Reichskrone", Bischofsweg 9.

Anzeige der Gaststätte „Deutsche Reichskrone" (ab 1928 „Reichsbanner", später „Zum Reichsadler") in Dresden, Bischofsweg 9. – Im Saal der „Deutschen Reichskrone" fanden zahlreiche Veranstaltungen von KPD, RFB, RFMB und weiteren proletarischen Organisationen statt (Aus: Festschrift zum 1. Roten Sachsentreffen des RFB […] 1927 in Dresden, Dresden 1927)

Saal der „Deutschen Reichskrone" (ab 1928 „Reichsbanner", später „Zum Reichsadler") in Dresden, Bischofsweg 9

11. Januar RFMB-Abt. 2 (Neustadt-West): Gruppenabend im „Bürgerhof", Bürgerstraße 29. – Rednerin von der RFMB-Gauleitung Ostsachsen; Thema: „Reichskongreß der Werktätigen in Berlin" (03.–05.12.1926).

11. Januar RFMB-OG Meißen: Russlandkursus 19,30 Uhr im Gewerkschaftshaus.

12. Januar RFMB-Abt. 1 (Zentrum): Versammlung im „Schützenliesel". – Abteilungsangelegenheiten; Lieder zur Laute.

14. Januar RFMB-Abt. 6 (Süd-West): Versammlung im „Bürgergarten", Lübecker Straße 16.

15. Januar RFMB-OG Kötzschenbroda: Teilnahme mit KPD, RFB und RJ an der Lenin-Liebknecht-Luxemburg-Feier in Wildberg. – Stellen am „Anker".

15. Januar RFMB-OG Zittau: Versammlung bei Lochmann, Äußere Oybiner Straße. – Rednerin: Stadtverordnete Dora Wettengel (KPD), Dresden. – Gäste herzlich willkommen.

18. Januar RFMB-Abt. 3 (Striesen): Versammlung im „Glasewaldthof", Glasewaldt-/ Ecke Wittenberger Straße. – Redner: Horst Richter.

18. Januar Gründung der RFMB-Abt. 8 (Neustadt-Ost) 19,30 Uhr im Restaurant „Berger". – Rednerin: Else Frölich.

19. Januar RFMB-OG Kötzschenbroda: Werbeabend mit Lichtbildervortrag. – Rednerin: Martha Krieger; Thema: „Gegen §§ 218/219".

„Die proletarische Frau und die §§ 218/19. Ein Werbeabend des RFMB in Kötzschenbroda.
Am Mittwoch, den 19. Januar [1927], hatte die Abteilung [Ortsgruppe] Kötzschenbroda des Roten Frauen- und Mädchenbundes einen Lichtbildervortrag veranstaltet. Genossin [Martha] Krieger wies an Hand zahlreicher interessanter Bilder nach, was für die Proletarierin die Paragraphen 218/19 bedeuten. Trefflich zeigte sie den anwesenden Frauen, wie notwendig der Kampf um die Abschaffung dieser Paragraphen für die Arbeiterin ist. Wieviel Leid und Wehe könnte erspart werden, wäre sich jede Frau dieser bestehenden Gesetze bewußt. Gerade durch diese Gesetze sind Kurpfuschern und Erpressern Wege gebahnt, um den armen gequälten Frauen, die keine Möglichkeit sehen, ihre Leibesfrucht mit Freuden auszutragen, die letzten Pfennige abzulocken und ihre Taschen zu füllen, um mit irgendeinem verderblichen Mittel oder Eingriff die werdende Mutter von ihrer Last zu befreien, wonach die Frau dann meistens siech und elend wird. Dies bewiesen wiederum Bilder, welche zeigten, wie der Körper einer Frau auf heimlichen Wege zugerichtet wird. Wir proletarischen Frauen wollen und müssen erkämpfen, daß wir uns geübten Fachärzten anvertrauen dürfen, wenn es uns nicht möglich ist, die ‚sichtbar gewordene Liebe' mit reinem Gewissen dem Kinde gegenüber, das heißt die nötigen Lebensbedingungen zu haben, in die Welt zu setzen. Wenn erst in Deutschland durch eine Änderung der Machtverhältnisse oberstes Gesetz sein wird: ‚Schutz für Mutter und Kind', wird auch das Abtreibungsgesetz fallen, denn jede Frau ist sich ihrer Obliegenheit, Mutter zu werden, gewiß, wird es auch mit Freuden sein, wenn sie weiß, daß ihre Kinder nicht dem Elend und Hunger preisgegeben sind. Solange aber bei uns in Deutschland Mütter wie Kinder im größten Elend verkommen, langt doch der Verdienst des Mannes nicht fürs Nötigste, müssen sich die proletarischen Frauen aufraffen und zeigen, daß sie nicht gewillt sind, dem bürgerlichen Staat als Gebärmaschine zu dienen, sondern sie müssen fordern die Abschaffung der Paragraphen 218/19 zur Erhaltung ihrer Gesundheit, dafür aber: ‚Ausreichenden Schutz für Mutter und Kind: Schutz den schwangeren Frauen in Betrieben; genügend unentgeltliche Kinderheime', damit die arbeitende

Mutter unbesorgt ihrem Erwerb nachgehen kann. Haben wir uns das erkämpft, denn werden wir froh der Zukunft entgegen gehen können, anstatt wie jetzt, stets die Gefängnistore offen zu sehen. Also ihr roten Frauen und Mädchen, macht es euren russischen Schwestern nach, lernt kämpfen um euer ureigenstes Recht, dann werdet ihr als Menschen leben können, und nicht wie jetzt, nur der Knechtung und Ausbeutung preisgegeben sein! Der reiche Beifall der Anwesenden bewies, daß die Referentin ihre Darlegungen verständnisvoll angebracht hatte. Hoffentlich ist dieser Samen auf guten Boden gefallen. Die Organisierung der klassenbewußt gewordenen proletarischen Frauen und Mädchen im RFMB und in der Kommunistischen Partei ist der beste Beweis für die gewonnene Erkenntnis von der Notwendigkeit dieses Kampfes. Aber fort mit der bürgerlichen Schundpresse, in die Hand der Frau gehört die Arbeiterstimme." *(Aus: Arbeiterstimme, 01.02.1927)*

20. Januar Gründung der RFMB-Abt. 9 (Leuben) im „Gasthof Leuben", Pirnaer Landstraße 131. – Rednerin: Martha Krieger.

21. Januar RFMB-Abt. 4 (Kaitz-Strehlen): Versammlung 19,30 Uhr im „Lannerhof". – Rednerin: Elisabeth Sparschuh.

21. Januar RFMB-OG Bischofswerda: Versammlung im Vereinslokal, Gaststätte „Werner", Altmarkt.

22. Januar RFMB-OG Radeberg: Teilnahme an der Lenin-Liebknecht-Luxemburg-Feier proletarischer Organisationen im „Schützenhaussaal". – Lichtbildervortrag: „Mutter und Kind in Deutschland und in Sowjetrußland".

26. Februar RFMB-OG Zittau: Teilnahme am proletarischen Unterhaltungsabend von KPD und RFB in „Stadt Wien". – Mit Tanz und Tombola; Eintritt 30 Pf.

27. Januar RFMB-OG Zschachwitz: Unterhaltungsabend im „Gasthof Zschachwitz". – Theaterstück „Kaffeekränzchen"; Lieder zur Laute.

28. Januar RFMB-Abt. 2 (Neustadt-West): Gruppenabend im „Bürgerhof", Bürgerstraße 29.

28. Januar RFMB-Abt. 6 (Süd-West): Versammlung im „Bürgergarten", Lübecker Straße 16.

28. Januar RFMB-OG Lockwitz: Versammlung im „Unteren Gasthof", Lugaer Straße 71. – Abrechnung der Mitgliedsbeiträge; Neuwahlen.

29. Januar RFMB-OG Groß-Dresden: Teilnahme an der Lenin-Liebknecht-Luxemburg-Kundgebung mit Bannerweihe der RFMB-Abt. 4 (Kaitz-Strehlen).

29. Januar RFMB-Abt. 4 (Kaitz-Strehlen): Lenin-Liebknecht-Luxemburg-Kundgebung mit RFMB-Bannerweihe im „Gasthof Kaitz", Possendorfer Straße 21. – Teilnahme von Abteilungen der RFMB-OG Groß-Dresden.

„Lenin-Liebknecht-Luxemburg-Kundgebung in Kaitz!
Am 29. Januar fand im Kaitzer Gasthof [Possendorfer Straße 21] eine LLL-Kundgebung [Lenin-Liebknecht-Luxemburg-Kundgebung], verbunden mit Bannerweihe des RFMB, statt. War schon der vorangegangene Werbeumzug mit Fackeln und Schalmeienkapelle unter Mitführung von Transparenten: ‚Auf zur Liebknecht-Kundgebung!' und ‚Hinein in die Rote Front!' ein Erfolg, so noch mehr die Gedächtnisfeier selbst. Vor Beginn war der Saal derart überfüllt, daß die RFB-Kameraden zum großen Teil den Saal verließen, um den noch immer anströmenden Einwohnern Platz zu machen. Der Saal war festlich mit Rot geschmückt, über der Bühne standen in Schwarz die Worte: ‚Die Toten mahnen'. Die Bühne selbst zeigte auf schwarzem Hintergrund die drei toten und doch lebenden Führer im Bild. Mit dem russischen Trauermarsch und dem Senken der roten Fahnen wurde die Kundgebung eingeleitet. Nach einem Prolog ‚Am Grabe Lenins' ergriff Genosse [Friedrich, genannt Fritz] Schreiter das Wort, um das Leben und Wirken der drei Großen des Proletariats zu schildern, und schloß mit der Mahnung, ihnen nachzueifern und das angefangene Werk zu vollenden. Neben anderen verdient das Theaterstück ‚Wie sie für euch sorgen', aufgeführt vom RFMB, hervorgehoben zu werden. Dieses Stück zeigte die sogenannte Wohlfahrtspflege im rechten Licht und wäre wert, recht oft zur Aufführung zu gelangen. Zur Fahnenweihe sprach Kameradin Olga Körner. Ihre Worte wurden mit lebhaftem Beifall begrüßt. Auch der Arbeitergesangverein Kaitz bot sein Bestes. Arbeiter und Arbeiterinnen von Kaitz und Umgebung, stützt uns weiter so und schließt euch zusammen in der Roten Front!" *(Aus: Arbeiterstimme, 05.02.1927)*

31. Januar RFMB-OG Groß-Dresden: Vollmitgliederversammlung in der „Bayerischen Krone". – Tagesordnung: Neubesetzung der RFMB-Gauleitung Ostsachsen[16] (→ 12.10. 1927). – Redner: Erich Melcher.

Februar/März KPD: Richtlinien über die Fraktionsarbeit im RFMB.

„1. Die Bedeutung der kommunistischen Fraktionsarbeit. / […] Die Kommunistische Partei muß als Führerin des Proletariats überall und jeder Zeit um das Vertrauen der Masse der Ausgebeuteten werben. Sie muß die Masse von der Richtigkeit ihrer Politik überzeugen. Die KPD. muß darum in allen Organisationen arbeiten, in denen Proletarier zusammengeschlossen sind. Sie muß ihre Beauftragten auch in den Roten Frauen- und Mädchenbund entsenden, wo sie zur kommunistischen Fraktion

16 In der KPD-Bezirksleitung Ostsachsen gab es Überlegungen zur Ablösung von Margarethe Kluttig als RFMB-Gauleiterin. Am 30. Oktober 1927 übernahm Helene Glatzer die Leitung des RFB-Gaues Ostsachsen.

zusammengeschlossen werden. Durch die Fraktionen kann die Partei ihren Einfluß auf breite Frauenschichten ausüben.
2. Die Aufgaben der Partei im RFMB. / Die Partei überläßt die Arbeit im RFMB nicht den kommunistischen Fraktionen allein. Vielmehr leitet und überwacht sie die Arbeit ihrer Beauftragten im RFMB. Sie legt die durchzuführende Linie gemeinsam mit den Fraktionen fest und sichert so die engste Zusammenarbeit zwischen Partei und RFMB. [...] Die Partei überwindet damit die noch teilweise in ihren Reihen bestehenden Widerstände gegen den RFMB. [...]
Der RFMB. ist eine Hilfsorganisation im Klassenkampf, die bereits indifferente Frauenschichten erfassen und zu Klassenkämpferinnen erziehen soll. Er wendet besondere Methoden der Agitation und Propaganda an, indem er stets an die Tagesnöte und Sorgen der Frauen anknüpft und alle Fragen des täglichen Klassenkampfes, ausgehend von den Interessen der Frauen, behandelt. Die Verbindung politischer Aufklärung mit proletarischer Unterhaltung, die Pflege des Gemeinschaftslebens in den Ortsgruppen und Abteilungen, die Pflege der proletarischen Disziplin, des demonstrativen Charakters des Bundes durch Abzeichen, Bundeskleidung usw. verstärken seine Werbekraft. [...] Hierbei ist zu berücksichtigen:

1. Der RFMB. kann bei der Durchführung der Aufgaben der Partei stets nur Hilfsdienst leisten, niemals die Parteiarbeit ersetzen. [...]
2. Die Partei darf nicht mit ihren Parteiaufgaben den RFMB. überlasten, denn der RFMB. braucht einen gewichtigen Teil seiner Kräfte zum Aufbau seiner Organisation und zur Schulung seiner Mitglieder.
3. Bei der Heranziehung des RFMB. zu Parteiaktionen ist stets sein besonderer Charakter zu wahren. Darum muß die Partei auch selbst dafür Sorge tragen, daß durch die gemeinsamen Aktionen nicht die eigenen Veranstaltungen des Bundes [des RFMB] zu stark in den Hintergrund gedrängt werden. [...]"

4. A. Allgemeine Richtlinien.
1. Der Eintritt von Parteimitgliedern in den RFMB. kann nur mit Zustimmung der zuständigen Parteileitung geschehen; dasselbe gilt für die Übernahme von leitenden Funktionen im RFMB. durch Parteigenossinnen. Der örtlichen Parteileitung steht das Recht zu, zur Verstärkung der kommunistischen Arbeit im RFMB. Genossinnen abzukommandieren, wie es andererseits in ihrer Hand liegt, Genossinnen aus dem RFMB. zurückzuziehen." *(Aus: Richtlinien über die Fraktionsarbeit im RFMB, hrsg. KPD, Februar/März 1927)*

1. Februar RFMB-OG Groß-Dresden: Unterhaltungsabend im Restaurant „Senefelder", Kaulbachstraße 16. – Eintritt frei.

3. Februar RFMB-Abt. 8 (Neustadt-Ost): Versammlung im Restaurant „Berger". – Rednerin: Suse Wagner; Thema: „Stellung der Frau zur Kirche".

4. Februar RFMB-OG Groß-Dresden: Teilnahme am Sprechchor proletarischer Organisationen. – Übung im „Sophiengarten", Kleine Plauensche Gasse 26.

5. Februar RFMB-Abt. 7 (Kemnitz-Cossebaude): Versammlung 19 Uhr im Gasthof in Wildberg. – Rednerin: Elisabeth Sparschuh.

7. Februar RFB-Abt. 5 (Laubegast): Versammlung in „Meißners Restaurant“. – Rednerin: Elisabeth Sparschuh.

8. Februar RFMB-Abt 2 (Neustadt-West): Gruppenabend im „Pieschener Vereinshaus“, Mohnstraße 1.

9. Februar RFMB-OG Groß-Dresden: Teilnahme am Sprechchor proletarischer Organisationen. – Übung im „Restaurant Flemminghof“, Flemmingstraße 15.

Anzeige „Restaurant Flemminghof“, Flemmingstraße 15; Werbung als „Verkehrslokal des RFB“; Übungslokal des Sprechchores proletarischer Organisationen (Aus: 1. Roten Sachsentreffen […] 1927, in Dresden, Dresden 1927

9. Februar RFMB-Abt. 1 (Zentrum): Versammlung im „Schützenliesel“. – Redner: Horst Richter.

9. Februar RFMB-Abt. 6 (Süd-West): Versammlung im „Bürgergarten“, Lübecker Straße 16. – Rednerin: Genossin Müller, Naturheilkundige; Thema: „§§ 218/219“.

11. Februar Gründung der RFMB-OG Pirna aus der seit 27. August 1925 bestehenden „Frauengruppe“. – Gründungsversammlung im „Volkshaus“, Reitbahnstraße 3. – Mitglieder der RFMB-OG Pirna: Ida Daß, Gertrud Einsiedler, Frieda Erlitz, Elsa Fietze, Helene Heitzig, Magda Krenz, Hulda Küchler, Rosa Lerche, Maria Maul, Hedwig Michael, Ida Nitsche, Lina Nowicki, … Pluschke, Gertrud Pöche, Frieda Pribyl, Frieda Rädel, Elsa Reichelt, Elsa Rietscher, Dora Weinhold, Liddy Weiß.

11. Februar RFMB-OG Lockwitz: Versammlung mit KPD und RFB im „Unteren Gasthof“, Lugaer Straße 71.

Anzeige „Volkshaus Weißes Roß“, Pirna, als „Verkehrslokal des R.F.B.“ (Aus: Krieg dem imperialistischen Kriege, Berlin 1926)

Im „Volks-Haus Gasthof Weißes Roß" in Pirna, Reitbahnstraße 3, wird am 11. Februar 1927 aus der seit 27. August 1925 bestehenden „Frauengruppe" die RFMB-Ortsgruppe Pirna gegründet

14. Februar RFMB-OG Freital: Versammlung im Restaurant „Bergkeller", Jägerstraße 10. – Liederbücher mitbringen, Gäste willkommen.

15. Februar RFMB-Abt. 3 (Striesen): Versammlung 19,30 Uhr im „Glasewaldthof", Glasewaldt-/Ecke Wittenberger Straße. – Rednerin: Olga Körner.

15. Februar RFMB-Abt. 9 (Leuben): Versammlung im „Stern".

16. Februar RFMB-Abt. 8 (Neustadt-Ost): Versammlung im Restaurant „Berger".

17. Februar RFMB-OG Groß-Dresden: Teilnahme am Sprechchor proletarischer Organisationen. – Übung im „Deutschen Haus".

17. Februar RFMB-Abt. 2 (Neustadt-West): Unterhaltungsabend im „Deutschen Haus". – Schalmeienkapelle, Sprechchor, Rezitationen, Theateraufführung.

17. Februar RFMB-OG- Radeberg: Jahreshauptversammlung im „Deutschen Haus".

Gaststätte „Zum Bürgergarten" in Kötzschenbroda

18. Februar RFMB-Abt. 4 (Kaitz-Strehlen): Versammlung – Redner: Alfred Werner.

19. Februar RFMB-OG Kötzschenbroda: Proletarischer Unterhaltungsabend im „Bürgergarten". – Rednerin: Elisabeth Sparschuh; Thema: „Das proletarische Kind". – KPD-Genossen, RFB-Kameraden und deren Angehörige sind willkommen.

21. Februar RFMB-Bundesleitung: Aufruf zur Internationalen Frauenwoche (08.–15.03.)
„Arbeitende Frauen und Mädchen, heraus zur Internationalen Frauenwoche!
[...] Sie alle werden kommen und hören, was ihnen die Kommunistische Partei zu sagen hat, welchen Weg ihnen die Kommunistische Internationale aus ihrem Elend weist. / Sie werden kommen und diejenigen mitreißen, die noch immer abseits stehen und sich von allen Kämpfen des Proletariats fernhalten. / Sie alle werden sich um das rote Banner scharen, auf das die revolutionären Frauen mit leuchtenden Lettern die Forderungen geschrieben haben: / Erhöht die Löhne, und gleichen Lohn für gleiche Leistung! / Achtstundentag! / Nieder mit der Staffelung der Erwerbslosenunterstützung! / Hinein in die Gewerkschaften und in die revolutionären Organisationen! / Ausreichenden Schutz für Mutter und Kind! / Weg mit dem Abtreibungsparagraphen 218! / Gegen die Erhöhung der Mieten! / Gegen imperialistische Kriege und die Unterdrückung der Kolonialvölker! / Für Sowjetrußland!" *(Aus: Arbeiterstimme, 21.02.1927)*

21. Februar RFMB-OG Groß-Dresden: Lichtbildervortrag von Martha Krieger.

21. Februar RFMB-Abt. 10 (Reick-Dobritz): Öffentliche Versammlung im Sportlokal „Helios". – Werbung für den RFMB.

22. Februar RFMB-OG Groß-Dresden: Veranstaltung in der Gaststätte „Schützenliesel". – Lieder zur Laute.

22. Februar RFMB-Abt. 2 (Neustadt-West): Versammlung im „Vereinshaus Pieschen".

23. Februar RFMB-Abt. 6 (Süd-West): Versammlung im „Bürgergarten", Lübecker Straße 16.

24. Februar RFMB-OG Pirna: Versammlung im „Volkshaus", Reitbahnstraße 3.

24. Februar RFMB-OG Zschachwitz: Versammlung bei Stiebitz, Sporbitzer Straße 3. – Vorbereitung des Unterhaltungsabends (→ 25.02.1927).

24. Februar RFMB-OG Zittau: Mitunterzeichner des Aufrufs von KPD, KJVD und RFB zur Teilnahme an der Protestkundgebung gegen Bürgerblock und neue Kriegsgefahr (→ 27.02.1927).

„An die werktätige Bevölkerung von Zittau und Umgegend!
Gegen Bürgerblock und Kriegsgefahr! / Sonntag, den 27. Februar, vormittag 10 Uhr, findet im Schützenhaus von den unterzeichneten Organisationen eine Protestkundgebung gegen Bürgerblock und neue Kriegsgefahr statt. / Arbeiter, Klassengenossen, erscheint in Massen!
Kommunistische Partei, Kommunistischer Jugendverband, Roter Frontkämpferbund, Roter Frauen- und Mädchenbund." *(Aus: Arbeiterstimme, 24.07.1927)*

25. Februar RFMB-OG Zschachwitz: Unterhaltungs-Liederabend im Gasthof Groß-Zschachwitz.

26. Februar RFMB-Abt. 3 (Striesen): Bunter Abend mit Tanz 19 Uhr im „Gasthof Blasewitz". – Theateraufführung, Lieder zur Laute, Balalaikasänger, Russische Tee-Ecke. – Alle RFB-Kameraden sind herzlich eingeladen.

27. Februar RFMB-OG Zittau: Teilnahme mit KPD, KJ und RFB an der Protestkundgebung gegen Bürgerblock und neue Kriegsgefahr (Aufruf → 24.02.1927).

28. Februar RFMB-Abt. 10 (Reick-Dobritz): Versammlung im Sportlokal „Helios".

1. März RFMB-OG Freital: Versammlung in „Stadt Dresden", Poisentalstraße 25. – Gäste willkommen.

2.-7. März 11. Parteitag der KPD in Essen. – Als Hauptaufgabe der KPD und der von ihr geführten Organisationen wird der Kampf gegen die vom Imperialismus ausgehende Kriegsgefahr und gegen die Kriegsvorbereitungen des deutschen Imperialismus genannt.

„Die Vertreterin des RFMB., die Genossin [Helene] Overlach begrüßt den Parteitag: Heiße schwesterlich Kampfesgrüße entbieten die Mitglieder des RFMB.
Genossen und Genossinnen! Wenn es uns gelang, innerhalb eines Jahres breite Frauenschichten, Frauen, die unterdrückt sind durch Not und Entrechtung, zu sammeln für den Kampf, so sind wir uns bewußt, daß dies dem RFMB gelang durch die tatkräftige Unterstützung der Kommunistischen Partei. Wenn wir heute unsere Grüße entbieten, so in der Erwartung, daß der Parteitag der KPD Aufgaben stellen wird, die er konkretisiert und spezialisiert im Interesse und entsprechend dem Verständnis der breiten Frauenschichten in Deutschland.
Wir als RFMB. stellen uns die Aufgabe, in die Herzen der proletarischen Frauen eine heiße Liebe zum Arbeiter- und Bauernstaat, zur Sowjetunion, einzupflanzen, zu dem Staat, in dem allein in der ganzen Welt die Frauen politisch befreit und völlig gleichberechtigt sind. Wir geloben heute, alle unsere Kräfte für diese Aufgaben und für dieses Ziel einzusetzen und wie bisher zu marschieren hinter der roten Fahne der Kommunistischen Partei!" *(Aus: Arbeiterstimme, 04.03.1927)*

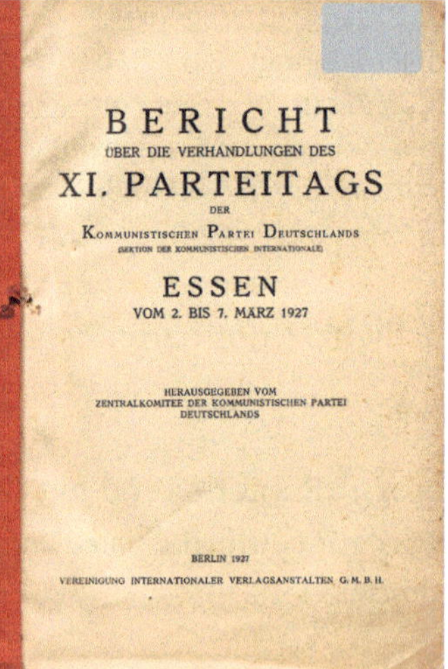

Bericht über die Verhandlungen des XI. Parteitags der Kommunistischen Partei Deutschlands (Sektion der Kommunistischen Internationale) Essen vom 2. Bis 7. März 1927, Berlin 1927 (Titelblatt, Seite I, Seite V [Ausschnitt, mit späterer Hervorhebung])

1. Verhandlungstag

4. März RFMB-OG Lockwitz: Versammlung mit RFB 19,30 Uhr im „Unteren Gasthof", Lugaer Straße 71.

5. März „Arbeiterstimme", Tageszeitung für den KPD-Bezirk Ostsachsen: Beitrag zur Vorbereitung der 2. RFMB-Gaukonferenz Ostsachsen (→ 06.03.1927).

„Der Gaukonferenz [Ostsachsen] des Roten Frauen- und Mädchenbundes zum Gruß!
Morgen [06.03.1927] tritt in Dresden die [2.] Gaukonferenz [Ostsachsen] des Roten Frauen- und Mädchenbundes zu ernster Beratung zusammen. Diese junge Organisation in der deutschen Arbeiterklasse entstand durch den verschärften Druck des Kapitalismus auf die Lebenshaltung der Arbeiterklasse. Gerade die Frauen haben in der gegenwärtigen Zeit außerordentlich schwer zu leiden durch die kapitalistische Rationalisierung. Die Frau muß mit dem armseligen Lohn, den der Arbeiter nach Hause bringt, für die Ernährung, Kleidung und Wohnung der Familie sorgen. Sie ist gezwungen, jeden einzelnen Groschen zehnmal umzudrehen, bevor sie ihn ausgibt. Sie muß zusehen, wie ihre Kinder unterernährt jeder Krankheit zum Opfer fallen. Auf ihren Schultern lastet am schwersten das Elend der proletarischen Familie. Alles, was die Menschheit an Kultur geschaffen hat, sei es in der Malerei, in der Plastik, Literatur oder Musik, ist der Arbeiterfrau nicht zugänglich. Vom frühen Morgen bis in die späte Nacht ist sie gezwungen, zu arbeiten, um einigermaßen den armseligen Haushalt aufrecht zu erhalten. [...] Die Armut, das Elend machen ihr die Mutterschaft zu Qual. Die ausbeutende Klasse zwingt sie außerdem, unter Androhung von Strafen, zu gebären.
Die Statistiken der letzten Jahre zeigen, daß die Frau und das Kind mehr wie bisher noch als Ausbeutungsobjekt in den Produktionsprozeß hineingezogen werden. [...] Wie gewaltig die Bedeutung der Frau im Produktionsprozeß ist, das beweist, daß allein in Dresden 35,5 Prozent aller Frauen erwerbstätig sind. [...]
Die Erfahrungen in den Jahren des Krieges und der Nachkriegszeit zwangen die Frauen, ebenfalls einen Ausweg aus ihrer elenden Lage zu suchen und sich eine Organisation zu schmieden, die diesen Kampf zu führen die Aufgabe hat.
Zwei Tage vor Beginn der Internationalen Frauenwoche tritt die [2. RFMB-]Gaukonferenz [Ostsachsen] zusammen. Sie hat sich die Aufgabe gestellt, die bisherigen Erfahrungen der Organisationsarbeit zu überprüfen und für die nächsten Monate die Aufgaben zu umreißen. Die erste Aufgabe ist, den Kampf gegen das Joch des Kapitalismus Schulter an Schulter mit den Männern des Proletariats zu führen. Die Befreiung der Frau ist ein Teil der Befreiung der gesamten proletarischen Klasse. Eine der wichtigsten Aufgaben in der Linie dieses Kampfes ist der Kampf gegen den imperialistischen Krieg. Dieser Kampf wird nach zwei Richtungen geführt werden müssen, und zwar: 1. um die Verbesserung der Lebenslage der Arbeiterklasse; und 2. in einer breiten, zähen Agitationsarbeit gegen den imperialistischen Krieg. [...] Weiterhin werden Maßnahmen beschlossen werden müssen zum Kampf für ausreichenden Schutz für Mutter und Kind, gegen die Schandparagraphen 218/19. Ganz besonders werden die proletarischen Frauen aufgerufen werden müssen zum Kampf gegen die Erhöhung der Mieten.
Die Delegierten des Roten Frauen- und Mädchenbundes werden trotz der Jugend dieser Organisation Wege des Kampfes gegen die bestehenden Verhältnisse zu finden wissen. [...] / Die Beratungen der Gaukonferenz [Ostsachsen] werden dazu beitragen, die Organisation zu festigen und schlagkräftig zu gestalten. Als ein Teil der gesamten proletarischen Bewegung wird der RFMB seine Aufgaben gegenüber unserer Klasse zu erfüllen in der Lage sein." *(Aus: Arbeiterstimme, 05.03.1927)*

5. März RFMB-Gau Ostsachsen: Vorkonferenz zur 2. RFMB-Gaukonferenz Ostsachsen (→ 06.03.1927) in Dresden in der IAH, Güterbahnhofstraße 24.

Die 2. RFMB-Gaukonferenz Ostsachsen tagte am 6. März 1927 in Dresden im Heim der RFB-Abteilung 2 (Zentrum), Vorwerkstraße 20 (Aus: 1. Rotes Sachsentreffen [...] 1927 in Dresden, Dresden 1927)

6. März 2. RFMB-Gaukonferenz Ostsachsen. – Tagungsort: Dresden, Heim der RFB-Abteilung 2 (Zentrum), Vorwerkstraße 20. – Teilnehmer: 44 Personen; Referat: Genossin Therese Völker (RFMB-Bundesleitung). – In die RFMB-Gauleitung werden u.a. gewählt: Margarethe Kluttig, RFMB-Gauleiterin (bisher kommissarische RFMB-Gauleiterin (→ 23.04.1926); je eine Genossin für Agitation und Gegnerarbeit.

„Gaukonferenz des Roten Frauen- und Mädchen-Bundes Bezirk Ostsachsen
Der Rote Frauen- und Mädchen-Bund hielt am Sonntag, den 6. März [1927], in Dresden seine [2.] Gaukonferenz ab. Es waren 44 Delegierte aus dem Gau Ostsachsen erschienen, wovon 26 in der KPD organisiert sind, 18 Delegierte sind parteilos, 18 Delegierte sind gewerkschaftlich organisiert. Daß der RFMB in enger Verbindung mit der Arbeiterschaft und ihren Organisationen steht, bewies, daß viele dieser Organisationen ihre Vertreter zur Tagung des RFMB entsandten, und zwar der RFB, die KPD, IAH, RH, der JB und die Erwerbslosen, die die Konferenz begrüßten. Genossin Völker von der [RFMB-]Bundesleitung referierte. Sie zeigte in anschaulicher, für die Anwesenden leicht verständlicher Rede die Widersprüche der heutigen Gesellschaftsordnung auf, [...] Unsere Aufgabe ist es, den Kampf organisiert gegen die Ausbeuter zu führen. Der RFMB ist die Organisation der werktätigen Frauen und Mädchen, die diesen Kampf gemeinsam mit der Kommunistischen Partei führt. [...] Hierauf wurde die Konferenz unterbrochen und die Delegierten beteiligen sich geschlossen an der Demonstration zur Internationalen Frauenwoche. Voran eine Schalmeienkapelle des RFB, demonstrierten die uniformierten Roten Frontkämpferinnen in den Straßen der Friedrichstadt für die Forderungen der werktätigen Frauen, für den Kampf aus der Befreiung der Lohnsklaverei, für Sowjetrußland. Zahlreiche Frauen folgten mit ihren Kindern dem Zug. Den Schluß bildete eine Abteilung des RFB. Nach Beendigung der Demonstration wurde die Konferenz fortgesetzt. [...] Die Wahl der neuen Gauleitung wurde einstimmig vorgenommen. Die bisherige Vorsitzende [Margarethe Kluttig] wurde wiedergewählt. Die Gauleitung wurde durch je eine Genossin für Agitation und Gegner erweitert. Die vorliegenden Resolutionen gegen den litauischen Faschismus, für die Freilassung der politischen Gefangenen, für den Schutz von Mutter und Kind, gegen Mieterhöhungen, gegen die brutale Behandlung der Fürsorgezöglinge in den Zwangserziehungsanstalten, für die Forderungen der Gewerkschaften wurden einstimmig angenommen. Nachdem noch die eingegan-

genen Anträge behandelt worden waren, über die in den Abteilungsabenden berichtet werden wird, fand die Konferenz mit dem Gesang der Internationale ihr Ende."

„Resolution der [2.] Gaukonferenz des RFMB [Ostsachsen]
Die Ereignisse der letzten Wochen haben den werktätigen Massen ganz klar bewiesen, daß die imperialistischen Mächte, die jahrelang vom Frieden schwätzten, nicht im Geringsten daran denken, sich friedlich zu verständigen, sondern unter allen Umständen im günstigsten Moment wiederum Millionen Proletarier und Bauern in den Krieg hetzen werden. Die englische Note gegen die Sowjetunion, die Debatte im englischen Unterhaus beweisen, daß die imperialistischen Machthaber Englands versuchen, alle imperialistischen Kräfte zur Niederringung des ersten Arbeiter- und Bauernstaates der Welt, der Sowjetunion, zu sammeln. Die 2. Internationale spielt für die Imperialisten dieselbe Rolle des Zutreibers von Kanonenfutter wie in den Jahren 1914-1918. Der Sowjetgranatenschwindel der SPD-Führer ist eine Methode, die Arbeiter von der internationalen Einheitsfront abzubringen. Die Ausschlußkampagnen und Kommunistenhetze in den Gewerkschaften dienen dazu, die Arbeiter zu verwirren und zu schwächen. Die 2. Internationale und die SPD sehen in der gegenwärtigen Zeit ihre Hauptaufgabe darin, die Arbeiterklasse ideologisch für den kommenden imperialistischen Krieg gegen die Sowjetunion vorzubereiten.
Die Bürgerblockregierung in Deutschland, der monarchistische Reichspräsident Hindenburg sind die Früchte sozialdemokratischer Realpolitik. Der deutsche Kapitalismus hat durch die Rationalisierung, die verschärfte Ausbeutung riesige Gewinne angehäuft, gleichzeitig aber ein ungeheures Massenelend, Millionen Arbeitslose geschaffen. Polizeiterror und Zuchthaus wendet die Bürgerblockregierung ebenso wie die früheren sozialdemokratischen Regierungen gegen diejenigen an, die rebellieren gegen die verschärfte Ausbeutung, diejenigen, die die Interessen der Massen vertreten, sie aufklären und organisieren zum Kampf um die Verbesserung der Existenz. Durch die Rationalisierung wird ganz besonders die Frau stärker wie jemals in den Produktionsprozeß hineingezogen. Mehr noch wie je versuchen die Kapitalisten die niedrigen Löhne der Frauen auszunützen. Die verschärfte rücksichtslose Ausbeutung der Frau hat riesige gesundheitliche Schädigungen für die proletarischen Frauen und Kinder zur Folge.
Angesichts einer solchen, sich ständig verschärfenden Situation ist es die Aufgabe des Roten Frauen- und Mädchenbundes, alles daranzusetzen, die Arbeiterfrauen und Mädchen zu sammeln unter der roten Kampffahne der Arbeiterklasse. Die [2.] Gaukonferenz [Ostsachsen] des RFMB weist ihre Mitglieder an, ganz besonders in der Internationalen Frauenwoche die breitesten Massen der Frauen aufzuklären über die tatsächliche Lage und sie für den von den großen Führern des Proletariats Lenin-Liebknecht-Luxemburg und unserer greisen Bundesvorsitzenden Klara Zetkin gezeigten Weg des Kampfes zu gewinnen. Die [2.] Gaukonferenz [Ostsachsen] macht sich die Losungen zu der Internationalen Frauenwoche vom 8. bis 15. März 1927 zu eigen und gelobt, über die Internationale Frauenwoche hinaus, ganz besonders durch verstärkte gewerkschaftliche Arbeit, alles daranzusetzen, die proletarischen Frauen und Mädchen zu gewinnen zum Kampf um die Erhöhung der Löhne, gleichen Lohn für gleiche Arbeit, den Achtstundentag, ausreichenden Schutz für Mutter und Kind, gegen die Staffelung der Erwerbslosenunterstützung, gegen die Anwendung des § 218, gegen die Erhöhung der Mieten, gegen imperialistische Kriege und Unterdrückung der Kolonialvölker.
Für die Sowjetunion, den Staat der Arbeiter und Bauern, für die internationale gewerkschaftliche Einheit und die Stärkung der Kampffront der Arbeiterklasse!" *(Aus: Arbeiterstimme, 07.03.1927)*

6. März Demonstration von KPD, KJVD, RFB, RFMB anlässlich der 2. RFMB-Gaukonferenz Ostsachsen in Dresden unter Mitwirkung der RFB-Schalmeienkapelle auf dem Fischhofplatz.

„Am gestrigen Sonntag [06.03.1926] fand als Auftakt zur Internationalen Frauenwoche eine wuchtige Frauendemonstration in Dresden statt. / Ungefähr 1000 Proletarierinnen demonstrierten für die Forderungen der werktätigen Frauen für Schutz für Mutter und Kind, gegen imperialistische Kriegsgefahr und für ein Bündnis mit Sowjetrußland." *(Aus: Arbeiterstimme, 07.03.1927)*

„An einer Frauendemonstration der K.P.D. und des R.F.M.B. am 6.3.[1927] auf dem Fischhofplatz in Dresden beteiligten sich etwa 1000 Personen. / Bei dem anschließenden Umzuge, der von der Führerin des R.F.M.B. in Dresden, Frau [Margarethe] Kluttig, geleitet wurde, versuchte einer der Teilnehmer, einen PKW am Überholen des Zuges zu hindern. Als ihm dies nicht gelang, sprang er auf das Trittbrett des Kraftwagen und schlug mit seiner Hand eine Glasscheibe ein. Sofort hinzugekommenen Polizeibeamten gelang es nicht, den Täter festzustellen, da dieser, begünstigt durch die für ihn Partei ergreifende Menge, unerkannt verschwinden konnte." *(Aus: Bericht Sächsisches Ministerium des Innern, 20.04.1927)*

7. März RFMB-OG Groß-Dresden: Teilnahme an einer Frauenkundgebung im „Bürgergarten", Lübecker Straße 16.

7. März RFMB-OG Groß-Dresden: Teilnahme am Sprechchor proletarischer Organisationen. – Übung im „Restaurant Flemminghof", Flemmingstraße 15.

8.-15. März Internationale Frauenwoche (Aufruf → 21.02.1927).

8. März RFMB-OG Groß-Dresden: Teilnahme an der Kundgebung zur Internationalen Frauenwoche im „Kristallpalast", Schäferstraße 45. – Redner: Landtagsabgeordneter Dr. Richard Schmincke (KPD), und Helene Overlach, 2. Bundesführerin des RFMB.

8. März RFMB-Abt. 1 (Zentrum): Versammlung im „Schützenliesel". – Rednerin: Suse Wagner; Thema: „2. RFMB-Gaukonferenz Ostsachsen" (→ 06.03.1927).

9. März RFMB-Abt. 8 (Neustadt-Ost): Versammlung im Restaurant „Berger". – Thema: „2. RFMB-Gaukonferenz Ostsachsen in Dresden" (→ 06.03.1927).

11. März RFMB-Abt. 3 (Striesen): Versammlung 19,30 Uhr im „Glasewaldthof", Glasewaldt-/Ecke Wittenberger Straße. – Tagesordnung: 1. Die Bedeutung des Internationalen Frauentages, Redner: Genosse Zimmer; 2. 2. RFMB-Gaukonferenz Ostsachsen in Dresden (→ 06.03.1927).

„Kristallpalast" in Dresden, Schäferstraße 45 (Außen- und Innenansicht). – Im „Kristallpalast" fanden viele große Veranstaltungen der KPD und weiterer proletarischer Organisationen statt

11. März RFMB-OG Freital: Öffentliche Versammlung im „Sächsischen Wolf", Dresdner Straße 53. – Thema: „Internationaler Frauentag".

11. März RFMB-OG Pirna: Versammlung im „Volkshaus", Reitbahnstraße 3.

11. März RFMB-OG Zschachwitz: Öffentliche Frauenversammlung im „Gasthof Zschachwitz". – Rednerin: Suse Wagner. – Thema: „Stellung der proletarischen Frau zur Kirche".

12. März RFMB-OG Kötzschenbroda: Frauenabend im „Bürgergarten". – Thema „Internationaler Frauentag".

14. März RFMB-Abt. 10 (Reick-Dobritz): Versammlung 19,30 Uhr im Sportlokal „Helios". – Rednerin: Elisabeth Sparschuh; Thema: „2. RFMB-Gaukonferenz Ostsachsen in Dresden" (→ 06.03.1927).

15. März RFMB-OG Groß-Dresden: Teilnahme am Sprechchor proletarischer Organisationen. – Übung im „Restaurant Flemminghof", Flemmingstraße 15.

15. März RFMB-Abt. 2 (Neustadt-West): Versammlung im „Pieschener Vereinshaus", Mohnstraße 1. – Rednerin: Genossin Kaiser; Thema: „2. RFMB-Gaukonferenz Ostsachsen in Dresden" (→ 06.03.1927).

17. März RFMB-OG Radeberg: Generalversammlung im „Deutschen Haus". – Rednerin von der RFMB-Gauleitung Ostsachsen.

17. März RFMB-OG Pirna: Versammlung im „Volkshaus", Reitbahnstraße 3. – Thema: „2. RFMB-Gaukonferenz Ostsachsen in Dresden" (→ 06.03.1927).

19. März RFMB-OG Groß-Dresden: Teilnahme am Sprechchor proletarischer Organisationen. – Einsatz bei Werbeveranstaltung in Bannewitz.

19. März RFMB-Abteilung Dresden 4 (Kaitz-Strehlen): Versammlung 19,30 Uhr im „Lannerhof". – Thema: „2. RFMB-Gaukonferenz Ostsachsen in Dresden" (→ 06.03.1927).

20. März RFMB-OG Groß-Dresden: Teilnahme mit KPD und RFB an der Märzkundgebung und Ehrung der März-Gefallenen. – U.a. Stellen der RFMB-Abt. 6 (Süd-West) 10 Uhr am „Bürgergarten", Lübecker Straße 16.

„Märzkundgebung in Dresden
Zum Gedenken der Revolutionen marschierten gestern [20.03.1927] die revolutionären Arbeiter zur Demonstration auf. In allen Stadtteilen stellten die Genossen und Arbeitskollegen, um im gemeinsamen Aufmarsch sich nach dem Wilhelmplatz zu begeben. Vor ihrem Abmarsch in die Stadt gingen die Striesener Gruppen auf den Tolkewitzer Friedhof und gedachten hier an den Gräbern der Opfer des Freiheitskampfes." *(Aus: Arbeiterstimme, 21.03.1927]*

22. März RFB-Abt. 5 (Laubegast): Versammlung im „Ratskeller Laubegast". – Lichtbildervortrag von Martha Krieger. – Eingeladen sind die RFMB-Abteilungen 9 (Leuben) und 10 (Reick-Dobritz).

Märzkundgebung von KPD, RFB und RFMB und weiteren proletarischen Organisationen in Dresden auf dem Wilhelmplatz am 20. März 1927. – Mitgeführte Transparente u.a.: „Kämpft im Sinne der Märzgefallenen!", „Lenin zeigt Euch den Weg", „Der Jugend die Zukunft"

23. März RFMB-OG Groß-Dresden: Teilnahme an einer Veranstaltung der Hinterbliebenen-Sektion des Internationalen Bundes der Opfer des Krieges und der Arbeit (IB) im „Bürger-Casino", Große Brüdergasse 25. – Lichtbildervortrag von Martha Krieger.

23. März RFMB-OG Groß-Dresden: Teilnahme am Sprechchor proletarischer Organisationen. – Übung im „Bürgergarten", Lübecker Straße 16.

23. März RFMB-Abt. 3 (Striesen): Veranstaltung mit der IAH 20 Uhr im „Glasewaldthof", Glasewaldt-/Ecke Wittenberger Straße. – Referent: Willy Strzelewicz.

23. März RFMB-Abt. 6 (Süd-West): Versammlung im „Bürgergarten", Lübecker Straße 16. – Thema: „2. RFMB-Gaukonferenz Ostsachsen" (→ 06.03.1927).

25. März RFMB-Gau Ostsachsen: Mitunterzeichner des Aufrufs „Heraus zur Kundgebung gegen den Faschismus!" (→ 28.03.1927).

25. März RFMB-OG Groß-Dresden: Teilnahme am Sprechchor proletarischer Organisationen. – Übung im „Bürgergarten", Lübecker Straße 16.

25. März RFMB-OG Bischofswerda: Teilnahme am Ausmarsch der RFB-OG Bischofswerda zur Unterstützung der Märzkampagne der RFB-Ortsgruppe Demitz-Thumitz im „Gasthof zum Klosterberg". – Stellen 19 Uhr Waldeck.

25. März Polizeiliches Überwachungsergebnis zu RFB und RFMB in Dresden:

„Der Monat März war vom R.F.B. zu besonderer Werbetätigkeit für das ‚März-Aufgebot' ausersehen, das hauptsächlich der Gewinnung neuer Mitglieder für die Rote Jungfront und für den Roten Frauen- und Mädchenbund dienen sollte. Zu diesem Zwecke waren im Stadtgebiet [von Dresden] mehrere Werbebureaus errichtet worden, […] Die Erfolge sollen bisher alle Erwartungen übertroffen haben." *(Aus: Bericht Sächsisches Ministerium des Innern, 25.03.1927)*

26. März Vorbereitung der „Kundgebung gegen den Faschismus" (→ 28.03.1927) in der „Arbeiterstimme", KPD-Zeitung für den Bezirk Ostsachsen.

27. März RFMB-OG Groß-Dresden: Teilnahme am Sprechchor proletarischer Organisationen. – Übung im „Restaurant Flemminghof", Flemmingstraße 15.

27. März RFMB-OG Groß-Dresden mit KPD und RFB: Teilnahme am Platzkonzert zugunsten des Märzaufgebotes der Roten Jungfront.

Einzelnummer 10 Pfennig

Arbeiterstimme

Tageszeitung der KPD / Sektion der Kommunistischen Internationale / Bezirk Ostsachsen

Beilagen: Der rote Stern / Der kommunistische Genossenschafter / Wirtschaftliche Rundschau / Kunst und Wissen

3. Jahrgang — Sonnabend, den 26. März 1927 — Nummer 72

Heraus zur Kundgebung gegen den Faschismus!

Titelblatt (Ausschnitt) der „Arbeiterstimme", KPD-Zeitung für den Bezirk Ostsachsen, zur Vorbereitung der „Kundgebung gegen den Faschismus" am 28. März 1927 in Dresden (Aus: Arbeiterstimme, 26.03.1927)

Spendenmarke „Tod dem Faschismus – Stärkt die rote Kampffront!"

Spendenmarke „Kampf dem Faschismus"

28. März RFMB-OG Groß-Dresden: Teilnahme an der „Kundgebung gegen den Faschismus"; u.a. RFMB-Abt. 1 (Zentrum), Stellen auf dem Fischhofplatz, und RFMB-Abt. 8 (Neustadt-Ost), Stellen auf dem Königsbrücker Platz (Vorbereitung → 26.03.1927).

„Kundgebung gegen den Faschismus
Dem Aufruf der Dresdner proletarischen Organisationen, der Kommunistischen Partei, dem Roten Frontkämpferbund, der Roten Hilfe, des Kommunistischen Jugendverbandes, der Roten Jungfront und des Roten Frauen- und Mädchenbundes zur Protestdemonstration gegen den Faschismus waren gestern [28.03.1927] Tausende Dresdner Arbeiter gefolgt. Viele Arbeiter kamen sofort aus den Betrieben. In den Zügen zum Demonstrationsplatz [Schützenplatz], an deren Spitze die Roten Frontkämpfer marschierten, sah man viele sympathisierende und sozialdemokratische Arbeiter und eine große Masse Frauen. Auf dem Demonstrationsplatz selbst sammelten sich immer neu zukommende Arbeitermassen an. Die Kundgebung zeigte, daß im Kampf gegen den Faschismus die deutsche Arbeiterklasse geschlossen und in breitester Front zusammenstehen wird. Die Genossen Hoop und Melcher, sowie RFB-Kamerad Sindermann [RFB-Gauleiter Ostsachsen] zeigten den anwesenden Demonstranten die Gefahren des Faschismus und die Notwendigkeit der gemeinsamen Abwehr der das Proletariat bedrohenden Gefahren. Geschlossen, so führten die Redner aus, werden die Arbeiter siegen. Die Arbeiter dürfen dem faschistischen Terror nicht mehr zusehen, sondern müssen sich gegen jeden Angriff zur Wehr setzen und mit dem Gegenangriff antworten. Die Feststellung der Mordtaten der Faschisten rief bei den Versammelten ungeheure Empörung hervor. Die Aufforderung zur Gegenwehr wurde mit stürmischer Begeisterung aufgenommen
Wieder einmal zeigte die Kundgebung das Anwachsen der revolutionären Bewegung, der roten Klassenfront. – Die Polizei hielt sich von der Kundgebung fern. Zu Zwischenfällen kam es nicht." *(Aus: Arbeiterstimme, 29.03.1927)*

29. März RFMB-OG Groß-Dresden: Vollmitgliederversammlung im Heim der RFB-Abt. 2 (Zentrum), Vorwerkstraße 20, Friedrichstadt. – Redner: Dr. Rolf Helm.

29. März RFMB-OG Groß-Dresden: Teilnahme am Sprechchor proletarischer Organisationen. – Übung im „Restaurant Flemminghof", Flemmingstraße 15.

30. März RFMB-Abt. 2 (Neustadt-West): Gruppenabend im „Pieschener Vereinshaus", Mohnstraße 1.

30. März RFMB-OG Pirna: Versammlung im „Volkshaus", Reitbahnstraße 3.

1. April RFMB-OG Kötzschenbroda: Versammlung im „Bürgergarten". – Rednerin: Olga Körner.

31. März RFMB-OG Zschachwitz: Aufruf zur Teilnahme an der öffentlichen Versammlung von KPD und RFB am 1. April gegen Faschistenterror. – Bei einer Protestdemonstration in Berlin gegen Stahlhelmüberfälle hatte es am 22. März 1927 2 Tote und 4 Schwerverletzte gegeben.

„RFB und RFMB nehmen geschlossen teil an der öffentlichen Versammlung im Gasthof Groß-Zschachwitz, in welcher zu den Berliner Vorkommnissen [...] Stellung genommen wird." *(Aus: Arbeiterstimme 31.03.1927)*

1. April RFMB-OG Zschachwitz: Teilnahme an der öffentlichen Versammlung von KPD und RFB gegen Faschistenterror (Aufruf → 31.03.1927).

1. April Polizeiliches Überwachungsergebnis zu KPD und RFB in Zschachwitz:

„Am 1. April fand in Zschachwitz eine von den Ortsgruppen der K.P.D. und des R.F.B. einberufene öffentliche Versammlung statt, zu der durch Flugblatt aufgefordert wurde, das mit den Worten begann: ‚Ein Zeichen der Zeit sind die zunehmenden Arbeitermorde.' Redner war ein Kommunist aus Berlin. Besucht war die Versammlung von etwa 250 Personen." *(Aus: Bericht Kreishauptmannschaft Dresden, 09.05.1927)*

2. April RFMB-OG Bautzen: Öffentliche Versammlung im „Münchner Hof", Töpferstraße 13. – Rednerin: Hilde Stiefler, Leiterin der RFMB-Ortsgruppe Löbau.

3. April RFMB-Abt. 8 (Neustadt-Ost): Teilnahme an der Sammlung für die IAH. – Stellen 9 Uhr bei Restaurant „Schimm", An der Dreikönigskirche 2.

3. April RFMB-OG Pirna: Teilnahme an der Protestkundgebung von KPD, KJVD, RFB und RJ 9,30 Uhr im „Volkshaus", Reitbahnstraße 3: Gegen Faschistenterror! Gegen die Kriegspläne der Kapitalisten! Für die Einheit der Arbeiter! Für die Stärkung der Roten Front!

3. April RFMB-OG Zschachwitz: Teilnahme an der Protestkundgebung von KPD, KJVD, RFB, RJ und RFMB 9,30 Uhr im „Volkshaus", Reitbahnstraße 3, in Pirna.

4. April RFMB-OG Groß-Dresden: Teilnahme am Sprechchor proletarischer Organisationen. – Übung im „Restaurant Flemminghof", Flemmingstraße 15.

4. April RFMB-Abt. 10 (Reick-Dobritz): Versammlung im Sportlokal „Helios".

6. April RFMB-OG Groß-Dresden: Teilnahme am Sprechchor proletarischer Organisationen. – Übung im „Ballhaus Watzke", Kötzschenbroder Straße 1.

6. April RFMB-Abt. 6 (Süd-West): Versammlung 19,30 Uhr im „Bürgergarten", Lübecker Straße 16.

7. April Gründung der RFMB-OG Großröhrsdorf im „Gasthof Unger“.

8.–10. April RFMB-OG Groß-Dresden: Beteiligung an der Sammelwoche der IAH. – Anmeldungen im Büro der IAH, Güterbahnhofstraße 24. – Aufruf der IAH:

„Heraus zur Sammelaktion! 1923–1926 über 10 000 Kinder aus Sachsen in Kinderheimen, Landaufenthalten usw. untergebracht; über 25 000 an Kinderwanderungen teilgenommen. / Für das Jahr 1927 soll die Kinderhilfe verstärkt werden. Deshalb spendet für die Kinderhilfe der IAH […] / Stellt Euch als Sammler zur Verfügung.“ *(Aus: Arbeiterstimme, 08.04.1927)*

12. April RFMB-Abt. 2 (Neustadt-West): Liederabend im „Pieschener Vereinshaus“, Mohnstraße 1 .

13. April RFMB-OG Groß-Dresden: Versammlung aller „RFMB-Mitglieder, die in der KPD sind“ (Fraktionsversammlung), im „Brandenburger Hof“, Berliner Straße 26/Ecke Peterstraße.

13. April RFMB-OG Radeberg: Versammlung im „Deutschen Haus“. – Rednerin: Elisabeth Sparschuh; Thema: „2. RFMB-Gaukonferenz Ostsachsen in Dresden“ (→ 06.03.1927).

13. April RFMB-OG Freital: Versammlung in „Stadt Dresden“, Poisentalstraße 25.

16. April Aufruf von KPD-Bezirk und RFB-Gau Ostsachsen zur Kundgebung in Dresden, Schützenplatz, gegen drohende Kriegsgefahr, für Schutz der Sowjetunion.

Drohende Kriegsgefahr!

Der Imperialismus bereitet neuen Völkermord vor In **Nanking** haben die Kanonen des Völkerbundes gesprochen: **7000 Tote das Ergebnis.**

Der berüchtigte Blutgeneral **Tschangtsolin** hat im Solde des englischen Imperialismus

die Botschaft der Weltfriedensmacht Sowjetrußland

in **Peking** überfallen, um zum Kriege zu provozieren.

30 Millionen toter und verkrüppelter Menschen / verheerte Länder / Milliarden Kriegsschulden / Millionen hungernder Menschen — das Resultat des letzten imperialistischen Blutbades.

An alle: Ihr aus den Betrieben

aus Werkstätten und Büros, verhindert, duldet nicht neuen imperialistischen Krieg, **schreit Eure Forderungen** der herrschenden Klasse ins Ohr, schützt das Arbeiterland **Sowjetrußland!**

Heraus zum Protest

Donnerstag, 21. April, abends ½8 Uhr, auf dem Schützenplatz!

KPD. Bezirk Ostsachsen / RFB Bez. Ostsachsen

Aufruf von KPD-Bezirk und RFB-Gau Ostsachsen zur Kundgebung in Dresden, Schützenplatz, gegen drohende Kriegsgefahr, für Schutz der Sowjetunion (Aus: Arbeiterstimme, 16.04.1927)

19. April RFB-Abt. 5 (Laubegast): Versammlung in „Meißners Restaurant".

19. April RFMB-Abt. 8 (Neustadt-Ost): Versammlung im Restaurant „Zum Kameraden". – Referat: „Bedeutung des 1. Mai".

20. April RFMB-Abt. 1 (Zentrum): Versammlung in der „Jakobsschänke", Jakobsgasse.

20. April RFMB-Abt. 6 (Süd-West): Versammlung im „Bürgergarten", Lübecker Straße 16.

21. April RFMB-Gau Ostsachsen: Teilnahme an der Kundgebung von KPD und RFB in Dresden auf dem Schützenplatz gegen drohende Kriegsgefahr, für den Schutz der Sowjetunion (Aufruf → 16.04.1927).

22. April RFMB-Abt. 5 (Laubegast): Versammlung mit RFMB-Abt. 9 (Leuben), RFMB-Abt. 10 (Reick/Dobritz) und der RFMB-OG Zschachwitz in „Meißners Restaurant". – Rednerin: Helene Glatzer; Thema: „Bedeutung des 1. Mai".

Helene Glatzer (links) und Mitglieder der KJVD-Gruppe Weinböhla, 1920er Jahre

22. April RFMB-Abt. 9 (Leuben): Teilnahme an Versammlung der RFMB-Abt. 5 (Laubegast) in „Meißners Restaurant". – Rednerin: Helene Glatzer; Thema: „Bedeutung des 1. Mai".

22. April RFMB-Abt. 10 (Reick/Dobritz): Teilnahme an Versammlung der RFMB-Abt. 5 (Laubegast) in „Meißners Restaurant". – Rednerin: Helene Glatzer; Thema: „Bedeutung des 1. Mai".

22. April RFMB-OG Zschachwitz: Teilnahme an Versammlung der RFMB-Abt. 5 (Laubegast) in „Meißners Restaurant". – Rednerin: Helene Glatzer; Thema: „Bedeutung des 1. Mai".

23. April RFMB-Abt. 3 (Striesen): Versammlung 19,30 Uhr im Restaurant „Zur Erdkugel", Altstriesen 3. – Rednerin: Olga Körner.

23. April RFMB-OG Zittau: Versammlung im „Sächsischen Hof". – Referat: „Stellung der Frau in Wirtschaft und Politik".

24. April RFMB-Abt. 2 (Neustadt-West): Unterhaltungsabend im „Pieschener Vereinshaus", Mohnstraße 1. – Mandolinenkonzert der Kommunistischen Jugend.

26. April RFMB-OG Groß-Dresden: Mitunterzeichner des Aufrufs von KPD und weiteren proletarischen Organisationen zum 1. Mai.

„Arbeiterinnen, Arbeiter! Heraus zum Kampfmai! Schmückt Straßen und Fenster mit roten Fahnen" Am 1. Mai marschiert das Dresdner revolutionäre Proletariat. Beweisen wir unseren Willen, unsere Kraft zum Kampf. Die Bourgeoisie […], ihr muß begreiflich gemacht werden durch unseren Massenaufmarsch zum 1. Mai: Wir Arbeiter erkennen unsere Aufgaben als Klasse, wir sind bereit für den Achtstundentag, für menschenwürdige Löhne, gegen den Faschismus und gegen den drohenden imperialistischen Krieg, für China und für das Arbeiterrußland in den Kampf zu ziehen. […] / Männer, Frauen, Jungproletarier! Heraus zur Kundgebung, schafft Massenteilnahme am Kampftag des Internationalen Proletariats." *(Aus: Arbeiterstimme, 26.04.1927)*

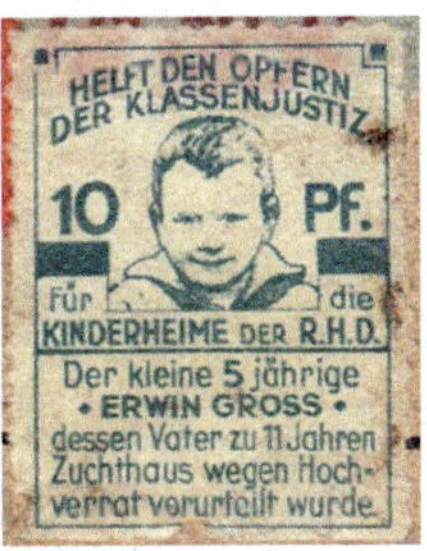

Spendenmarke „Helft – Kinderheime der RHD"

Spendenmarke „Helft den Opfern der Klassenjustiz – für die Kinderheime der R.H.D."

26. April RFMB-OG Groß-Dresden: Teilnahme am Sprechchor proletarischer Organisationen. – Übung im „Restaurant Flemminghof", Flemmingstraße 15.

26. April RFMB-OG Pirna: Teilnahme am Empfang der Arbeiterkinder, die zur Erholung im Kinderheim der Roten Hilfe Deutschland in Elgersburg/Thüringen waren. – Stellen 8,30 Uhr vor dem Bahnhof.

27. April RFMB-OG Radeberg: Versammlung im „Deutschen Haus".

27. April RFMB-OG Coßmannsdorf: Teilnahme an einer Versammlung von KPD und RFB im „Restaurant Lindengarten", Weißeritzgäßchen 1.

28. April RFMB-OG Groß-Dresden: Frauenkonferenz mit KPD in den „Annensälen", Fischhofplatz 10.

29. April RFMB-OG Radeberg: Teilnahme an der KPD-Versammlung im „Deutschen Haus". – Tagesordnung: 1. Der Russland-Delegierte Kurt Fabian spricht über die russische Revolution; 2. Vorbereitung der Maifeier.

30. April RFMB-Gau Ostsachsen: Aufruf zum 1. Mai.

„Frauen und Mädchen, heraus zum 1. Mai!
Der Kampftag des internationalen Proletariats, der diesjährige 1. Mai, steht auch für die arbeitenden Frauen im Zeichen des Kampfes gegen die Folgen der kapitalistischen Rationalisierung. Die unerhört gesteigerte Ausbeutung und verlängerte Arbeitszeit in allen Industrien, die Herabsetzung der jetzt nicht mehr zum Lebensunterhalt ausreichenden Löhne und die Verteuerung aller Lebens- und Bedarfsartikel bedrücken das gesamte Werte schaffende Volk.
Vor allem die Frauen sind es, die am stärksten unter diesen Verhältnissen zu leiden haben. Hausfrauen, betriebstätige, kurzarbeitende und erwerbslose Arbeiterinnen werden durch die Geißel der Menschheit, den Kapitalismus, gleichermaßen bedrückt. Für alle Frauen bedeutet die kapitalistische Rationalisierung täglich stärker werdende Not und Entbehrung.
Mehr denn je ist es Aufgabe der prol.[etarischen] Frauen und Mädchen, am 1. Mai an den Demonstrationen der klassenbewußten Arbeiterschaft, Seite an Seite mit der Kommunistischen Partei teilzunehmen. Gezeigt werden muß der herrschenden Klasse, daß auch die Frauen, die unter der Not unserer Tage am stärksten leiden, zu kämpfen verstehen: / Gegen die gesteigerte Ausbeutung der Arbeiterschaft! / Für den Achtstundentag! / Für die Erhöhung und Gleichstellung der Frauen- und Männerlöhne! / Gleicher Lohn für gleiche Arbeit sei unsere Losung! / Gegen den Gebärzwang und für die Abschaffung der Schandparagraphen 218/219! / Für ausreichenden Schutz für Mutter und Kind! / Für die Schaffung gesunder Wohnungen für unsere Kinder! / Gegen den unerhörten Mietwucher und den Abbau des Mieterschutzes! / Gegen die Schulreaktion und für gleiche Ausbildung aller Kinder! / Es lebe der gemeinsame Kampf aller Ausgebeuteten und Unterdrückten gegen das kapitalistische System, der Kampf für den Sozialismus! / Auf zur Maidemonstration!
Roter Frauen- und Mädchenbund Gau Ostsachsen." *(Aus: Arbeiterstimme, 30.04.1927)*

1. Mai RFMB-Gau Ostsachsen: Teilnahme an Demonstrationen und Kundgebungen von KPD, RFB und weiteren proletarischen Organisationen.

1. Mai RFMB-OG Groß-Dresden: Einrichtung eines Standes auf dem Kundgebungsplatz zur Werbung für den RFMB.

Frauen und Mädchen, heraus zum 1. Mai!

Der Kampftag des internationalen Proletariats, der diesjährige 1. Mai, steht auch für die arbeitenden Frauen im Zeichen des Kampfes gegen die Folgen der kapitalistischen Rationalisierung. Die unerhört gesteigerte Ausbeutung und verlängerte Arbeitszeit in allen Industrien, die Herabsetzung der jetzt nicht mehr zum Lebensunterhalt ausreichenden Löhne und die Verteuerung aller Lebens- und Bedarfsartikel bedrücken das gesamte Werte schaffende Volk.

Vor allem die Frauen sind es, die am stärksten unter diesen Verhältnissen zu leiden haben. Hausfrauen, betriebstätige, kurzarbeitende und erwerbslose Arbeiterinnen werden durch die Geißel der Menschheit, den Kapitalismus, gleichermaßen bedrückt. Für alle Frauen bedeutet die kapitalistische Rationalisierung täglich stärker werdende Not und Entbehrung.

Mehr denn je ist es Aufgabe der prol. Frauen und Mädchen, am 1. Mai an den Demonstrationen der klassenbewußten Arbeiterschaft, Seite an Seite mit der Kommunistischen Partei teilzunehmen. Gezeigt werden muß der herrschenden Klasse, daß auch die Frauen, die unter der Not unserer Tage am stärksten leiden, zu kämpfen verstehen:

Gegen die gesteigerte Ausbeutung der Arbeitskraft!
Für den Achtstundentag!
Für die Erhöhung und Gleichstellung der Frauen- und Männerlöhne!
Gleicher Lohn für gleiche Arbeit sei unsere Losung!
Gegen den Gebärzwang und für die Abschaffung der Schandparagraphen 218/219!
Für ausreichenden Schutz für Mutter und Kind!
Für die Schaffung gesunder Wohnungen für unsere Kinder!
Gegen den unerhörten Mietwucher und den Abbau des Mieterschutzes!
Gegen die Schulreaktion und für gleiche Ausbildung aller Kinder!
Es lebe der gemeinsame Kampf aller Ausgebeuteten und Unterdrückten gegen das kapitalistische System, der Kampf für den Sozialismus!

Auf zur Maidemonstration!

Roter Frauen- und Mädchenbund
Gau Ostsachsen.

Aufruf des RFMB-Gau Ostsachsen zur Teilnahme an den Demonstrationen zum 1. Mai 1927 (Aus: Arbeiterstimme, 30.04.1927)

1. Mai RFMB-OG Pirna: Teilnahme an Demonstration und Veranstaltungen.

„Der Rote Frauen- und Mädchenbund dürfte sich mit seinem […] Auftreten viele Freunde und Anhänger geworben haben […] *(Aus: Arbeiterstimme, (06.05.1927)*

4. Mai RFMB-Abt. 1 (Zentrum): Versammlung im „Schützenliesel".

4. Mai RFMB-Abt. 6 (Süd-West): Versammlung im „Bürgergarten", Lübecker Straße 16.

4. Mai RFMB-Abt. 7 (Kemnitz-Cossebaude): Öffentliche Versammlung 19,30 Uhr im „Gasthof Stetzsch" (auch „Baumgartens Gasthof"), Gustav-Merbitz-Straße 2. – Redner: Stadtverordneter Wagner; Thema: „Der drohende Krieg und die Arbeiterfrauen".

Anzeige „Gasthof Stetzsch", auch „Baumgartens Gasthof" nach Besitzer H. Baumgarten, Gustav-Merbitz-Straße 2, mit Zusatz: „Kommers-Lokal des Roten Frontkämpferbundes" (Aus: Festschrift zum 1. Roten Sachsentreffen […] 1927 in Dresden, Dresden 1927)

4. Mai RFMB-Abt. 8 (Neustadt-Ost): Versammlung im Restaurant „Zum Kameraden". – Referat: „Die Ereignisse in China".

5. Mai RFMB-Gauleitung Ostsachsen: RFMB-Blusen und Kopfbedeckungen sind eingetroffen und können abgeholt werden bei Margarethe Kluttig, Schreibergasse 15.

6. Mai RFMB-OG Lockwitz: Vollversammlung mit RFB im „Unteren Gasthof", Lugaer Straße 71.

7. Mai RFMB-OG Groß-Dresden: Teilnahme an der Protestkundgebung von KPD und RFB in den „Annensälen", Fischhofplatz 10, gegen den Reichsfrontsoldatentag des „Stahlhelm" in Berlin (→ 08.05.1927).

7. Mai RFMB-UG Pirna[17]: Mitunterzeichner des Aufrufs von KPD, KJVD und RFB zur Teilnahme an der Kundgebung gegen den Reichsfrontsoldatentag des „Stahlhelm" in Berlin (→ 08.05.1927).

17 Mit „RFMB-UG Pirna" („RFMB-Untergau Pirna") als Unterzeichner des Aufrufs sind offenbar die im RFB-Untergau Pirna existierenden RFMB-Ortsgruppen Pirna, Dohna, Heidenau, Lockwitz und Zschachwitz gemeint. Der RFMB-Gau Ostsachsen ist vermutlich aufgrund der nur 24 RFMB-Ortsgruppen nicht in Untergaue gegliedert. – Siehe auch 18.06.1927.

„Pirnaer werktätige Männer und Frauen!
Ihr keucht jetzt schon unter den Lasten der Herrschaft der besitzenden Klasse. Der Stahlhelmaufmarsch, gestützt auf die Organe des kapitalistischen Staates, soll euch einschüchtern und verwirren, soll der herrschenden Gesellschaft Mut zu neuen Vorstößen geben. / Setzt euch zur Wehr! Mieter, Kleinhändler, Angestellte und Arbeiter! Heraus zur Kundgebung am 8. Mai vorm. 10 Uhr in Pirna. Der Ort wird durch Plakatträger und Ausrufer noch bekanntgegeben [...] Mobilisiert alle Werktätigen zur Abwehrfront!
Kommunistische Partei, UB Pirna. Kommunistischer Jugendverband, UB Pirna. Roter Frontkämpferbund, UG Pirna. Roter Frauen- und Mädchenbund, UG Pirna." *(Aus: Arbeiterstimme, 07.05.1927)*

Pirnaer werktätige Männer und Frauen!

Ihr keucht jetzt schon unter den Lasten der Herrschaft der besitzenden Klasse. Der Stahlhelmaufmarsch, gestützt auf die Organe des kapitalistischen Staates, soll euch einschüchtern und verwirren, soll der herrschenden Gesellschaft Mut zu neuen Vorstößen geben.

Setzt euch zur Wehr!

Mieter,, Kleinhändler, Angestellte und Arbeiter! Heraus zur

Kundgebung am 8. Mai vorm. 10 Uhr in Pirna

Der Ort wird durch Plakatträger und Ausrufer noch bekanntgegeben. Den Ortsgruppen des UB sind Anweisungen zugegangen.

Mobilisiert alle Werktätigen zur Abwehrfront!

Kommunistische Partei, UB Pirna.
Kommunistischer Jugendverband, UB Pirna.
Roter Frontkämpferbund, UG Pirna.
Roter Frauen- u. Mädchenbund, UG Pirna.

RFMB-Untergau Pirna (die RFMB-Ortsgruppen Pirna, Dohna, Heidenau, Lockwitz und Zschachwitz) ist Mitunterzeichner des Aufruf von KPD, KJVD und RFB für Maßnahmen gegen den Reichsfrontsoldatentag des „Stahlhelm" in Berlin am 8. Mai 1927 (Aus: Arbeiterstimme, 07.05.1927)

8. Mai RFMB-OG Pirna: Teilnahme an der Kundgebung von KPD, KJVD und RFB gegen den Reichsfrontsoldatentag des „Stahlhelm" in Berlin (Aufruf → 07.05.1927).

„Antifaschistenkundgebung in Pirna.
Die Pirnaer Arbeiterschaft unter Führung der KPD und starker Beteiligung des Roten Frontkämpferbundes veranstaltete gestern [08.05.1927] auf dem Marktplatz eine wuchtige Antifaschistenkundgebung. Die Beteiligung der Bevölkerung war so stark wie am 1. Mai, die Stimmung begeisterter und kampfentschlossener." *(Aus: Arbeiterstimme. 09.05.1927)*

10. Mai RFMB-OG Pirna: Teilnahme an einer Versammlung von KPD und RFB im „Volkshaus", Reitbahnstraße 3. – Vortrag: „Mietwucher und Gegenwehr".

11. Mai RFMB-Abt. 2 (Neustadt-West): Liederabend 19,30 Uhr im „Pieschener Vereinshaus", Mohnstraße 1.

13. Mai RFMB-Abt. 3 (Striesen): Versammlung im „Glasewaldthof", Glasewaldt-/Ecke Wittenberger Straße. – Rednerin: Martha Krieger; Thema: „Geschlechtskranken-Gesetz".

14. Mai RFMB-OG Groß-Dresden: Teilnahme an Sprechchor und Theatergruppe proletarischer Organisationen. – Generalprobe in „Frommholds Restaurant", Gerokstraße 7.

Anzeige „Frommholds Restaurant", Gerokstraße 7 (Aus: 1. Rotes Sachsentreffen […] 1927 in Dresden, Dresden 1927)

Spendenmarke „Immer bereit" des Jung-Spartakus-Bund (JSB)

14. Mai RFMB-Abt. 7 (Kemnitz-Cossebaude): Teilnahme am Propagandaumzug in Kötzschenbroda. – Stellen 16,30 am „Gasthof Stetzsch" (auch „Baumgartens Gasthof"), Gustav-Merbitz-Straße 2. Abmarsch 17 Uhr.

14./15. Mai RFMB-OG Radeberg: Teilnahme am Ostsachsentreffen des Jung-Spartakus-Bundes (JSB) in Radeberg. – Stellen zum Empfang der JSB-Gruppen 16,30 Uhr am „Deutschen Haus".

16. Mai RFMB-Abt. 5 (Laubegast): Versammlung in „Meißners Restaurant". – Rednerin: Helene Glatzer. – Mitgliedsbücher mitbringen.

18. Mai RFMB-Abt. 1 (Zentrum): Versammlung im „Schützenliesel". – Redner: Alfred Werner.

18. Mai RFMB-Abt. 6 (Süd-West): Versammlung im „Bürgergarten", Lübecker Straße 16. – Lieder zur Laute.

18. Mai RFMB-Abt. 8 (Neustadt-Ost): Versammlung im „Fichtenhof". – Thema: „Arbeiterinnenschutzgesetz, Rationalisierung und ihre Folgen".

18. Mai RFMB-OG Freital: Versammlung und Bildungsabend in „Stadt Dresden".

20. Mai RFMB-OG Heidenau: Öffentliche Versammlung der „Frauen- und Mädchen-Abteilung" des RFB. – Thema: „Aussprache über Zweck und Ziele der Frauen- und Mädchengruppen beim RFB". – 50 Versammlungsbesucher.

21./22. Mai RFMB-Gau Ostsachsen: Teilnahme am Landeskongress der Werktätigen am 21./22. Mai 1927 in Dresden, „Keglerheim",[18] Friedrichstraße 12.

Mitglieder des RFMB-Gaues Ostsachsen nahmen am 21./22. Mai 1927 am Landeskongress der Werktätigen in Dresden, „Keglerheim", Friedrichstraße 12, teil

24. Mai RFMB-OG Groß-Dresden: Teilnahme am Sprechchor proletarischer Organisationen. – Probe und Besprechung im „Restaurant Flemminghof", Flemmingstraße 15.

25. Mai RFMB-Abt. 3 (Striesen): Versammlung 19,30 Uhr im „Restaurant Droschütz".

26. Mai RFMB-OG Zschachwitz: Versammlung im „Gasthof Zschachwitz". – Rednerin: Olga Körner; Thema: „Die Frau in Rußland und Deutschland. Wie sieht der Mutterschutz aus?"

18 „Keglerheim": Kurzbezeichnung für „Wettiner Säle – Dresdner Keglerheim", Dresden, Friedrichstraße12

27. Mai RFMB-OG Bautzen: Werbeabend mit Fahnenweihe 19,30 Uhr im „Bürgergarten“. Äußere Lauenstraße 2. – Stellen mit KPD, RFB und RFB-Tambourzug 18,30 Uhr am Bahnhof.

Tambourzug der RFB-Ortsgruppe Bautzen. – Der Tambourzug begleitete am 27. Mai 1927 den Werbeabend mit Fahnenweihe der RFMB-Ortsgruppe Bautzen

27.–31. Mai RFMB-Gau Ostsachsen, KPD, IAH und IB: Öffentliche Frauenversammlungen mit Lichtbildervortrag im „Gasthof Dobritz“, Pirnaer Landstraße 28 (27.05.1927), im „Felsenkeller“ Copitz (28.05.1927) und im „Bürger-Casino“, in Dresden, Große Brüdergasse 25. – Rednerin: Martha Krieger; Thema: „Das Arbeiterinnen-Schutzgesetz – eine Verhöhnung der Arbeiterinnen!“

30. Mai RFB-Abt. 5 (Laubegast): Unterhaltungsabend in „Meißners Restaurant“.

31. Mai RFMB-Gau Ostsachsen: Aufruf zum 3. Reichstreffen des RFB (→ 05./06.06. 1927).

„Frauen – Heraus!
Der Aufmarsch der deutschen Arbeiterklasse am 1. Mai und die Antwort der Arbeiterklasse zum Stahlhelmaufmarsch am 7. und 8. Mai in Berlin hat gezeigt, daß das revolutionäre Proletariat entschlossen ist, die Gefahr des Faschismus abzuwehren. / Wir Frauen und Mädchen im Roten Frauen- und Mädchen-Bund stehen geschlossen hinter unseren Kameraden im RFB. / Das Reichstreffen des

RFB muß auf die herausfordernde Demonstration der Faschisten die richtige Antwort geben. Es muß die Antwort geben auf die wirtschaftliche Ausbeutung und politische Entrechtung des Proletariats durch die Bürgerblockregierung der Großkapitalisten.
Die Arbeiterschaft wird Pfingsten in einer geschlossenen Kampffront mit dem Roten Frontkämpfer-Bund und dem Roten Frauen- und Mädchen-Bund aufmarschieren. Das 3. Reichstreffen wird nicht nur die Bevölkerung Berlins, sondern auch die des gesamten Reiches mobilisieren. Es wird Zeugnis ablegen von der ungebrochenen Kraft des deutschen Proletariats.

Frauen — Heraus!

Der Aufmarsch der deutschen Arbeiterklasse am 1. Mai und die Antwort der Arbeiterklasse zum Stahlhelmaufmarsch am 7. und 8. Mai in Berlin hat gezeigt, daß das revolutionäre Proletariat entschlossen ist, die Gefahr des Faschismus abzuwehren.

Wir Frauen im Roten Frauen- und Mädchen-Bund stehen geschlossen hinter unseren Kameraden im RFB.

Das Reichstreffen des RFB muß auf die herausfordernde Demonstration der Faschisten die richtige Antwort geben. Es muß die Antwort geben auf die wirtschaftliche Ausbeutung und politische Entrechtung des Proletariats durch die Bürgerblockregierung der Großkapitalisten.

Die Arbeiterschaft wird Pfingsten in einer geschlossenen Kampffront mit dem Roten Frontkämpfer-Bund und dem Roten Frauen- und Mädchen-Bund aufmarschieren. Das 3. Reichstreffen wird nicht nur die Bevölkerung Berlins, sondern auch die des gesamten Reiches mobilisieren. Es wird Zeugnis ablegen von der ungebrochenen Kraft des deutschen Proletariats.

Der Rote Frauen- und Mädchen-Bund beteiligt sich an diesem Treffen; er fordert alle Frauen und Mädchen auf, mit zu demonstrieren:

Gegen die steigende Teuerung — gegen Mietwucher!
Gegen die verschärfte Ausbeutung der Arbeiterin im Betrieb!
Für Lohnerhöhung, gleichen Lohn für gleiche Arbeit!
Für ausreichenden Arbeiterinnenschutz!
Gegen die geistige Verdummung durch das Reichsschulgesetz!
Gegen die bürgerlichen Frauenorganisationen, die Kriegstreiber und Stützen des Faschismus!
Für das kämpfende Proletariat in China!
Für Sowjet-Rußland!
Für ein Sowjet-Deutschland!

Proletarische Frauen und Mädchen: wacht endlich auf! Begreift die Gefahr: Tretet ein in die Reihen der Einheitsfront! Auf, nach Berlin zum Roten Pfingsttreffen!

Roter Frauen- und Mädchen-Bund, Gau Ostsachsen.

Aufruf des RFMB-Gau Ostsachsen „Frauen – Heraus!" zum 3. RFB-Reichstreffen am 5./6. Juni 1927 in Berlin (Aus: Arbeiterstimme, 31.05.1927)

Der Rote Frauen- und Mädchen-Bund beteiligt sich an diesem Treffen; er fordert alle Frauen und Mädchen auf, mit zu demonstrieren: / Gegen die steigende Teuerung – gegen Mietwucher! / Gegen die verschärfte Ausbeutung der Arbeiterin im Betrieb! / Für Lohnerhöhung, gleichen Lohn für gleiche Arbeit! / Für ausreichenden Arbeiterinnenschutz! / Gegen die geistige Verdummung durch das Reichsschulgesetz! / Gegen die bürgerlichen Frauenorganisationen, die Kriegstreiber und Stützen des Faschismus! / Für das kämpfende Proletariat in China! Für Sowjet-Rußland!
Proletarische Frauen und Mädchen: Wacht endlich auf! Begreift die Gefahr: Tretet ein in die Reihen der Einheitsfront! / Auf nach Berlin zum Roten Pfingsttreffen!
Roter Frauen- und Mädchen-Bund, Gau Ostsachsen." *(Aus: Arbeiterstimme, 31.05.1927)*

1. Juni RFMB-Abt. 1 (Zentrum): Versammlung im „Schützenliesel". – Mitgliedsbücher der Teilnehmer am 3. RFB-Reichstreffen (→ 05./06.06.1927) werden abgestempelt.

1. Juni RFMB-Abt. 6 (Süd-West): Versammlung im „Bürgergarten", Lübecker Straße 16. – Thema: „Warum Kirchenaustritt?"

1. Juni RFMB-Abt. 8 (Neustadt-Ost): Versammlung im Restaurant „Berger". – Thema: „Landeskongress der Werktätigen"; Musikdarbietungen.

2. Juni RFMB-OG Groß-Dresden: Appell der Teilnehmerinnen am 3. RFB-Reichstreffen in Berlin (→ 05./06.06.1927) im Ostragehege.

2. Juni Illustration in der „Arbeiterstimme" zur Vorbereitung des 3. RFB-Reichstreffens in Berlin (→ 05./06.06.1927).

Zeichnung mit der Aufforderung, bei der Fahrt zum 3. RFB-Reichstreffen nach Berlin (05.06.1927) Landagitation zu treiben (Aus: Arbeiterstimme, 02.06.1927)

4. Juni RFMB: Als Mitglied im „Reichsausschuß Mutter und Kind" Mitunterzeichner des Aufrufs von KPD, IAH, IB, KJVD und JSB.

„Heraus zum Schutz der Arbeiterinnen!"
„[...] Sprunghaft wächst die Zahl der arbeitenden Frauen. Der Lohn des Mannes reicht nicht mehr für die Familie, die Rente der Kriegerwitwe nicht mehr für sich und ihre Kinder. [...] Indessen wächst die Ausbeutung in den Betrieben: Lohndruck und Überstundenzwang, maßlose Hetzarbeit am laufenden Band zerstören die Gesundheit der Arbeiterinnen und gefährden das kommende Geschlecht. – Angesichts dieser steigenden Gefährdung der Arbeiterinnen, angesichts der fortschreitenden sozialen Reaktion, die am härtesten Mutter und Kind der Arbeiterklasse trifft, tritt der ‚Ausschuß Mutter und Kind' erneut vor die Arbeiterschaft. Er ruft sie auf, in allen Städten Deutschlands, in allen Betrieben den Kampf gegen das völlig ungenügende Arbeiterinnenschutzgesetz aufzunehmen. [...] – Es gilt in allen Betrieben Stellung zu nehmen zu dem Gesetzentwurf zum Schutz vor und nach der Niederkunft, überall die Forderung nach ausreichendem Schutz der schwangeren Arbeiterinnen zu erheben, vor allem von den Gewerkschaften die Aufnahme des Kampfes für die Interessen der Arbeiterinnen zu fordern. – Arbeiter und Arbeiterinnen! Heraus zum Schutz für Mutter und Kind!" *(Aus: Arbeiterstimme, 04.06.1927)*

Abzeichen zum 3. RFB-Reichstreffen am 5./6. Juni 1927 in Berlin

Illustration zum Aufruf „Heraus zum Schutz der Arbeiterinnen!" vom „Reichsausschuß Mutter und Kind", dessen Mitglied der RFMB war. (Aus: Arbeiterstimme, 04.06.1927)

5./6 Juni 3. RFB-Reichstreffen in Berlin. – Etwa 80.000 Teilnehmer, davon 4.000 aus dem RFB-Gau Ostsachsen, etwa 1.000 aus Dresden, unter ihnen viele RFMB-Mitglieder.

5./6. Juni RFMB-OG Meißen: Teilnahme mit RFB am 3. RFB-Reichstreffen in Berlin.

5./6. Juni RFMB-OG Weinböhla: Teilnahme mit RFB am 3. RFB-Reichstreffen in Berlin.

Mitglieder der RFMB- und RFB-Ortsgruppen Meißen und Weinböhla vor der Abfahrt nach Berlin zum 3. RFB-Reichstreffen, 5. Juni 1927

8. Juni RFMB-OG Groß-Dresden: Mitunterzeichner des Aufrufs „Oeffentlicher Massenprotest gegen die imperialistische Kriegsgefahr" (→ 10.06.1927).

„Oeffentl.[icher] Massenprotest gegen die imperialistische Kriegsgefahr / Am Freitag, den 10. Juni, ½ 20 Uhr, in den Annensälen, Dresden, Fischhofplatz [10]. / Referent: Landtagsabg.[eordneter] Rudolf Renner [KPD].
Arbeiterinnen! Arbeiter! Werktätige! / Ein Verbrechen nach dem anderen – Überfall auf die Botschaft der Sowjetunion in Peking, Einbruch in die Arcos (London), Ermordung des Sowjetgesandten in Warschau – wird organisiert von dem ‚Friedensfreund' Chamberlain, dem Führer des englischen Imperialismus. / Organisiert den Kampf, bevor es zu spät ist! Verhindert den Krieg! / Heraus zum Protest! / Werktätige Männer und Frauen! Nur durch Eure Kampfbereitschaft ist der Krieg zu verhindern! / Erscheint in Massen!
KPD, RFB, RFMB Groß-Dresden." *(Aus: Arbeiterstimme, 08.06.1927)*

10. Juni RFMB-OG Groß-Dresden: Teilnahme an der Protestversammlung gegen imperialistische Kriegsgefahr 19,30 Uhr in den „Annensälen" (Aufruf → 08.06.1927). – Redner: Landtagsabgeordneter Rudolf Renner (KPD) und Kurt Sindermann, RFB-Gauleiter Ostsachsen.

Oeffentl. Massenprotest

gegen die imperialistische Kriegsgefahr

am Freitag, den 10. Juni, ½20 Uhr, in den Annensälen, Dresden, Fischhofplatz.

Referent: Landtagsabg. Rudolf Renner.

Arbeiterinnen! Arbeiter! Werktätige!

Ein Verbrechen nach dem anderen — Ueberfall auf die Botschaft der Sowjetunion in Peking, Einbruch in die Arcos (London), Ermordung des Sowjetgesandten in Warschau — wird organisiert von dem „Friedensfreund" Chamberlain, dem Führer des englischen Imperialismus.

Organisiert den Kampf, bevor es zu spät ist! Verhindert den Krieg!

Heraus zum Protest!

Werktätige Männer und Frauen!

Nur durch eure Kampfbereitschaft ist der Krieg zu verhindern!

Erscheint in Massen!

KPD, RFB, RFMB Groß-Dresden.

Die RFMB-Ortsgruppe Groß-Dresden unterzeichnete mit KPD und RFB den Aufruf „Oeffentlicher Massenprotest gegen die imperialistische Kriegsgefahr" und forderte auf zur Teilnahme an der Protestversammlung am 10. Juni 1927 in den „Annensälen", Fischhofplatz 10 (Aus: Arbeiterstimme, 08.06.1927)

„Die Massen gegen den imperialistischen Krieg

Der erste Auftakt des Dresdner Proletariats, seine erste Kundgebung gegen den imperialistischen Krieg war ein wuchtiger Aufmarsch [etwa 1.000 Teilnehmer], der große Saal der Annensäle war angefüllt wie seit langer Zeit nicht mehr. [...] – Genosse [Rudolf] Renner zeigte die akute Gefahr, daß der Krieg nahe vor der Tür steht, wenn nicht die Arbeitermassen ihn noch verhindern. Genosse Renner zeigte, wie die Kriegstreiber arbeiten, wie die sozialdemokratischen Führer wieder wie 1914 die Imperialisten unterstützen, wie sie das Proletariat in den Krieg treiben, indem sie die Massen betrügen, die Kriegsgefahr leugnen. [...] Die erste machtvolle Kundgebung ist vorüber, jetzt laßt weitere folgen [...]" *(Aus: Arbeiterstimme, 11.06.1927)*

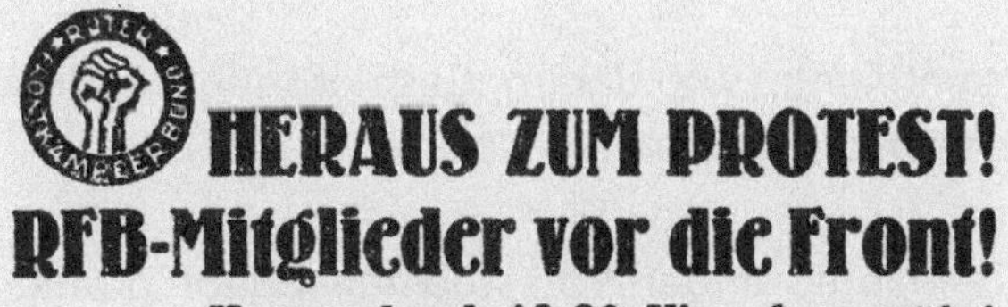

Anzeige zur Protestversammlung gegen imperialistische Kriegsgefahr in Dresden in den „Annensälen", Fischhofplatz 10, mit den Rednern Rudolf Renner (KPD) und Kurt Sindermann, RFB-Gauleiter Ostsachsen (Aus: Arbeiterstimme, 10.06.1927)

Kampffonds-Marke „Krieg dem imperialistischen Kriege – Hinein in die Rote Front". – Kampffonds-Marke und Titelblatt der gleichnamigen Broschüre zeigen das gleiche grafische Motiv

Antikriegs- und Werbebroschüre „Krieg dem imperialistischen Kriege!", herausgegeben von der RFB-Bundesleitung, August 1926. – Titelblatt der Broschüre (Abbildung) und Kampffonds-Marke (Abbildung) zeigen das gleiche grafische Motiv

11. Juni RFMB-OG Groß-Dresden: Teilnahme am Sprechchor proletarischer Organisationen. – Wichtige Zusammenkunft in der „Jakobsschänke", Jakobsgasse.

13. Juni RFMB-OG Groß-Dresden: Fraktionssitzung im „Brandenburger Hof", Berliner Straße 26/Ecke Peterstraße.

14. Juni RFMB-Abt. 9 (Leuben): Versammlung 19,30 Uhr im „Gasthof Leuben", Pirnaer Landstraße 131. – Thema: „3. RFB-Reichstreffen in Berlin" (→ 05./06.06.1927).

15. Juni RFMB-OG Groß-Dresden; Teilnahme an der Protestdemonstration proletarischer Organisationen für Sacco und Vanzetti in Dresden auf dem Schützenplatz.

16. Juni RFMB-Abt. 8 (Neustadt-Ost): Versammlung im Restaurant „Berger".

17. Juni KPD-Bezirks- und RFMB-Gauleitung Ostsachsen: Ankündigung von Veranstaltungen zur „Clara-Zetkin-Werbewoche" (→ 03.–09.07.1927) anlässlich des 70. Geburtstages von Clara Zetkin.

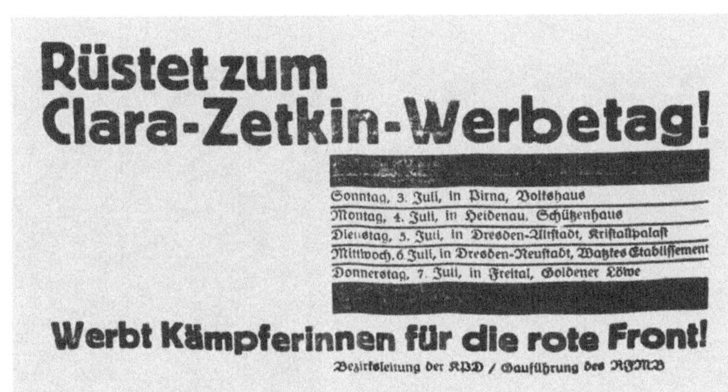

Ankündigung von Veranstaltungen zur „Clara-Zetkin-Werbewoche", 3. bis 9. Juli 1927 (Aus: Arbeiterstimme 17.06.1927)

17. Juni RFMB-OG Pirna: Versammlung 20 Uhr im „Volkshaus", Reitbahnstraße 3.

18. Juni RFMB-Abt. 9 (Leuben): Wanderabend mit der RFMB-Abt. 5 (Laubegast) und der RFMB-OG Zschachwitz nach dem Gasthof „Meix". – Abendrummel, Tanz, Humor, Theater „Putsch im Krähwinkel". – Stellen 19 Uhr an der Hosterwitzer Fähre.

18. Juni RFMB-Abt. 5 (Laubegast): Teilnahme am Wanderabend der RFMB-Abt. 9 (Leuben) und der RFMB-OG Zschachwitz nach dem Gasthof „Meix". – Abendrummel, Tanz, Humor, Theater „Putsch im Krähwinkel". – Stellen 19 Uhr an der Hosterwitzer Fähre.

18. Juni RFMB-OG Zschachwitz: Teilnahme am Wanderabend der RFMB-Abt. 9 (Leuben) und der RFMB-Abt. 5 (Laubegast) nach dem Gasthof „Meix". – Abendrummel, Tanz, Humor, Theater „Putsch im Krähwinkel". – Stellen 18 Uhr Schule an der Aue.

18. Juni Vorbereitung des „Roten Tages" des RFB-Gaues Ostsachsen in Bischofswerda (→ 25./26.06.1927).

„An alle Untergaue des RFB und RFMB[19] der Lausitz! / Alle Kameraden haben möglichst am Treffen in Bischofswerda teilzunehmen. / Die Ortsgruppen sind verpflichtet, Fahnen und Transparente mitzunehmen. Der Verkauf von Zeitungen und Literatur sowie Sammeln in Büchsen ist verboten." *(Aus: Arbeiterstimme, 18.06.1927)*

---

19 Vermutlich ist der RFMB-Gau Ostsachsen mit seinen nur 24 Ortsgruppen nicht in Untergaue gegliedert. In dem Aufruf wird offenbar von der organisatorischen Struktur des RFB-Gaues Ostsachsen mit seinen 10 Untergauen und etwa 70 Ortsgruppen ausgegangen. – Siehe auch 07.05.1927.

21. Juni RFMB-Abt. 2 (Neustadt-West): Versammlung 19,30 Uhr im „Pieschener Vereinshaus“, Mohnstraße 1. – Lesung von Gertrud Strzelewicz aus „Oktober“ von Larissa Reissner[20]. Weitere Lesungen in RFMB-Abteilungen und Ortsgruppen folgen am (→) 22., 27. und 29. Juni 1927 sowie am 26. und 30. Januar und am 13. Februar 1928.

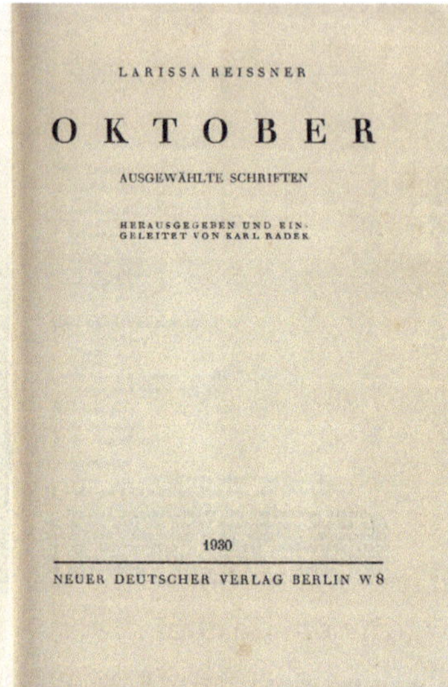
LARISSA REISSNER

OKTOBER

AUSGEWÄHLTE SCHRIFTEN

HERAUSGEGEBEN UND EIN-
GELEITET VON KARL RADEK

1930

NEUER DEUTSCHER VERLAG BERLIN W 8

Reissner, Larissa: Oktober. Ausgewählte Schriften. Herausgegeben und eingeleitet von Karl Radek, 3. erweiterte und neubearbeitete Auflage, Berlin 1930 (MHM, A 6747(3). – Aus diesem Buch – der 1. Auflage von 1926 – liest Gertrud Strzelewicz am 21. Juni 1927 in der Versammlung der RFMB-Abteilung 2 (Neustadt-West) im „Pieschener Vereinshaus“, Mohnstraße 1, und in weiteren Versammlungen von RFMB-Abteilungen

21. Juni RFMB-OG Radeberg: 20 Uhr Versammlung in Baracke Jugendheim, Langestraße.

22. Juni RFBM-Gauleitung Ostsachsen: Mahnung zur Abrechnung rückständiger Mitgliedsbeiträge bis 28. Juni.

22. Juni RFMB-Abteilung 3 (Striesen): Versammlung 20 Uhr im „Glasewaldthof“, Glasewaldt-/Ecke Wittenberger Straße. – Lesung von Gertrud Strzelewicz aus „Oktober“ von Larissa Reissner.

23. Juni RFMB-OG Pirna: Versammlung im „Volkshaus“, Reitbahnstraße 3.

---

20 Reissner, Larissa: Oktober. Ausgewählte Schriften. Hrsg. u. eingel. v. Karl Radek, Berlin 1926; 3. erw. u. neubearb. Aufl. Berlin 1930.

24. Juni RFMB-OG Groß-Dresden: Vorbereitung des „Roten Tages" des RFB-Gaues Ostsachsen in Bischofswerda (→ 25./26.06.1927).

„Alle Genossinnen stellen in ihren Abteilungen mit RFB zur Fahrt nach Bischofswerda." *(Aus: Arbeiterstimme, 24.06.1927)*

25./26. Juni „Roter Tag" des RFB-Gaues Ostsachsen in Bischofswerda. – Teilnahme des RFMB-Gaues Ostsachsen und weiterer proletarischer Organisationen (Vorbereitungen → 18.06.1927, 24.06.1927).

„Die Teilnehmer – etwa 1000 Personen – trafen in der Hauptsache am 25.6.[1927] dort [in Bischofswerda] ein und wurden am Bahnhofe von der Schalmeienkapelle des R.F.B. empfangen. Bei einem am Abende des gleichen Tages abgehaltenen Kommers sprach [Kurt] Sindermann [RFB-Gauleiter Ostsachsen] über ‚Die rote Klassenfront marschiert'. / Die Darbietungen am 26.6.[1927] gliederten sich in Weckruf, Platzmusik und einen Umzug." *(Aus: Bericht Sächsisches Ministerium des Innern, 16.07.1927)*

Mitglieder des RFMB-Gaues Ostsachsen beim „Roten Tag" des RFB-Gaues Ostsachsen in Bischofswerda am 25./26. Juni 1927. – V.l.: 1. Margarethe Kluttig, RFMB-Gauleiterin Ostsachsen, 2. Helene Haberland, 3. Emma Bittwald

Mitglieder der RFMB-Abt. 1 (Zentrum) und der RFB-Abt. 2 (Zentrum) beim „Roten Tag" des RFB-Gaues Ostsachsen in Bischofswerda am 25./26. Juni 1927

25./26. Juni RFMB-Abt. 1 (Zentrum) mit RFB-Abt. 2 (Zentrum): Teilnahme am „Roten Tag" des RFB-Gaues Ostsachsen in Bischofswerda (Vorbereitungen → 18.06.1927, 24.06.1927).

25./26. Juni RFMB-Abt. 3 (Striesen): Teilnahme am „Roten Tag" des RFB-Gaues Ostsachsen in Bischofswerda. – Abfahrt Dresden-Hauptbahnhof 9,32 Uhr, Dresden-Neustadt 9,45 Uhr. (→ Vorbereitungen 18.06.1927, 24.06.1927).

27. Juni RFMB-Abt. 1 (Zentrum): Versammlung im „Gasthof Leuben", Pirnaer Landstraße 131. – Lesung von Gertrud Strzelewicz aus „Oktober" von Larissa Reissner. – RFMB-Abt. 5 (Laubegast) und 10 (Reick-Dobritz) sind eingeladen.

28. Juni RFMB-OG Pirna: Ankündigung der Clara-Zetkin-Feier (→ 03.07.1927).

„Clara-Zetkin-Tag in Pirna
Am Sonntag, den 3. Juli [1927] findet im Volkshaus [Reitbahnstraße 3] eine Clara-Zetkin-Feier statt [...] / Die Kameradinnen des Roten Frauen- und Mädchenbundes, die Kameraden der Roten Front arbeiten in ihrer Gesamtheit in dieser Woche [Clara-Zetkin-Werbewoche] für diese Veranstaltung.

RH-Mitglieder, die Jugend mobilisiert die Arbeiterschaft. Vor allem ist dahin zu wirken, die Frauen heranzubringen. / Die Strzelewiczgruppe wird diesen Abend künstlerisch ausgestalten. Die Genossin Reimann, Berlin wird über unsere Clara und ihr Werk sprechen. Sorgt für Massenbesuch, so krönen wir das Lebenswerk der Genossin Clara Zetkin am besten […]" *(Aus: Arbeiterstimme, 28.06.1927)*

29. Juni KPD, RFMB und weitere proletarische Organisationen: Ankündigung von Frauen-Kundgebungen in Ostsachsen zur „Clara-Zetkin-Werbewoche" (→ 03.–09.07. 1927) anlässlich des 70. Geburtstages von Clara Zetkin.

Ankündigung von Frauen-Kundgebungen zur „Clara-Zetkin-Werbewoche" vom 3. bis 9. Juni 1927 (Aus: Arbeiterstimme, 29.06.1927)

29. Juni RFMB-Abt. 1 (Zentrum) und 8 (Neustadt-Ost): Proletarischer Unterhaltungsabend in „Bergers Restaurant". – Lesung von Gertrud Strzelewicz aus „Oktober" von Larissa Reissner.

30. Juni RFB-Abt. 5 (Laubegast): Versammlung in „Meißners Restaurant".

Juli/August RFMB-Gau Ostsachsen: Unterstützung einer 14tägigen Ferienwanderung ostsächsischer JSB-Mitglieder ins Erzgebirge und Vogtland.

1. Juli RFMB-OG Groß-Dresden: Versammlung im „Brandenburger Hof", Berliner Straße 26/Ecke Peterstraße. – Redner: Alfred Werner.

2. Juli RFMB-Abt. 4 (Kaitz-Strehlen): Versammlung 19,30 Uhr im „Lannerhof". – Rednerin: Olga Körner. – Mitgliedsbücher mitbringen.

2. Juli RFMB-Gau Ostsachsen: Mitgliederwerbung anlässlich der „Clara-Zetkin-Werbewoche".

„Kameradin des RFMB! Bist du schon Mitglied der Roten Hilfe? Zur Clara-Zetkin-Werbewoche mußt du dich bestimmt eintragen lassen!" *(Aus: Der arme Teufel [Beilage zur Arbeiterstimme], 02.07.1927)*

3.–9. Juli „Clara-Zetkin-Werbewoche" des RFMB und weiterer proletarischer Organisationen anlässlich des 70. Geburtstages von Clara Zetkin (Ankündigung der Veranstaltungen → 17.06.1927, 29.06.1927).

3. Juli RFMB-OG Pirna: Clara-Zetkin-Feier mit RFB. (→ 29.06.1927).

4. Juli RFMB-OG Groß-Dresden, KPD, RFB, KJ, JSB, RH: Aufruf für die Clara-Zetkin-Feiern (→ 05.07.1927, 06.07.1927).

„Clara-Zetkin-Tag
Frauen-Kundgebungen unter künstlerischer Mitwirkung der ‚Roten Truppe' Strzelewicz: Dienstag, 5. Juli, in Dresden-A.[ltstadt] im ‚Kristallpalast' [Schäferstraße 45] und Mittwoch, den 6. Juli, in Dresden-N.[eustadt] in ‚Watzkes Etablissement' [Kötzschenbroder Straße 1].
Werktätige Frauen! Wollt Ihr im Ringen um menschenwürdige Zustände abseits stehen? Denkt an die Zukunft eurer Kinder! Marschiert mit der roten Front! Kommt restlos zu diesen Veranstaltungen."
Rote Fahnen und rotes Tuch haben sämtliche Dresdner Gruppen noch heute [04.07.] im Parteisekretariat [...] oder spätestens morgen [05.07.] [...] im ‚Kristallpalast' [Schäferstraße 45] abzuliefern. Die Verwalter der Fahnen werden dringend gebeten, dieser Anweisung Folge zu leisten, damit eine wirkungsvoll Ausgestaltung der Zetkin-Feiern möglich ist [...]" *(Aus: Arbeiterstimme, 04.07.1927)*

Spendenmarken „Verteidigungsfonds RHD" der Roten Hilfe Deutschland (RHD)

5. Juli RFMB-OG Groß-Dresden und weitere proletarische Organisationen: Teilnahme an der Clara-Zetkin-Kundgebung im „Kristallpalast", Schäferstraße 45 (Aufruf → 04.07. 1927). – Mitwirkung der „Roten Truppe" Strzelewicz. – U.a. Teilnahme der RFMB-Abt. 1 (Zentrum), Stellen 18,30 Uhr Fischhofplatz.

„Clara-Zetkin-Kundgebung in Dresden
Zu einer imposanten Kundgebung gestaltete sich der gestern [05.07.] im vollbesetzten Kristallpalast [Schäferstraße 45] unter starker Anteilnahme der Dresdner Arbeiterschaft und der Frauen abgehaltene Clara-Zetkin-Werbe-Abend. Das Programm bestritt die bekannte Rote Truppe unter Leitung des Genossen Strzelewicz, die Ansprache hielt Genn. [Genossin] Reichert, Berlin. Nach ihr ergriff Genn. [Genossin Traute] Hoelz das Wort. Die Rednerinnen entwarfen ein Bild von dem Lebenswerk

und der revolutionären Tätigkeit der greisen Vorkämpferin des deutschen Proletariats. Ihre Ausführungen fanden stürmischen Beifall. In einem Telegramm an die Genossin Clara Zetkin gelobten die Versammelten durch Händeaufheben, im Sinne und im Geiste Clara Zetkins ihr Lebenswerk fortzusetzen und im Interesse der Sache des Proletariats zu arbeiten. Nach den Rezitationen und Aussprachen gab die Rote Truppe eine Szene des Kampfes der Roten Armee gegen die weißgardistischen Banden in Rußland.
Die Darbietungen [...] lösten stürmischen Beifall bei den Anwesenden aus. Zum Schluß der Veranstaltung charakterisierte die Rote Truppe den Anwesenden in grotesken Figuren das wahre Gesicht der bürgerlichen Presse und zeigte ihnen die Notwendigkeit, die Presse des werktätigen Volkes, die Arbeiterstimme, zu lesen und zu abonnieren [...]" *(Aus: Arbeiterstimme, 06.07.1927)*

5. Juli RFMB-OG Radeberg: Versammlung 19,30 Uhr in Baracke Jugendheim, Langestraße.

6. Juli RFMB-OG Groß-Dresden und weitere proletarische Organisationen: Teilnahme an der Clara-Zetkin-Kundgebung in „Watzkes Etablissement", Kötzschenbroder Straße 1 (Aufruf → 04.07.1927). – Mitwirkung der „Roten Truppe" Strzelewicz. – U.a. Teilnahme der RFMB-Abt. 8 (Neustadt-Ost), Stellen 18,30 Uhr Königsbrücker Platz. Alle Kameradinnen haben „in weißer Kutte" zu erscheinen. – Etwa 350 Teilnehmer.

„Clara-Zetkin-Kundgebung
Am vergangenen Mittwoch [06.07.] fand die zweite Frauenkundgebung in Watzkes Etablissement [Kötzschenbroder Straße 1] statt. Es war eine echt proletarische Feier. – Eine alte Berliner Genossin, die mit Clara-Zetkin zusammengearbeitet [hat], sprach von ihrer Kraft, immer wieder Mut zu geben durch ihren wunderbaren klaren Geist. Dann hörten wir die Worte von Clara selber, Genosse Strzelewicz las eine Rede [Zusammenarbeit von Frau und Mann im Klassenkampf, im Kampf gegen imperialistischen Krieg], gehalten im Baseler Kongreß 1912, vor [...] / Darauf ergriff die Genossin [Traute] Hoelz das Wort, ihre Rede war knapp, eindringlich und stark, wie Hammerschläge. – Sie forderte die kollektivistische Zusammenarbeit aller Frauen nach ihren Kräften. Nur so können wir große Führer, die selten geworden sind, ersetzen [...] / Den Hauptanteil des Abends trug die ‚Rote Truppe' Strzelewicz. Und wir wollen sehr froh sein, eine solche Rote Truppe zu haben, die in herrlicher Weise, besonders in den satirischen Spielen, versteht, die Welt und die Gedanken des revolutionären Proletariats darzustellen. Strzelewicz begann mit einigen trefflichen Gedichten die Spiele. Schön war das Lied, das Willi Ost und die Genossin Gertrud [Strzelewicz] sangen. Dann folgte die Szene: „Front", die den Verrat der Sozialrevolutionäre in Rußland 1918 darstellte und sehr gut [...] die entwicklungsbedingte Stellung des Bauern zeigt [...] / Die Rote Truppe ist ganz besonders gut in den satirischen Spielen. Das mag daran liegen, daß sie sich in den ernsten Sachen noch zu sehr der Gewohnheiten bedient [...] Während in dem „Geldsack" mit den wenigsten und knappsten Mitteln [...] gearbeitet wird. Dadurch erhält das Spiel eine ganz klare, einfach und darum viel stärker wirkende Form. Der „Geldsack" und die Presserevue sind zwei herrliche Sachen [...] bewies der andauernde Beifall [...] / Vergessen sei nicht, daß während der Pause eine Schar Jung-Spartakus-Pioniere zwei sehr schöne Arbeiterlieder sang." *(Aus: Arbeiterstimme, 08.07.1927)*

Programm (Ausschnitt) zu einem Auftritt der „Roten Truppe" des Schauspielers und politischen Vortragskünstlers Boleslaw (Bernhard) Strzelewicz

6. Juli RFMB-Abt. 1 (Zentrum): Versammlung im „Schützenliesel". – Mitglieds- und Liederbücher mitbringen.

6. Juli RFMB-OG Freital: Versammlung im „Sächsischen Wolf", Dresdner Straße 53.

7. Juli RFMB-Gauleitung Ostsachsen: Aufruf zum 70. Geburtstag von Clara Zetkin, Ehrenvorsitzende des RFMB.

„Proletarische Frauen und Mädchen!
In dieser Woche, vom 3. bis 9. Juli, finden die Kundgebungen anläßlich des 70. Geburtstages unserer greisen Genossin Clara Zetkin, der Vorkämpferin des Proletariats, insbesondere der Vorkämpferin der Frauen, statt. / Die proletarischen Frauen und Mädchen sollen durch restlose Beteiligung an den Kundgebungen beweisen, daß sie die revolutionäre Lebensarbeit, die die Genossin Clara Zetkin geleistet hat, zu würdigen wissen.
Der Rote Frauen- und Mädchen-Bund, dessen 1. Vorsitzende die Genossin Clara Zetkin ist, macht sich zur Aufgabe, die breiten Frauenmassen des Proletariats zu sammeln, um sie über ihre Klassenlage aufzuklären, sie praktisch und theoretisch zu schulen und zu organisieren zum Kampf für ihre revolutionären Interessen.
Die kapitalistische Ausbeutung, die durch die Rationalisierung in den Betrieben besonders verschärft wird, die steigende Teuerung, die durch Erhöhung der Zölle auf die wichtigsten Lebensmittel durch die Bürgerblockregierung einsetzt, der Mietwucher, die drohende Aufhebung der letzten Mieterschutzbestimmungen, das drohende Konkordat und Reichsschulgesetz, der imperialistische Angriff auf die Sowjetunion, den Arbeiter- und Bauernstaat, der alles für Mutter und Kind leistet, durch den die Kriegsgefahr auch für Deutschland in den Vordergrund gerückt wird, machen es den proletarischen Frauen und Mädchen zur Pflicht, sich einzureihen in die rote Klassenfront, den bürgerlichen Frauenorganisationen den Rücken zu kehren, die heute schon wieder Vorträge über ‚Sparsame Führung des Haushalts' während eines Krieges halten. Die proletarischen Frauen wissen, was ein imperialistischer Krieg für sie bedeutet. Wir Arbeiterinnen und Hausfrauen haben das Dörrgemüse, die Zeit der Kohlrüben und Lebensmittelschlangen nicht vergessen. Deshalb dürfen sie nicht ruhig zusehen, wie man gegen den einzigen Arbeiter- und Bauernstaat der Welt, gegen Sowjetrußland, rüstet, um ihn durch einen imperialistischen Krieg niederzuwerfen. Wir rufen den uns jetzt noch

fernstehenden Frauen und Mädchen zu: / Kommt zu uns, kämpft mit uns im Sinne unserer großen Führerin Clara Zetkin / gegen die imperialistische Kriegsgefahr, / gegen die kapitalistische Ausbeutung, / für die Verteidigung der Sowjetunion / bis zur endgültigen Befreiung zum Siege des Proletariats. Roter Frauen- und Mädchen-Bund, Gau Ostsachsen." *(Aus: Arbeiterstimme, 07.07.1927)*

7. Juli RFMB-OG Groß-Dresden: Teilnahme an der Demonstration proletarischer Organisationen für die Rote Hilfe anlässlich der „Clara-Zetkin-Werbewoche". – Stellen 18,30 Uhr Freiberger Platz; Verlauf: Annenstraße – Sternplatz – Falkenstraße – Ammonstraße – Könneritzstraße – Schäferstraße – Vorwerkstraße – Hohenthalplatz.

7. Juli RFMB-Abt. 6 (Süd-West): Versammlung im „Bürgergarten", Lübecker Straße 16.

11. Juli RFMB-Abt. 8 (Neustadt-Ost): Teilnahme an der Werbekampagne für die Rote Hilfe. – Stellen am „Kamerad" und am „Antonstädter Kasino".

12. Juli RFMB-Abt. 8 (Neustadt-Ost): Versammlung im Restaurant „Berger". – Referat: „Die chinesische Revolution". – Kontrolle der Mitgliedsbücher.

12. Juli RFMB-Abt. 10 (Reick-Dobritz): Versammlung bei Kameradin Frieda Gansauge, Am Anger 10. – Rednerin: Helene Glatzer.

12. Juli RFMB-OG Freital: Abendwanderung nach dem Windberg. – Stellen 19,30 Uhr am „Sächsischen Wolf", Dresdner Straße 53.

13. Juli RFMB-Abt. 6 (Süd-West): Versammlung 20 Uhr im „Bürgergarten", Lübecker Straße 16. – Verlosungsgegenstände für das Sommerfest (→ 17.07.1927) mitbringen.

14. Juli RFMB-Abt. 3 (Striesen): Versammlung 19,30 Uhr im „Restaurant Droschütz". – Rednerin: Gertrud Strzelewicz; Thema: „Clara Zetkin". – Geschenke für das Sommerfest (→ 17.07.1927) mitbringen.

16. Juli RFMB-OG Olbersdorf: Mitwirkung an der Clara-Zetkin-Feier im „Kaisersaal". – Musik, Gesang, Rezitationen, Theater, lebende Bilder. – Weitere Mitwirkende: KPD, RFB, RH, IAH, Arbeitergesangverein, Arbeiterkraftsport-Klub.

Abzeichen der Roten Hilfe (RH)

17. Juli RFMB-OG Groß-Dresden: Sommerfest im „Bürgergarten", Lübecker Straße 16 (Vorbereitungen → 13.07.1927, 14.07.1927). – Konzert, große Lotterie, Kinderbelustigungen, Lampionumzug, Tanz im Freien. – Gegenstände für die Verlosung waren bis 15. Juli abzugeben. Die Abrechnung der Sommerfest-Karten bei Genossin Fuchs wird bis 30. Juli mehrfach angemahnt.

17. Juli RFMB-OG Freital: Teilnahme am RFB-Untergautreffen in Freital. – Stellen 13,30 Uhr am „Sächsischen Wolf", Dresdner Straße 53.

Krieg dem imperialistischen Kriege!

Rüstet zur Antikriegskundgebung am 4. August

Blut- und schmutztriefend durchtobte der letzte imperialistische Krieg weite Gebiete Europas. Im Interesse des Profits wurden Millionen Menschen hingeschlachtet, Riesenwerte vernichtet. Die letzten Gräber dieses abscheulichen

ausgestattet werden, im nächsten imperialistischen Krieg die durch den Friedensschluß von Versailles verlorengegangenen Positionen zurück-

Aufruf (Ausschnitt) von RFMB-Gau Ostsachsen, KPD-Bezirk Ostsachsen und weiterer proletarischer Organisationen zur Teilnahme an der Antikriegskundgebung am 4. August 1927 in Dresden (Aus: Arbeiterstimme, 18.07.1927)

18. Juli RFMB-Gau Ostsachsen, KPD-Bezirk Ostsachsen und weitere proletarische Organisationen: Aufruf zur Antikriegskundgebung am 4. August 1927.

„Krieg dem imperialistischen Kriege! Rüstet zur Antikriegskundgebung am 4. August
[...] Durch die reaktionäre Politik des Bürgerblocks auf politischem, wirtschaftlichem und kulturellem Gebiet soll der neudeutsche Imperialismus ausgestaltet werden, im nächsten imperialistischen Krieg die durch den Friedensschluß von Versailles verlorengegangenen Positionen zurückzuerobern. Je entschiedener die Werktätigen [...] im Reiche und in Sachsen Widerstand entgegensetzen, umso wirksamer begegnen sie der drohenden imperialistischen Kriegsgefahr. Bedingt durch die wirtschaftlichen Verhältnisse arbeitet England bewußt an der Einkreisung der Sowjetunion mit dem Ziel, dieses Bollwerk des Friedens mit Krieg zu überziehen und zu vernichten. [...] Mit ihrer ganzen Kraft müssen die Arbeiter und fortschrittlich gesinnte Intellektuelle, Kleinbauern und Gewerbetreibende jede Bedrohung der Sowjetunion bekämpfen, entschlossen müssen sie jedem imperialistischen Kriege [...] entgegentreten. – In diesem Geiste bereiten die unterzeichneten Organisationen am Tage der 13. Wiederkehr des Beginnens des letzten imperialistischen Krieges eine große Antikriegskundgebung in Dresden auf dem Theaterplatz vor." *(Aus: Arbeiterstimme. 18.07.1927)*

20. Juli RFMB-Abt. 1 (Zentrum): Versammlung im „Schützenliesel". – Thema: „Unwetterkatastrophe im Osterzgebirge".

21. Juli RFMB-OG Pirna: Versammlung 19 Uhr im „Volkshaus", Reitbahnstraße 3.

26. Juli RFMB-Abt. 2 (Neustadt-West): Versammlung im „Pieschener Vereinshaus", Mohnstraße 1. – Redner: Genosse Herold.

26. Juli RFMB-Abt. 8 (Neustadt-Ost): Versammlung im Restaurant „Berger". – Thema: „Unwetterkatastrophe im Osterzgebirge".

27. Juli RFMB-Abt. 6 (Süd-West): Versammlung im „Bürgergarten", Lübecker Straße 16. – Rednerin: Helene Glatzer.

28. Juli RFMB-Abt. 9 (Leuben): Versammlung.

31. Juli RFMB-OG Freital: Teilnahme am Kinderfest der IAH im „Gasthof Wurgwitz".

1. August RFMB-Gau Ostsachsen: Mitunterzeichner des Aufrufs von KPD und proletarischer Organisationen zur Teilnahme an der Antikriegskundgebung in Dresden am 4. August 1927.

„Am 4. August demonstriert die gesamte Dresdner Arbeiterschaft auf dem Theaterplatz um 19,15 Uhr gegen den drohenden imperialistischen Krieg – für die Sowjetunion! Redner: Genosse Oberlehrer Heinicke (SPD) und Genosse Erich Melcher (KPD) [...]" *(Aus: Arbeiterstimme, 01.08.1927)*

1. August RFMB-OG Groß-Dresden: Vollmitgliederversammlung im „Brandenburger Hof", Berliner Straße 26/Ecke Peterstraße. – Referate: Revolution in Wien; Die Frau und der kommende Krieg.

2. August RFMB-OG Freital: Teilnahme an Versammlung von KPD, KJ, RFB, RH, IAH in „Stadt Freital", Bahnhofstraße 10. – Thema: „Gegen den imperialistischen Krieg!"

3. August RFMB-Abt. 1 (Zentrum): Versammlung 19,30 Uhr im „Schützenliesel".

4. August RFMB-OG Groß-Dresden mit KPD, RFB und weiteren proletarischen Organisationen: Teilnahme an der Antikriegskundgebung 19,15 Uhr auf dem Theaterplatz. (Aufrufe → 18.07.1927, 01.08.1927)). Redner: Erich Melcher (KPD), Hermann Heinicke (SPD).

„Der Aufmarsch [...] zeigte, daß Tausende von klassenbewußten Arbeiter Dresdens, denen im kommenden Kriege die Waffen in die Hände gedrückt werden sollen, Soldaten der Revolution geworden sind. [...] Eine vieltausendköpfige Menschenmenge füllte den weiten Theaterplatz, und die Straßenzüge umsäumten dichte Menschenmassen, als die Kundgebung begann. Für die Kommunistische Partei ergriff Genosse Erich Melcher das Wort [...] [Nach der Rede von Hermann Heinicke] donnerte über den weiten Theaterplatz herüber der Sprechchor der Jugend: Arbeiter, Werktätige der Erde, rote Bataillone der Welt! Aufmarschiert! Dem Rufe folgend, unter den Klängen der Hörner und Schalmeien, setzte sich der imposante Demonstrationszug, der schätzungsweise 4-5000 Arbeiter zählte, in Bewegung. Voran die Rote Front [der RFB]. Dann die Kommunistische Jugend mit leuchtend roten Fahnen. [...] Dann marschierten die proletarischen Frauen. Sie erinnerten an [...] das Elend der proletarischen Hausfrau im Weltkriege. – Der imposante Demonstrationszug bewegte sich durch die Zwinger-, Annen-, Ammonstraße nach der Weißeritzstraße. Hier sprach noch einmal Genosse [Kurt] Sindermann vom RFB [RFB-Gauleiter Ostsachsen] zu den Demonstranten. Nach ihm richtete Genosse [Martin] Hoop einige zündende Worte an die Versammelten." *(Aus: Arbeiterstimme, 05.08.1927)*

Abzeichen der KPD und der SPD. – Vertreter beider Arbeiterparteien, Erich Melcher (KPD) und Hermann Heinicke (SPD), sprachen auf der Antikriegskundgebung am 4. August 1927 auf dem Theaterplatz in Dresden

4. August RFMB-OG Freital: Versammlung 19,30 Uhr im „Sächsischen Wolf", Dresdner Straße 53.

5. August RFMB-OG Pirna: Versammlung im „Volkshaus", Reitbahnstraße 3.

6. August Aufruf von RFB-Bundesleitung, RFB- und RFMB-Gauleitung Ostsachsen, Erzgebirge/Vogtland und Westsachsen zum RFB-Sachsentreffen in Dresden (→ 20./21.08. 1927).

„Rüstet zum Sachsentreffen! – Rote Frontkämpfer! Reichsbannerkameraden! Werktätige! – Der Aufmarsch der Roten Front zu Pfingsten im roten Berlin [3. RFB-Reichstreffen] gestaltete sich zu einer wuchtigen Demonstration gegen die Bürgerblockregierung und die Anschläge der erstarkenden Reaktion. Jetzt gilt es, auch am Sitze der sächsischen Heldt-Stahlhelm-Regierung einen disziplinierten Massenaufmarsch zur Stärkung der revolutionären Front vorzubereiten und durchzuführen. Das erste Sachsentreffen des Roten Frontkämpferbundes am 20. und 21. August in Dresden muß zu einer gewaltigen Heerschau der roten Arbeiterbataillone, zu einer imposanten Manifestation des Kampfwillens des klassenbewußten Proletariats gegen seine Unterdrücker und Ausbeuter werden, zu einer Demonstration gegen die Kriegstreiber, die heute, 13 Jahre nach dem Beginn des Weltkrieges, mit fieberhaftem Wettrüsten einen neuen imperialistischen Weltkrieg vorbereiten. Die Verschärfung der Interessengegensätze der Imperialisten untereinander [...] signalisiert die schweren Gefahren eines neuen gewaltigen Massenmordens, das, wie jeder imperialistische Krieg einen

Mitgliedsbuch (1. Umschlagseite) des Reichsbanner Schwarz-Rot-Gold, Bund republikanischer Kriegsteilnehmer und vier Beitragsmarken. – Der Aufruf von RFB-Bundesleitung, RFB- und RFMB-Gauleitung Ostsachsen, Erzgebirge/Vogtland und Westsachsen zum RFB-Sachsentreffen in Dresden (→ 20./21.08.1927) wandte sich auch an Kameraden im Reichsbanner

Angriff auf die gesamte Arbeiterklasse bedeutet. Trotz aller Gegensätze der Imperialisten eint sie der gemeinsame Wille zur Vernichtung der Sowjetunion. […] / Die offene Aufrüstung der republikanischen Reichswehr, die staatliche Unterstützung der Faschistenorganisationen, die Unterdrückung der proletarischen Organisationen durch Polizei und Justizterror kennzeichnen die Absichten des erstarkenden neudeutschen Imperialismus. […] / Kameraden des Reichsbanners! In dieser Stunde richten wir an euch den Appell, euch auf eure Klassenpflichten zu besinnen. […] / Gerade in Sachsen, wo mit Hilfe reformistischer Verräter die Diktatur des Industriellenverbandes in offener Form errichtet wurde, wird die gemeinsame Abwehrfront der Arbeiter zur dringendsten Notwendigkeit. / Arbeiter! Rote Frontkämpfer! Reichsbannerkameraden! Arbeitersportler! Werktätige Sachsens! Zeigt durch gewaltigen Aufmarsch am Roten Tag in Dresden euren entschlossenen Willen zur Herstellung der roten Einheitsfront gegen die Pläne der Imperialisten, gegen die Absichten der Bürgerblockregierung und ihrer Agenten! Schließt euch mit uns zusammen! Agitiert und bereitet vor den Marsch nach Dresden! / Heraus zum Sachsentreffen! –
Bundesführung des RFB. / Die Gauführung des RFB und RFMB Ostsachsen, Erzgebirge-Vogtland und Westsachsen." *(Aus: Arbeiterstimme, 06.08.1927; Sächsische Arbeiter-Zeitung, 09.08.1927)*

6. August RFMB-OG Groß-Dresden: Teilnahme am Unterhaltungsabend der RFMB-Abt. 8 (Neustadt-Ost) im „Prießnitzbad", Bischofswerdaer Straße 1.

8. August RFB-Abt. 5 (Laubegast): Versammlung in „Meißners Restaurant". – Rednerin: Helene Glatzer. – Besprechung des Dienstes zum RFB-Sachsentreffen (→ 20./21.08. 1927).

9. August RFMB-OG Groß-Dresden: Teilnahme an der von der Roten Hilfe und weiteren proletarischen Organisationen organisierten Protestkundgebung in der „Reichskrone" gegen die Ermordung von Sacco und Vanzetti. – Redner: Franz Zabusch, Wien, und Landtagsabgeordneter Rudolf Renner (KPD), Dresden. – Annahme einer Protestentschließung gegen den Mord an Sacco und Vanzetti:

„Die am 9. August in der ‚Reichskrone' in Dresden [Bischofsweg 9] versammelten Tausende von Demonstranten von Angehörigen aller Stände erheben gegen die Hinrichtung der beiden Revolutionäre Sacco und Vanzetti flammenden Protest. Mit Entrüstung haben wir von der neuerlichen Entscheidung des Untersuchungsausschusses und des Gouverneurs Fuller Kenntnis genommen. Die schamlose zynische Erklärung des Kongreßmitglieds Johnson ist eine Provokation aller rechtlich denkenden Menschen und entfacht die Empörung der ganzen Welt. Brutal und schamlos zeigt sich in dieser Erklärung, in dem Verhalten der amerikanischen Richter der Klassencharakter der bürgerlichen Justiz. Er kennzeichnet die Richter als feige Mordgesellen im Dienste einer kapitalistischen Herrschaftsclique. / Wir verlangen die Freilassung von Sacco und Vanzetti, von deren Unschuld der größte Teil der Menschheit überzeugt ist. / Das Vorgehen der amerikanischen Klassenjustiz, das ein Spiegelbild der Klassenjustiz der ganzen kapitalistischen Welt darstellt, wird uns Ansporn sein, den Kampf gegen das System, das diese Justiz geschaffen hat und stützt, zu verstärken. Wir werden alle Kräfte anspannen, bis dieses System auf der ganzen Welt gestürzt ist.
Heraus mit Sacco und Vanzetti! Das ist der Ruf, den wir in letzter Stunde nochmals erheben.
In unseren Reihen, rechtlich Denkende aller Schichten, zum Sturz der Klassenherrschaft des Kapitals, ist die Aufforderung, die wir an alle ehrlichen Menschen richten. Gerade die Erklärung Johnsons zeigt, daß es sich um einen politischen Racheakt handelt. Die amerikanischen Kapitalisten fühlen sich noch stark genug, ihrer Rache freien Lauf zu lassen. Aber auch die Stunde der amerikanischen Kapitalisten wird schlagen. Wir rufen den Henkern zu: Zurück vom elektrischen Stuhl! Freiheit für ehrliche Revolutionäre! Heraus mit Sacco und Vanzetti!" *(Aus: Arbeiterstimme, 10.08.1927)*

9. August RFMB-OG Groß-Dresden: Versammlung der RFMB-Funktionärinnen und RFMB-Abteilungsleiterinnen mit dem RFB im „Brandenburger Hof", Berliner Straße 26/ Ecke Peterstraße.

10. August RFMB-Abt. 3 (Striesen): Versammlung 19,30 Uhr im Restaurant „Zur Erdkugel", Altstriesen 3. – Tagesordnung: 1. Referat; 2. Vorbereitungen zum RFB-Sachsentreffen in Dresden (→ 20./21.08.1927).

11. August RFMB-Abt. 6 (Süd-West): Versammlung im „Bürgergarten", Lübecker Straße 16. – Redner: Genosse Hellmut; Thema: „Die Kämpfe in Wien". – Vorbereitungen zum RFB-Sachsentreffen (→ 20./21.08.1927).

12. August RFMB-OG Radeberg: Aufruf zur Teilnahme an der Antikriegskundgebung im „Schützenhaus" (→ 13.08.1927).

„Gegen den imperialistischen Krieg demonstriert die gesamte werktätige Bevölkerung von Radeberg morgen Sonnabend, 13. August. Stellen 18 Uhr am Bahnhof. 20 Uhr spricht Gen. [Erich] Melcher, Dresden, im Schützenhaus über ‚Ein neuer Krieg droht. Arbeiter, was habt ihr zu tun?' Freie Aussprache [...]" *(Aus: Arbeiterstimme, 12.08.1927)*

13. August RFMB-OG Radeberg: Teilnahme an der Antikriegskundgebung von KPD, RFB und RFMB. – Redner: Erich Melcher (Aufruf → 12.08.1927).

13. August RFMB-Gauleitung Ostsachsen: Aufruf zum RFB-Sachsentreffen in Dresden (→ 20./21.08.1927).

„Arbeiterfrauen und -mädchen!
Noch sind die Wunden, die der Weltkrieg 1914/18 uns schlug, nicht verheilt, und schon wieder rüsten die Kapitalisten aller Länder im Interesse ihres Geldbeutels zum neuen Völkermorden, schrecklicher, grausamer als je. Diesmal soll der Krieg gegen den ersten Arbeiter- und Bauernstaat geführt werden. Und wieder ist es die Arbeiterschaft, sind es insbesondere wir Frauen und Mädchen, die ihre Männer, Söhne und Brüder hergeben sollen, damit sie an der Front durch Granaten, Maschinengewehr und Gasbomben im Dienste des internationalen Kapitals gemordet werden können. Sollen wir und unsere Kinder Hungers sterben oder in den Munitionsfabriken für Hungerlöhne die Mordwerkzeuge herstellen, die bestimmt sind, unsere eigenes Fleisch und Blut zu vernichten, unseren russischen Brüdern und Schwestern im Dienste der Imperialisten den Tod zu bringen? / Können wir Frauen hierbei ruhig zusehen? Nein! / Alle Kriegstreiber und Ausbeuter sollen es wissen, und auch die sozialdemokratischen Führer, die durch ihre Koalitionspolitik und durch ihre fortwährenden Durchhalteparolen im Kriege die Arbeiterklasse ins größte Elend gestürzt haben! / Das Maß ist voll!
Wir Arbeiterfrauen und -mädchen haben erkannt, daß nur unser eigener Kampf, gemeinsam mit unseren Männern und Brüdern, in den Fabriken, im Kontor, um Verbesserung unserer Lebensbedingungen, uns aus unserem Elend befreien kann. / Den Kriegstreibern wird es nur dann gelingen, uns wieder in den Krieg zu hetzen, wenn wir uns weiter wie bisher willenlos ausbeuten lassen. / Um unseren Willen zum Kampf zu bekunden, ruft euch Arbeiterfrauen und -mädchen der Rote Frauen- und Mädchen-Bund auf zur Beteiligung am Aufmarsch der roten Klassenfront am Sonnabend den 20. Und Sonntag den 21. August.
Roter Frauen- und Mädchen-Bund (RFMB), Gau Ostsachsen." *(Aus: Arbeiterstimme, 13.08.1927)*

14. August RFMB-OG Groß-Dresden: Teilnahme an der Solidaritäts-Kundgebung der IAH. – Stellplatz 13 Uhr auf dem Albertplatz.

14. August RFMB-OG Freital: Badetour mit RFB zum Heidemühlenteich. – Stellen 5 Uhr am Sachsenplatz.

16. August RFMB-Abt. 10 (Reick-Dobritz): Arbeitsabend bei Genossin Hell.

17. August RFMB-OG Groß-Dresden: Sitzung der RFMB-Abteilungsleiterinnen im RFMB-Gaubüro, Jakobsgasse 15.

17. August RFMB-Abt. 1 (Zentrum): Versammlung im „Schützenliesel". – Vorbereitungen zum RFB-Sachsentreffen in Dresden (→ 20./21.08.1927).

18. August RFMB-Abt. 2 (Neustadt-West): Treffen 18 Uhr im „Bürgerhof", Bürgerstraße 29, zum Binden von Ranken für das RFB-Sachsentreffen in Dresden (→ 20/21.08.1927).

18. August RFMB-OG Freital: Versammlung im „Sächsischen Wolf", Dresdner Straße 53.

19. August RFMB-OG Pirna: Versammlung im „Volkshaus", Reitbahnstraße 3.

20. August Die „Arbeiterstimme", KPD-Tageszeitung für den Bezirk Ostsachsen, wirbt mit der Titelseite für das 1. Rote Sachsentreffen des RFB.

Einzelnummer 10 Pfennig

Arbeiterstimme

Tageszeitung der KPD / Sektion der Kommunistischen Internationale / Bezirk Ostsachsen
Beilagen: Der rote Stern / Der kommunistische Genossenschafter / Wirtschaftliche Rundschau / Kunst und Wissen

3. Jahrgang — Sonnabend, den 20. August 1927 — Nummer 194

Rot Front!

Krieg dem imperialistischen Krieg!

Organisiert die proletarische Abwehrfront!
Schlagt Faschismus und Bürgerblock!
Nieder mit der Klassenjustiz!
Kämpft gegen Rationalisierung, Miet- und Steuerwucher!
Alle Kraft für die Hebung der Lage der Werktätigen!
Schützt die Sowjetunion!

Titelblatt der „Arbeiterstimme", KPD-Zeitung für den Bezirk Ostsachsen, zum 1. Roten Sachsentreffen in Dresden, 20.08.1927

20./21. August 1. Rotes Sachsentreffen des RFB in Dresden. – Teilnahme u.a. RFMB-Gau Ostsachsen (Aufrufe → 06.08.1927, 13.08.1927).

„Glänzender Verlauf des Roten Sachsentreffens

[…] Das Sachsentreffen des RFB in Dresden nahm einen glänzenden Verlauf. Zehn Versammlungen in den größten Sälen der Stadt leiteten am Sonnabend [20.08.1927] die offiziellen Veranstaltungen ein. Überall waren die Säle überfüllt. Teilnehmer sämtlicher Versammlungen sandten an die amerikanische Botschaft in Berlin Telegramme, in denen sie gegen die geplante Hinrichtung Sacco-Vanzettis scharf protestierten. Die Bevölkerung Dresdens nahm einen für Dresden bisher ungewohnten begeisterten Anteil an der Veranstaltung. Die Arbeiterviertel hatten geflaggt. Mehrere Tausend Rote Frontkämpfer aus dem [Gau] Erzgebirge-Vogtland und [dem Gau] Westsachsen sowie aus Schlesien und Berlin waren bereits im Laufe des Sonnabend eingetroffen. Vom Berlin-Brandenburger [RFB-] Gau war die Abteilung Steglitz erschienen, bei der die ostsächsischen Kameraden anläßlich des [3. RFB-]Reichstreffens [→ 05./06.06.1927] einquartiert waren. Der größte Teil der Gäste konnte durch die rege Anteilnahme der Bevölkerung in Privatquartieren untergebracht werden. – Die Sonntagsveranstaltungen [21.08.1927] wurden mit Weckruf und Platzmusik eingeleitet. Dann setzten sich aus allen Stadtteilen die Züge nach dem Zentrum in Bewegung. Im Zentrum formierte sich ein für Dresden gewaltiger Zug. 12 000 Rote Frontkämpfer in Reih und Glied mit nahezu 350 Fahnen und einer großen Anzahl anderen Emblemen marschierten durch die Stadt, von einer vieltausendköpfigen Menschenmenge begleitet und einem riesigen Spalier umgeben nach dem Sportplatz des Bundesmeisters der Arbeiterfußballer, dessen Zugangsstraße prächtig geschmückt waren. Dort sprachen nach vollzogenem Aufmarsch als Bundesvertreter Kamerad Steffens, als Vertreter Ostsachsens Sindermann [RFB-Gauleiter Ostsachsen] und der Genosse [Erich] Melcher für die KPD. zu der 20.000köpfigen Menge. Unter den Klängen der Schalmeienkapelle vollzog sich planmäßig der Abmarsch. Die Polizei verhielt sich zurückhaltend. Zu nennenswerten Zwischenfällen ist es nicht gekommen." *(Aus: Die Rote Fahne, 23.08.1927)*

Broschüre „1. Rotes Sachsentreffen am Sonnabend, dem 20. August, und am Sonntag, dem 21. August 1927, in Dresden" (1. Umschlagseite, Seite 1)

Abzeichen „Rotes Sachsentreffen Dresden 20.–21. Aug. 1927."
(MHM, BBAD3196)

22. August RFB-Abt. 5 (Laubegast): Versammlung in „Meißners Restaurant".

23. August RFMB-Abt. 2 (Neustadt-West): Versammlung im „Pieschener Vereinshaus", Mohnstraße 1 .

24. August RFMB-Abt. 6 (Süd-West): Versammlung im „Bürgergarten", Lübecker Straße 16. – Rednerin: Margarethe Lewinsohn; Thema: „Reichsfrauenkonferenz".

24. August Versammlung RFMB-Abt. 8 (Neustadt-Ost) im Restaurant „Berger". – Rednerin: Helene Glatzer.

24.–31. August Verbot des Polizeipräsidiums Dresden für alle Protestkundgebungen gegen die am 23. August 1927 in den USA erfolgte Hinrichtung von Nicola Sacco und Bartolomeo Vanzetti. – Deshalb muss die für 25. August 1927 in Dresden vorgesehene Protestkundgebung verändert werden.

25. August RFMB-OG Groß-Dresden: Teilnahme an der Protestkundgebung von KPD und RFB im „Kristallpalast", Schäferstraße 45, gegen die Inhaftierung von Max Hoelz. Ursprünglich vorgesehen war eine Protestkundgebung gegen die Hinrichtung von Sacco und Vanzetti in den USA (→ 24.–31.08.1927).

Solidaritätskarte der Roten Hilfe Deutschlands (RHD) zum Gedenken an die in den USA hingerichteten italienischen Arbeiter Nicola Sacco und Bartolomeo Vanzetti. – Druck auf der Textseite: „Ermordet am 22.8.1927 in Boston von der amerikanischen Klassenjustiz. Der Erlös dieser Karte dient den vielen Tausend Klassengenossen von Sacco und Vanzetti"

26. August RFMB-Abt. 10 (Reick-Dobritz): Funktionärsitzung bei Genossin Hell.

27. August RFMB-OG Pirna: Teilnahme an der RFB-Werbeversammlung in Lohmen. – Stellen 18 Uhr am „Volkshaus", Reitbahnstraße 3.

28. August RFMB-OG Groß-Dresden: Teilnahme an der Einweihung des IAH-Kinderheims in Freital. – Übergabe eines Bildnisses von Clara Zetkin.

30. August RFMB-OG Radeberg: Versammlung in Baracke Jugendheim, Lange Straße.

31. August RFMB-Abt. 1 (Zentrum): Versammlung im „Schützenliesel".

2. September RFMB-OG Pirna: Versammlung im „Volkshaus", Reitbahnstraße 3.

3. September RFMB-Abt. 7 (Kemnitz-Cossebaude): Versammlung bei Genossin Wostry.

3./4. September 13. Internationaler Jugendtag des KJVD in Zittau. – Teilnahme von RFMB und weiteren proletarischen Organisationen.

„Die KPD und einige ihr angeschlossenen Verbände – K.J., R.J. und R.F.B. – veranstalteten am 3. und 4.9.[1927] in Zittau einen Jugendtag, zu dem etwa 500 Teilnehmer vornehmlich aus Ostsachsen erschienen waren. / Außer einem Kommers am 3.9. fand am 4.9. ein Demonstrationszug durch die Straßen der Stadt statt. Auf dem Marktplatze sprach Reichstagsabgeordneter Rädel [KPD] und forderte zum Kampfe gegen einen Krieg mit Rußland auf […]" *(Aus: Bericht Sächsisches Ministerium des Innern, 24.10.1927)*

4. September RFMB-OG Groß-Dresden: Teilnahme am Sommerfest des Internationalen Bundes der Opfer des Krieges und der Arbeit an der „Hellerschänke". – Stellen 14 Uhr am St.-Pauli-Friedhof.

5. September RFMB-Abt. 5 (Laubegast): Versammlung mit RFMB-Abt. 9 (Leuben) in „Meißners Restaurant". – Rednerin: Gertrud Melcher.

5. September RFMB-Abt. 9 (Leuben): Versammlung mit RFMB-Abt. 5 (Laubegast) in „Meißners Restaurant". – Rednerin: Gertrud Melcher.

6. September RFMB-Abt. 2 (Neustadt-West): Versammlung 19,30 Uhr im „Pieschener Vereinshaus", Mohnstraße 1.

6. September RFMB-OG Freital: Versammlung 20 Uhr im IAH-Kinderheim.

7. September RFMB-Abt. 8 (Neustadt-Ost): Versammlung 19,30 Uhr im Restaurant „Berger“. – Redner: Dr. Bier.

8. September RFMB-OG Königsbrück: Teilnahme an RFB-Versammlung in Steinborn.

9. September RFMB-Abt. 6 (Süd-West): Versammlung im „Bürgergarten“, Lübecker Straße 16. – Redner: Landtagsabgeordneter Bruno Siegel (KPD); Thema: „Zoll- und Mietwucher“.

9. September RFMB-Abt. 9 (Leuben): Versammlung im „Gasthof Leuben“, Pirnaer Landstraße 131. – Rednerin: Elisabeth Sparschuh; Thema: „Warum Roter Frauen- und Mädchenbund?“

9. September RFMB-Gau Ostsachsen: Information zur Teilnahme am „Roten Tag“ des RFB-Untergaues Meißen am 17./18. September 1927.

„Zum Roten Tag in Meißen [→ 17./18.09.1927] fahren die Genossinnen im eigenen Auto. Keine Genossin darf mit RFB fahren. / Sympathisierende Frauen und Mädchen können sich anschließen. Meldungen bis spätestens Dienstag, den 13. September, im Gaubüro, Jakobsgasse 15.“ *(Aus: Arbeiterstimme, 09.09.1927)*

11. September RFMB-OG Pirna: Teilnahme am Kinderfest der IAH. – Stellen 13 Uhr am „Volkshaus“, Reitbahnstraße 3; „In Kutte [RFMB-Bundeskleidung] erscheinen!“

12. September RFMB-Abt. 10 (Reick-Dobritz): Unterhaltungsabend im „Gasthof Prohlis“. – RFMB-Abt. 4 (Kaitz-Strehlen) ist eingeladen.

13. September RFMB-OG Radeberg: Versammlung 20 Uhr in Baracke Jugendheim, Langestraße. – Rednerin vom RFMB-Gau Ostsachsen; Thema: „Die Stellung der Frau im imperialistischen Krieg“.

14. September RFMB-Abt. 1 (Zentrum): Versammlung im „Schützenliesel“. – Geld für die Autofahrt zum „Roten Tag“ in Meißen (17./18.09.1927) mitbringen.

17. September RFMB-OG Bischofswerda: Teilnahme an Versammlung des RFB-Untergaues Bischofswerda in „Schramms Gasthof“ in Demitz-Thumitz.

17./18. September „Roter Tag“ des RFB-Untergaues Meißen. – Teilnahme des RFMB-Gaues Ostsachsen und weiterer proletarischer Organisationen.

„Roter Tag in Meißen
Das am gestrigen Sonntag in Meißen stattgefundene Untergautreffen des RFB nahm unter außerordentlich großer Anteilnahme der Meißner Bevölkerung einen glänzenden Verlauf. Die Demonstration, an der sich auch zahlreiche Frauen beteiligten, zählte etwa 2000 Personen. An der Kundgebung auf dem Platz nahmen 3000 Personen teil. [...]" *(Aus: Arbeiterstimme, 19.09.1927)*

„Rot Front in Meißen
Am Sonnabend und Sonntag fand in Meißen das Untergautreffen [„Roter Tag"] statt. Schon am Sonnabend waren die Kameraden aus zahlreichen Orten angekommen. In zwei Sälen fanden die Begrüßungsabende statt; während der eine überfüllt war und einen glänzenden Verlauf nahm, war der andere, weil der Saal zu abgelegen war, schlecht besucht. In beiden Veranstaltungen sprach Gauführer [RFB-Gauleiter Ostsachsen Kurt] Sindermann, der in markanten Worten den Anwesenden Zweck und Ziel sowie die Notwendigkeit des Eintritts in den RFB darlegte. / Am Sonntag früh stellte sich die Ortsgruppe Dresden am Straßenbahnhof Mickten. Zahlreich waren die Kameraden trotz des schlechten Wetters dem Ruf der Leitung gefolgt. Nachdem alle Autos – acht an der Zahl, mit Anhänger, darunter eins des Roten Frauen- und Mädchenbundes – eingetroffen, fuhren sämtliche Autos geschlossen ab. Hinter den Autos fuhr ein größerer Trupp Radfahrer. In allen Orten, durch die wir fuhren, zeigte sich die Sympathie der Arbeiter, die überall uns durch freudige Zurufe begrüßten. In Kötzschenbroda wurde ein kleines Platzkonzert veranstaltet, und Kamerad Weidner legte den Anwesenden in kurzen Worten die Notwendigkeit des aktiven Kampfes unter roten Fahnen klar. Von hier aus ging es nach Coswig. Kurz vor dem Ort wurde haltgemacht. Nach einer Demonstration durch den Ort und Platzkonzert ergriff Kamerad [Richard] Spengler das Wort. Er zeigte den anwesenden Arbeitern, wie die Kapitalisten aller Länder gegen die Sowjetunion hetzen und einen Krieg gegen den ersten Arbeiter- und Bauernstaat vorbereiten. Dies gilt es zu verhindern! [...] Lebhafter Beifall folgte den Ausführungen. Wieder formierte sich der Zug. Kurze Kommandos erschallen und die Autos fuhren nach Meißen. So schön wie das Städtchen ist – so reaktionär ist es auch. [...] Schwer ist die Arbeit unserer dortigen Kameraden, doch es geht vorwärts! Hier und da flatterten von den Häusern die roten Fahnen zum Gruß, und an einzelnen Straßen waren Transparente angebracht, die zum Schutz Sowjetrußlands aufriefen. / Gegen 2 Uhr begann die Demonstration. Wieder zeigte sich, daß in den Reihen der roten Klassenarmee gut Disziplin herrscht. Hervorzuheben ist die große Beteiligung von Frauen und der Jugend. Mehr als 50 Fahnen wurden in dem Zug gezählt. Viele Transparente zeigten den in dichten Reihen an den Straßen Spalier bildenden Arbeitern die Forderungen, für die es zu kämpfen gilt. [...] / Auf dem Sportplatz fand die Schlußkundgebung statt. Nachdem der RFB aufmarschiert war, ergriff der Gauführer [RFB-Gauleiter Ostsachsen Kurt Sindermann] das Wort. In scharfen Worten geißelte er die zu neuem Krieg rüstenden Imperialisten. Nicht unter den Fahnen Schwarz-Rot-Gold, den Farben der Hindenburg-Republik, werden wir die Interessen der Arbeiter vertreten, sondern nur unter den roten Fahnen! Mit den Worten: Krieg dem Krieg und Hinein in den Roten Frontkämpferbund! schloß er seine glänzenden Ausführungen. Der begeisterte Beifall der zahlreich erschienenen Meißner Arbeiter zeigte, daß auch sie gewillt sind, mit uns zu kämpfen. Die Kapellen spielten die Internationale, damit fand das Untergautreffen seinen Abschluß. / Unter flatternden roten Fahnen traten die Kameraden den Heimmarsch an. Das Urteil aller Meißner Arbeiter war: Das hat Meißen noch nicht gesehen. Jetzt gilt es, die Sympathien auszunutzen in zäher Kleinarbeit. / Wer den Krieg verhindern will, muß mit in den Reihen der roten Bataillone marschieren!" *(Aus: Arbeiterstimme, 20.09.1927)*

Demonstration von etwa 2000 Personen, darunter 200 Frauen und Mädchen, zum „Roten Tag" des RFB-Untergaues Meißen am 17. und 18. September 1927 in Meißen

Medaille (Vorder- und Rückseite) zum „Roten Tag" des RFB-Untergaues Meißen am 17. und 18. September 1927 in Meißen

„Am 17. und 18.9.1927 veranstaltete die Ortsgruppe Meißen des Roten Frontkämpferbundes einen ‚Roten Tag' in Meißen. – Am 17.9.1927 fanden von abends 8 Uhr an in den Lokalen ‚Kaisergarten' und ‚Rotes Haus' Kommerse statt. Die Besucherzahl betrug in beiden Lokalen insgesamt gegen 700 Personen […] / Der Demonstrationszug am 18.9.1927, an dem sich gegen 1600 Personen, darunter gegen 200 weibliche, beteiligten, setzte sich gegen ¾ 2 Uhr von der Rathenaustraße aus in Bewegung und dauerte bis gegen ¼ 5 Uhr. Der Zug löste sich auf dem Schützenplatz nach kurzer Ansprache des Gauvorsitzenden [RFB-Gauleiter Ostsachsen Kurt] Sindermann auf. Sindermann behandelte das Thema: ‚Krieg dem imperialistischen Kriege!' Die Mehrzahl der auswärtigen Teilnehmer, die in 20 Lastkraftwagen angekommen waren, verließ kurz nach der Ansprache, ebenfalls wieder auf Lastkraftwagen, in aller Ruhe die Stadt. Störungen sind hierbei nicht vorgekommen." *(Aus: Bericht Polizei Meißen, 29.09.1927)*

19. September RFMB-Abt. 10 (Reick-Dobritz): Versammlung im Restaurant „Post", Dobritz. – Rednerin: Genossin Zinke; Thema „Reichsschulgesetz und Konkordat". – Eingeladen sind die RFMB-Abt. 3 (Striesen), 5 (Laubegast) und 9 (Leuben).

21. September RFMB-Gauleitung Ostsachsen: Erinnerung an die Monatsabrechnung der Mitgliedsbeiträge bis 28. September.

22. September RFMB-Abt. 6 (Süd-West): Versammlung im „Bürgergarten", Lübecker Straße 16. – Referat: „Sozialfürsorge".

23. September RFMB-Abt. 4 (Kaitz-Strehlen) und RFMB-Abt. 5 (Laubegast): Funktionärkursus 19,30 Uhr im „Marienhof".

23. September RFMB-Abt. 5 (Laubegast): Funktionärkursus 19,30 Uhr im „Marienhof".

25. September RFMB-Abt. 10 (Reick-Dobritz): Teilnahme am Treffen des RFB-Untergaues Pirna in Zschachwitz. – Stellen 7,30 Uhr am Straßenbahnhof Reick.

„Am vergangenen Sonntag [25.09.1927] fand in Zschachwitz ein Rotfront-Werbeaufmarsch des [RFB-]Untergaues Pirna statt. Trotz strömenden Regens hatten sich mehrere Hundert Kameraden und Sympathisierende eingefunden. Die Zschachwitzer Partei [KPD], RFMB, Jugend und Jungspartakus [JSB] waren ebenfalls zahlreich erschienen. Der durch viele Fahnen und Transparente belebte Zug führte durch die Ortsteile und Klein-Zschachwitz in die Goldene Krone. […] In der Schlußkundgebung sprach Kamerad [Richard] Spengler, Dresden. […] – Eine tschechische Delegation überbrachte revolutionäre Grüße der Aussiger Arbeiterschaft, […]" *(Aus: Arbeiterstimme, 01.10.1927)*

26. September RFMB-Abt. 10 (Reick-Dobritz): Teilnahme an der Öffentlichen Versammlung der RFB-Abt. 10 (Reick). – Redner: Kurt Sindermann, RFB-Gauleiter Ostsachsen.

26. September RFMB-OG Zschachwitz: Teilnahme an der öffentlichen Versammlung der RFB-Abt. 10 (Reick). – Redner: Kurt Sindermann, RFB-Gauleiter Ostsachsen. – Treffen 18,30 Uhr im „Gasthof Zschachwitz".

27. September RFMB-Abt. 3 (Striesen): Versammlung 19,30 Uhr im Restaurant „Zur Erdkugel", Altstriesen 3.

27. September RFMB-Abt. 2 (Neustadt-West): Versammlung mit der Frauengruppe der KPD 19,30 Uhr im „Bürgerhof", Bürgerstraße 29. – Thema: „Das neue Reichsschulgesetz". – Gäste willkommen.

30. September RFMB-OG Pirna: Versammlung 20 Uhr im „Volkshaus", Reitbahnstraße 3.

1. Oktober RFMB-OG Pirna: Teilnahme mit weiteren proletarischen Organisationen am Empfang des amnestierten Max Weinhold.

„Genosse Max Weinhold frei!
Am Sonnabend in der 6. Stunde wurde uns telephonisch mitgeteilt, daß Genosse Weinhold aus dem Gefängnis in Bautzen entlassen sei. Diese Nachricht durcheilte wie der Wind unsere Stadt und die umliegenden Orte. Rotfront [RFB-Ortsgruppe] mit Kapelle und Spielmannszug, Roter Frauen- und Mädchenbund, Jugend, Jungspartakus, alle waren sie, mit wenigen Ausnahmen, zur Stelle. Punkt 8 Uhr setzte sich ein Zug von 600 Teilnehmern vom Volkshaus [Reitbahnstraße 3] in Bewegung. Viele Hundert marschierten als Begleiter neben dem Zuge mit. Eine ‚unzählige Menge' (im Wortschatz der Volkszeitung zu sprechen) hatte sich bereits auf dem Bahnhof angesammelt. Hier wurde unser Genosse Max Weinhold, getragen von Roten Frontkämpfern, mit der ‚Internationale' der Rotfrontkapelle empfangen. Genosse [Paul] Rohnstock brachte ihm als erster die Grüße des RFB entgegen. Genosse Ehrlich nahm die Gelegenheit wahr, die vorzeitige Entlassung [Amnestie] als einen ‚Gnadenakt Hindenburgs' entsprechend zurückzuweisen. [...] Genosse Max [Weinhold], den die Genossen in einem Auto Platz nehmen ließen mit Frau und Kind, beschenkt mit einer wahren Flut von roten Blumen, dankte in kurzen Worten, [...] / Ein gewaltiger Fackelzug marschierte dann nach dem Markt. Hier sprach Genosse Klett [...] Auf dem Marsch nach dem Volkshaus stieß Gen. [Siegfried] Rädel [Reichstagsabgeordneter, KPD], von Berlin kommend, auf uns. Sofort wurde noch eine Kundgebung, in der Gen. [Siegfried] Rädel sprach, im großen Volkshaussaale abgehalten. " *(Aus: Arbeiterstimme, 05.10.1927)*

4. Oktober RFMB-Abt. 8 (Neustadt-Ost): Versammlung im Restaurant „Berger".

5. Oktober RFMB-OG Freital: Versammlung im IAH-Kinderheim.

Max Weinhold (links), amnestiert und aus dem Gefängnis in Bautzen entlassen, wird am 1. Oktober 1927 in Pirna mit einem Fackelzug und einer Kundgebung begrüßt

KPD-Reichstagsabgeordneter Siegfried Rädel (rechts) spricht am 1. Oktober 1927 im „Volkshaus" in Pirna, Reitbahnstraße 3, auf der Kundgebung zur Begrüßung des Amnestierten Max Weinhold

7. Oktober RFMB-OG Pirna: Teilnahme am „Einführungsabend" (Begrüßungsabend) der RFB-OG Pirna für den amnestierten Max Weinhold 19,30 Uhr im „Volkshaus", Reitbahnstraße 3.

8. Oktober RFMB-Gauleitung Ostsachsen: Erinnerung an die Abrechnung u.a. von Beitragsmarken, Zeitungen, Zetkin-Bildern bis 15. Oktober.

12. Oktober KPD-Bezirksleitung Ostsachsen beschließt „Die Genossin [Helene] Glatzer zu beauftragen, die politische Führung des RFMB[-Gaues Ostsachsen] zu übernehmen".[21] *(Aus: Protokoll Sitzung der KPD-Bezirksleitung Ostsachsen, 12.10.1927)*

13. Oktober RFMB-Abt. 8 (Neustadt-Ost): Versammlung im Restaurant „Schimm", An der Dreikönigskirche 2. – Lesung von Olga Körner aus dem Buch von Emil Höllein[22].

21 Die Wahl von Helene Glatzer als RFMB-Gauleiterin Ostsachsen erfolgte auf der 3. RFMB-Gaukonferenz Ostsachsen (→ 30.10.1927).

22 Höllein, Emil: Gegen den Gebärzwang! Der Kampf um die bewußte Kleinhaltung der Familie. Mit einem Anhang: Die geschlechtliche Aufklärung der Kinder, Berlin 1927; 2. vermehrte und verbesserte Auflage 1928. – Emil Höllein in der Vorrede (Seite 1): „Mein Buch ist so geschrieben, daß es von den werktätigen Schichten des Volkes mit Nutzen gelesen und verstanden werden kann."

Gegen den
Gebärzwang!

Der Kampf
um die bewußte Kleinhaltung
der Familie

Mit einem Anhang:
Die geschlechtliche Aufklärung der Kinder

Von
Emil Höllein
Mitglied des Reichstages

2. vermehrte und verbesserte Auflage

„Wer die Liebe fördert, macht die Menschen glücklicher, wer sie verfolgt, unglücklicher!"
San.-Rat Dr. Magnus Hirschfeld

Berlin-Charlottenburg 1928
Selbst-Verlag: Charlottenburg 5, Horstweg 5

Höllein, Emil: Gegen den Gebärzwang! Der Kampf um die bewußte Kleinhaltung der Familie. Mit einem Anhang: Die geschlechtliche Aufklärung der Kinder, 2. vermehrte und verbesserte Auflage 1928 (1. Umschlagseite, Seite I). – Aus diesem Buch, für das Käthe Kollwitz den Umschlag gezeichnet hat, liest Olga Körner am 13. Oktober 1927 in der Versammlung der RFMB-Abteilung Dresden 8 (Neustadt-Ost)

14. Oktober RFMB-OG Groß-Dresden: Vorbereitung der 2-Jahres-Feier des RFMB. – Theaterprobe im KPD-Büro, Columbusstraße 9.

15. Oktober RFMB-Gau Ostsachsen: Änderung der Adresse der Kasse von Jakobsgasse 15 in Schützengasse 28. – Kassenstunden Mittwoch und Freitag 15-19 Uhr.

17. Oktober RFMB-Abt. 1 (Zentrum): Versammlung im „Schützenliesel". – Neuwahl der Abteilungsleitung, Kontrolle der Mitgliedsbücher.

17. Oktober RFMB-Abt. 9 (Leuben): Teilnahme an KPD-Versammlung 20 Uhr im „Gasthof Leuben", Pirnaer Landstraße 131.

20. Oktober RFMB-Gauleitung Ostsachsen: Erinnerung an die Monatsabrechnung der Mitgliedsbeiträge bis 27. Oktober.

23. Oktober RFMB-Gau Ostsachsen: Teilnahme an den Gedenkfeiern in Freiberg für die Opfer des Reichswehreinmarsches 1923.

24. Oktober RFMB-OG Groß-Dresden: Vorbereitung der Feier „10 Jahre Sowjetrußland" (→ 06.11.1927) – Teilnahme am Sprechchor proletarischer Organisationen. – Treffen: „Brandenburger Hof", Berliner Straße 26/Ecke Peterstraße.

24. Oktober RFMB-Abt. 6 (Süd-West): Unterhaltungsabend 20 Uhr im „Bürgergarten", Lübecker Straße 16.

25. Oktober RFMB-Abt. 2 (Neustadt-West): Versammlung 19,30 Uhr im „Bürgerhof", Bürgerstraße 29.

25. Oktober RFMB-OG Pirna: Ankündigung der Mitwirkung an der Kundgebung zum 10jährigen Bestehen der Sowjetunion (→ 06.11.1927).

„Genossinnen und Genossen! Rüstet zu der am 6. November im Volkshaussaal [in Pirna, Reitbahnstraße 3] stattfindenden Kundgebung zum 10jährigen Bestehen des proletarischen Rußlands! / Die Kundgebung wird noch außer der Ansprache des Genossen [Erich] Melcher mit einem reichhaltigen Programm ausgestattet. Es wirken mit: JSB, RFMB, KJVD, RFB, Rudello[23] mit vollständig neuem Programm, Balalaika-Kapelle, 6 Mann stark. / Der Eintritt kostet 50 Pf., für Unterstützungsempfänger an der Kasse 30 Pf." *(Aus: Arbeiterstimme, 25.10.1927)*

25. Oktober RFMB-OG Kötzschenbroda: Versammlung mit Vortrag 20 Uhr im „Bürgergarten".

26. Oktober RFMB-Abt. 1 (Zentrum): Versammlung im „Schützenliesel".

26. Oktober Die Dresdner Firma „VESBA" (Vereins-, Sport-, Berufs-Bekleidung und Ausrüstung) bietet wegen Geschäftsverlegung von der Liliengasse 7 nach der Frauenstraße 10 u.a. RFMB-Bundeskleidung verbilligt an: RFMB-Mütze 1,00 Reichsmark, RFMB-Bluse 5,60 Reichsmark, RFMB-Bluse (etwas dunkel) 3,00 Reichsmark.

Anzeige der Dresdner Firma „VESBA" (Vereins-, Sport-, Berufs-Bekleidung und Ausrüstung) „Die letzten 3 Tage – Ausverkauf!" von RFB- und RFMB-Bundeskleidung wegen Geschäftsverlegung (→ Anfang 11.1927) (Aus: Arbeiterstimme, 26.10.1927)

23 Rudello: Artist bzw. Artistengruppe „4 Rudellos"

27. Oktober RFMB-OG Pirna: Versammlung im „Volkshaus", Reitbahnstraße 3.

30. Oktober 3. RFMB-Gaukonferenz Ostsachsen. – Tagungsort: Dresden, „Königshof", Gerhart-Hauptmann-Straße 62-64 (am Wasaplatz). – Teilnehmer: 42 Delegierte, 29 Gäste; Referat: Genossin der RFMB-Bundesführung. – In die RFMB-Gauleitung Ostsachsen werden u.a. gewählt: Helene Glatzer, RFMB-Gauleiterin; Margarethe Kluttig, RFMB-Gaukassiererin und Organisation (→ 12.10.1927).

„Gaukonferenz des RFMB
Am vergangenen Sonntag [30.10.] tagte im Königshof, Strehlen, die 4. [richtig: 3.] Gaukonferenz [Ostsachsen] des Roten Frauen- und Mädchenbundes. Diese Konferenz zeigte, daß unsere Arbeit unter den Frauen und Mädchen erfreuliche Fortschritte gemacht hat. Die fortschreitende Verelendung des Proletariats und die unverschämten Forderungen der Unternehmer an die Arbeitskraft der Betriebsarbeiterinnen öffnen immer mehr Frauen die Augen. Sie werden sich bewußt, daß sie sich einreihen müssen in die rote Klassenfront, wenn sie die Gleichberechtigung erkämpfen wollen. Die Tagung hat gezeigt, was wir weiter zu tun haben, um die Arbeiterinnen für den Kampf um eine bessere Lebensexistenz zu gewinnen.
Nachdem die Konferenz mit dem Gesang der ‚Internationale' eröffnet worden war, erhielten die Vertreter der verschiedenen Organisationen das Wort zu ihren Begrüßungsansprachen. Genosse [Rudolf] Renner, als Vertreter der KPD, weist in seiner Begrüßung darauf hin, daß das Bürgertum mit Angst und Wut die Bewegung der proletarischen Frauen verfolge. Lenin sagte, daß die Kriegsgefahr den Frauen besonders wichtige Aufgaben zuweise. Das Bürgertum habe begriffen, welche Rolle die Frau im Kampf um die Erhaltung des kapitalistischen Staates spielt, deshalb so viel faschistische Frauengruppen. Die pazifistischen Frauengruppen, wie SPD, Frauenliga für Menschenrechte usw., sind für die kapitalistische Gesellschaft keine Gefahr, denn sie fürchten und scheuen den Kampf fürs Ganze zu unternehmen. Der Rote Frauen- und Mädchenbund hat das Ziel, Aufklärung unter den arbeitenden Frauen und Mädchen in den Betrieben und unter den Hausfrauen zu schaffen. Die KPD wird jederzeit hilfreich zur Seite stehen, um die Frauen und Mädchen aus ihrem Elend zu befreien. Genosse Renner wünscht am Schluß noch gutes und erfolgreiches Gelingen der Konferenz.
Der Vertreter des RFB, Genosse [Kurt] Sindermann [RFB-Gauleiter Ostsachsen], begrüßt die Konferenz mit dem Versprechen, stets Hand in Hand mit dem Roten Frauen- und Mädchenbund zu arbeiten, denn auch der RFB weiß, daß die Arbeit unter den Frauen eine wichtige ist und daß der Kapitalismus nur mit Hilfe der Frauen geschlagen werden kann. Weiter überbrachten Vertreter der RH und IAH Grüße ihrer Organisation.
Nach den Begrüßungen ging man zur eigentlichen Tagesordnung über: es wurde die Wahl des Präsidiums erledigt. Anschließend erfolgte das Referat einer Genossin der [RFMB-]Bundesführung. Diese zeigte, was für Aufgaben der RFMB bei der politische und den bestehenden wirtschaftlichen Verhältnissen zu erledigen hat. Sie zeigte, wie notwendig bei Streiks und Lohnkämpfen die Aufklärung der Frauen ist, wenn sie erfolgreich durchgeführt werden sollen. In Sachsen sei besonders auf die Tabakbranche jetzt ein Augenmerk zu richten. Die Referentin stellte die Frage: ‚Warum sind in letzter Zeit die Arbeiterinnen aktiver geworden in den Betrieben?' Doch nur aus den schlechten Arbeitsbedingungen. Schlechter stehen die erwerbslosen Frauen da, zumal jetzt nach den neuen Erwerbslosengesetz. Die Unterstützung ist nach den Lohnstufen gestaffelt worden, so daß eine

Arbeiterin, welche nach Klasse 1 unterstützt wird, nur 6-8 Mark Unterstützung erhält. Genau so gestaffelt sind die Familienzuschläge. Ebenso katastrophal ist die Lage der Landarbeiterinnen.
Durch die ungeheure Ausbeutung der Arbeitskräfte und schlechte Entlohnung ist die Landarbeiterin am meisten gedrückt, und die Aufklärungsarbeit muß hier recht intensiv geführt werden. Die wichtigsten Lebensmittel sind vom Juni bis September um 1,60 Mk. verteuert, so daß die Erhöhung der Löhne nicht im entferntesten im Vergleich dazu steht. Die Brotverteuerung ist nur entstanden durch die Zölle. Es steht fest, daß im Reich 243 Millionen Mehreinnahmen durch Zölle zu verzeichnen sind. Fest steht auch, daß der Brotverbrauch immer noch geringer ist als im Frieden. Das Vereinsgesetz zeigt ganz deutlich den Kurs des Bürgerblocks. Interessant ist, daß die Vorsitzende der vaterländischen Frauen schon die Frage an ihre Mitglieder stellte, inwieweit sie im kommenden Kriege noch besser durchhalten könnten als bei dem letzten. Während in allen Ländern die Frauen mobilisiert werden und der Königin-Luise-Bund Schießübungen abhält mit seinen Frauen, erklärt die SPD: ‚Es kommt kein Krieg!' Durch ihre pazifistischen Reden lullen sie die Arbeiterfrauen ein. Hier gilt es nun für den Roten Frauen- und Mädchenbund, zu zeigen, wie wir die proletarischen Frauen gegen den imperialistischen Krieg mobil machen können.
Kampf gegen den Krieg bedeutet: Kampf dem Kapitalismus.
Haben nicht die russischen Arbeiterinnen und Bauernfrauen, oft vom Tode bedroht, sich ihre vielen Errungenschaften auch hart erkämpfen müssen? Die russischen Frauen feiern mit Stolz das 10-jährige Bestehen der Sowjetunion, hat es doch ihnen wirklich die Befreiung der Frau gebracht, indem sie als vollwertiges Mitglied der Gesellschaft bewertet wird. Dies auch in Deutschland zu schaffen, ist die Aufgabe des Roten Frauen- und Mädchenbundes. Mit dem Appell, auch in Deutschland die Macht der Kapitalisten zu stürzen und den Staat der Arbeiter und Bauern zu errichten, schloß die Referentin.
Die lebhafte Diskussion zeigte, daß sich die Frauen immer mehr ihren Aufgaben gewachsen fühlen. / [...]
Über das neue Reichsschulgesetz sprach Genossin [Helene] Glatzer. Sie zeigte, daß das neue Reichsschulgesetz eine Knebelung und eine Preisgabe der Schule ans Pfaffentum bedeutet. / Den Referenten folgte der Bericht der Mandatsprüfungskommission. Es wurde festgestellt, daß 49 Delegierte, sowie 22 Gäste anwesend waren, und je ein Vertreter der KPD, RH, des RFB und der IAH.
Der Bericht der Gauleitung ergab, daß der RFMB [im Gau Ostsachsen] erfreuliche Fortschritte gemacht hat. Die Mitgliederzahl ist um wenige Hundert seit der letzten Konferenz [2. RFMB-Gaukonferenz Ostsachsen → 06.03.1927] gestiegen. Die Beteiligung an den verschiedenen Kampagnen war gut. Die Hochwasserkatastrophe sah unsere Genossinnen ebenfalls sehr aktiv, so daß Erhebliches geleistet wurde, zum Beispiel bei der Sammlung und in der Nähstube. Unsere Mitglieder haben es verstanden, zu zeigen, daß wir kämpfen um eine bessere Lebensexistenz. Es gilt nun, für die Zukunft die Schulungsarbeit der Genossinnen in den Vordergrund zu stellen, um unseren Bund immer kampffähiger zu gestalten.
Die Gauleitung wurde einstimmig gewählt. Von den Anträgen wurden einige angenommen, einige wurden der Bundesleitung überwiesen. / Nachdem noch ein Begrüßungsschreiben nach Rußland und an unsere Bundesvorsitzende Clara Zetkin abgesandt war, wurde diese arbeitsreiche Konferenz geschlossen. Mit dem Gesang ‚Brüder zur Sonne, zur Freiheit' fand die arbeitsreiche Tagung ihren Abschluß." *(Aus: Arbeiterstimme, 05.11.1927)*

Im „Restaurant Königshof" in Dresden-Strehlen, Gerhart-Hauptmann-Straße 62-64 (am Wasaplatz), fand am 30. Oktober 1927 die 3. RFB-Gaukonferenz Ostsachsen statt

Anzeige „Restaurant Königshof" in Dresden-Strehlen, Gerhart-Hauptmann-Straße 62-64 (am Wasaplatz), als „Kommerslokal" (Aus: Festschrift zum 1. Roten Sachsentreffen [...] in Dresden, Dresden, 1927)

Helene Glatzer, RFMB-Gauleiterin Ostsachsen von Oktober 1927 bis Januar 1930

31. Oktober RFMB-OG Groß-Dresden: Aufruf zur Vorbereitung der 2-Jahres-Feier des RFMB.

„Alle Genossinnen, die Interesse daran haben, daß die Feier des zweijährigen Bestehens des RFMB eindrucksvoll wird, erscheinen […] 18 Uhr im Parteibüro, Dresden-Löbtau, Columbusstraße 9, zur Theater- und Sprechchorprobe. In Frage kommen 40 Genossinnen." *(Aus: Arbeiterstimme, 29.10.1927)*

31. Oktober RFMB-Abteilung 3 (Striesen): Versammlung im „Restaurant Droschütz". – Thema: „3. RFMB-Gaukonferenz Ostsachsen" (→ 30.10.1927).

Anfang November Die Dresdner Firma „VESBA" (Vereins-, Sport-, Berufs-Bekleidung und Ausrüstung) bietet nach Geschäftsverlegung (→ 26.10.1927] von der Liliengasse 7 nach der Frauenstraße 10 wegen Neueröffnung u.a. RFMB-Bundeskleidung verbilligt an: RFMB-Mütze 1,00 Reichsmark, RFMB-Bluse 5,60 Reichsmark, RFMB-Bluse (etwas dunkel) 3,00 Reichsmark.

Anzeige der Dresdner Firma „VESBA" (Vereins-, Sport-, Berufs-Bekleidung und Ausrüstung) „Wegen Neueröffnung 3 billige Tage" zum Kauf von RFB- und RFMB-Bundeskleidung (Aus: Arbeiterstimme, 03.11.1927)

2. November Aufruf zur Teilnahme an der Feier „10 Jahre Sowjetrußland" (→ 06.11. 1927).

„Sonntag [06.11.]: Auf zum Zirkus!
In diesen Tagen rüsten die revolutionären Arbeitermassen der ganzen Welt zur würdigen Feier der siegreichen proletarischen Revolution in Sowjetrußland. […] / Das Dresdner revolutionäre Proletariat rüstet zur gewaltigen Massenkundgebung am kommenden Sonntag [06.11.] im Zirkus [Sarrasani]. Auch die Dresdner Arbeiter werden an diesem Tage ihre tiefen Sympathien für Sowjetrußland bekunden und durch gewaltigen Massenaufmarsch zum Ausdruck bringen, daß auch sie zur Verteidigung der Sowjetmacht bereit und gerüstet stehen. Die Dresdner Arbeiter werden aufmarschieren zur Feier des Sieges der russischen Revolution. Ihr Aufmarsch wird ein Auftakt sein zu ihrem Kampfe um den revolutionären Sieg über die Diktatur des Bürgerblocks, zum Kampf für die Diktatur des Proletariats." *(Aus: Arbeiterstimme, 02.11.1927)*

2. November RFMB-Abt. 3 (Striesen): Werbeabend in „Ehlichs Gasthof" (Dampfschiffrestaurant), Wachwitz, Pillnitzer Straße 28, anschließend Tanz. – Abmarsch 18 Uhr vom Schillerplatz. – RFB und weitere proletarische Organisationen sowie das KPD-Arbeitsgebiet Lockwitz-Pillnitz sind herzlich eingeladen.

3. November RFMB-OG Groß-Dresden: Veröffentlichung des Aufmarschplanes für RFB, RFMB und JSB zur Feier „10 Jahre Sowjetrußland" (→ 06.11.1927).

10 Jahre Sowjetrußland
Aufmarschplan
für die Zirkuskundgebung am Sonntag den 6. November
9,30 Uhr
für RFB, RFMB und JSB

Stellplätze: Stellzeit:
1. Striesen: Pohlandplatz . . . . . 7,30 Uhr
2. Johannstadt: Dürerplatz . . . . 8,10 „
3. Löbtau: Dorfplatz . . . . . . 7,30 „
4. Zentrum: Freiberger Platz . . . 8,— „
5. Neustadt-W.: Leisniger Platz . . . 7,45 „
6. Neustadt-O.: Königsbrücker Platz . 8,15 „

Aufmarschplan für RFB, RFMB und JSB zur Feier „10 Jahre Sowjetrußland" am 6. November 1927 (Aus: Arbeiterstimme, 03.011.1927)

3. November RFMB-Abt. 8 (Neustadt-Ost): Versammlung im Restaurant „Wiederanders", Kasernenstraße 19. – Thema: „3. RFMB-Gaukonferenz Ostsachsen" (→ 30.10.1927).

4. November RFMB-OG Groß-Dresden: Vorbereitung der Feier „10 Jahre Sowjetrußland" (→ 06.11.1927). – Teilnahme am Sprechchor proletarischer Organisationen. – Treffen: „Gasthof Leuben", Pirnaer Landstraße 131.

4. November RFMB-Abt. 6 (Süd-West): Versammlung im „Bürgergarten", Lübecker Straße 16.

6. November RFMB-OG Groß-Dresden: Teilnahme an Demonstration und Kundgebung proletarischer Organisationen in Dresden anlässlich der Feier „10 Jahre Sowjetrußland" (Aufruf → 02.11.1927). – „Erscheinen nach Möglichkeit in RFMB-Bundeskleidung."

„Programm zur Kundgebung im Zirkus Sarrasani […]:
1. Einmarsch der Roten Frontkämpfer, des Roten- Frauen- und Mädchenbundes und des Jungspartakusbundes; / 2. Arbeitersänger: ‚Tord Foleson'; / 3. Ansprache des Reichstagsabgebordneten Fritz Heckert; / 4. Am Grabe Lenins. [von] Joh.[annes] R. Becher. Gesprochen vom Direktor Adolph Rodeck, verstärkt durch Sprecher-, Musik- und Gesangseinlagen; / 5. Gemeinsamer Gesang: Internationale." *(Aus: Arbeiterstimme, 01.11.1927)*

Einstimmige Annahme eines Telegramms an die Sowjetregierung:
„Sowjetregierung, Moskau. Dresdner Proletariat, Zirkus 5000 [Personen] versammelt feiert zehnten Jahrestag [der] ersten proletarischen Revolution. Brüderliche Grüße den russischen Arbeiter-Bauernmassen. Weg russischen Proletariats unser Weg, kämpfend gegen Reformismus, Kapitalismus, bis deutsche Rätemacht. Wir folgen Lenin." *(Aus: Arbeiterstimme, 07.11.1927)*

Zirkus Sarrasani in Dresden (Außen- und Innenansicht). – Im Zirkus Sarrasani findet am 6. November 1927 die Feier „10 Jahre Sowjetrußland" von KPD-Bezirk, RFB- und RFMB-Gau Ostsachsen statt

6. November RFMB-OG Pirna: Mitwirkung an der Kundgebung zum 10jährigen Bestehen der Sowjetunion (→ 25.10.1927).

7. November RFB-Abt. 5 (Laubegast): Abteilungsabend mit RFMB-Abt. 9 (Leuben) und 10 (Reick/Dobritz) 19,30 in „Meißners Restaurant". – Redner: Alfred Werner.

7. November RFMB-Abt. 9 (Leuben): Teilnahme am Abteilungsabend der RFMB-Abt. 5 (Laubegast) 19,30 Uhr in „Meißners Restaurant". – Redner: Alfred Werner.

7. November RFMB-Abt. 10 (Reick/Dobritz) Teilnahme am Abteilungsabend der RFMB-Abt. 5 (Laubegast) 19,30 in „Meißners Restaurant". – Redner: Alfred Werner.

8. November RFMB-Abt. 2 (Neustadt-West): Versammlung 19,30 Uhr im „Bürgerhof", Bürgerstraße 29. – Thema: „3. RFMB-Gaukonferenz Ostsachsen (→ 30.10.1927).

8. November RFMB-OG Radeberg: Versammlung in Baracke Jugendheim, Langestraße. – Thema: „3. RFMB-Gaukonferenz Ostsachsen (→ 30.10.1927).

9. November RFMB-Abt. 5 (Laubegast): 1-Jahres-Feier der RFMB-Abt. 5 (Laubegast) im „Ratskeller Laubegast" (→ 09.11.1926). – Theater, Konzert, Ansprache, Vorträge; Eintritt frei.

9. November RFMB-OG Groß-Dresden: Vorbereitung der 2-Jahres-Feier des RFMB (→ 02.12.1927). – Theater- und Sprechchorprobe.

12. November RFMB-OG Groß-Dresden: Vorbereitung der 2-Jahres-Feier des RFMB (→ 02.12.1927). – Theater- und Sprechchorprobe.

15. November RFMB-OG Freital: Werbeversammlung 20 Uhr in „Schwarzes Restaurant", Wilsdruffer Straße 114.

17. November RFMB-Gauleitung Ostsachsen: Bekanntgabe der Kassen- und Sprechstunden; jeweils Donnerstag 17 bis 19 Uhr bei Margarethe Kluttig, Schreibergasse 15.

17. November RFMB-Abt. 1 (Zentrum): Versammlung im „Restaurant Schmidt". – Referat: „Russische Frauen".

17. November RFMB-Abt. 3 (Striesen): Versammlung im Restaurant „Zur Erdkugel", Altstriesen 3. – Rednerin: Martha Krieger; Thema: „Kämpfende Frauen".

18. November RFMB-OG Groß-Dresden: Vorbereitung der 2-Jahres-Feier des RFMB (→ 02.12.1927). – Theater- und Sprechchorprobe.

18. November RFMB-Abt. 6 (Süd-West): Versammlung im „Bürgergarten", Lübecker Straße 16.

21. November RFMB-OG Groß-Dresden: Vorbereitung der 2-Jahres-Feier des RFMB (→ 02.12.1927). – Theater- und Sprechchorprobe.

21. November RFMB-Abt. 10 (Reick-Dobritz): Versammlung im „Gasthof Reick", Altreick 1. – Rednerin: Genossin Denkler, Radebeul.

22. November RFMB-OG Radeberg: Versammlung 19,30 Baracke Jugendheim, Langestraße. – KPD-Genossinnen sind herzlich eingeladen.

24. November RFMB-OG Groß-Dresden: Sitzung von Funktionärinnen und Betriebsarbeiterinnen im „Brandenburger Hof", Berliner Straße 26/Ecke Peterstraße.

25. November RFMB-OG Groß-Dresden: Vorbereitung der 2-Jahres-Feier des RFMB (→ 02.12.1927). – Theater- und Sprechchorprobe.

25. November RFMB-Abt. 4 (Kaitz-Strehlen): Versammlung 19,30 Uhr im „Dorotheenhof". – Referat über Frauenfragen.

25. November RFMB-OG Pirna: Versammlung im „Volkshaus", Reitbahnstraße 3.

26. November RFMB-OG Freital: Unterhaltungsabend im „Sächsischen Wolf", Dresdner Straße 53. – Rezitationen, Musik, Theater.

Der Tambourzug der RFB-Ortsgruppe Groß-Dresden (oben) und die Schalmeienkapelle der Abteilung 4 (Neustadt-Ost) der RFB-Ortsgruppe Groß-Dresden (unten) nahmen am 27. November 1927 am Werbeumzug der RFB-Abteilung 12 (Cotta) teil

27. November RFMB-OG Groß-Dresden: Teilnahme am Werbeumzug der RFB-Abteilung 12 (Cotta) mit RFB-Tambourzug Groß-Dresden und Schalmeienkapelle der RFB-Abteilung 4 (Neustadt-Ost). – Stellplatz Rathaus Cotta 9 Uhr.

28. November RFMB-Abt. 6 (Süd-West): Versammlung im „Bürgergarten", Lübecker Straße 16.

30. November RFMB-OG Groß-Dresden: Vorbereitung der 2-Jahres-Feier des RFMB (→ 02.12.1927). – Theater- und Sprechchorprobe.

30. November RFMB-Abt. 1 (Zentrum): Versammlung im „Schützenliesel".

Anfang Dezember RFMB-Gau Ostsachsen erhält von der Gemeinnützigen Bekleidungs- und Ausrüstungs-Genossenschaft e.G.m.b.H. (Gebagos), Berlin, Kleine Alexanderstraße 28, eine Preisliste für RFMB-Bundeskleidung.

„Die ‚Gebagos' ist die einzige von der Bundesleitung des RFMB. anerkannte zentrale Auslieferungsstelle vorschriftsmäßiger Bundesbekleidung! – Die Genossinnen des RFMB. sollten daher nur bei der ‚Gebagos' ihren Bedarf decken.
Preisliste für die Genossinnen des RFMB.
Bluse aus gutem haltbaren Covercoat M 7,-
Kappe aus gutem haltbaren Covercoat M 2,50
Rock, einbahnig, ganz zum Knöpfen, grün Loden M 4,50
Weiße Bluse, waschbar (sogenannte Festbluse) M 2,50
Außerdem empfehlen wir an anderen Bedarfsartikeln besonders:
Frauenwindjacke, Covercoat M 13,-
Frauenwindjacke in einfacher Ausführung (Restposten) M 8,50
Frauenwindjacke Ia Qualität M 16,-
Russenkittel mit Umlegekragen M 6,50
Frauen-Sport-Breeches-Hosen M 8,50
Sweater, grau mit rotem Kragen, beste Sportwolle M 13,50
Reformschuhe vortrefflich zum Wandern schwarz M 13,50
Reformschuhe vortrefflich zum Wandern braun M 14,50
Brotbeutel braun mit Ledereinfassung, nur am Band zu tragen M 2,75
Feldflasche Aluminium neu M 2,75
Insbesondere machen wir noch auf unsere eigene Fahnen- und Bannerherstellung aufmerksam. [...]
Genossinnen! Kauft nur bei der ‚Gebagos' und macht sie dadurch noch leistungsfähiger!"

2. Dezember Das „Ruhr-Echo" veröffentlicht Fahneneid[24] des RFMB.

„Dir Fahne rot, durchtränkt mit Proletarierblut,
Dir schwören wir, Dir unserer heiligen Flamme:
Dein sind wir bis zum letzten Tropfen Blut.
Das Feuer schürt! Es ist die Welt voll Glut!
Ihr Frauen, auf!
Aus Elend, Hunger, Not!
Zerreißt die Ketten! Schafft den Kindern Brot!
Dir Fahne rot!
Leuchtzeichen unserer Schlacht!
Dir schwören wir:
‚Wir treten an!'
Befrein die Welt vom Sklavenbann!
Dem großen Klassenkrieg sind wir geweiht!
Wir sind der Sturmschritt einer neuen Zeit!
Mädchen und Mütter seid bereit!
Wir schwören der roten Fahne den Eid!
Wir werden ihn halten bis in den Tod!
Wir marschieren unter der Fahne rot!
Rot Front!" *(Aus: Ruhr-Echo, 02.12.1927)*

2. Dezember RFMB-Gau Ostsachsen: 2-Jahres-Feier des RFMB in den „Annensälen", Fischhofplatz 10. – Theateraufführung, Sprechchor, Balalaikaspieler und Schalmeienkapelle.

„2 Jahre Roter Frauen- und Mädchenbund
Das zweijährige Bestehen des RFMB wurde am Freitag dem 2. Dezember [1927] wirkungsvoll gefeiert. An dem zahlreichen Erscheinen der proletarischen Besucher war zu erkennen, daß die Organisation des Roten Frauen- und Mädchenbundes es doch versteht, die noch fernstehenden proletarischen Arbeiterfrauen und -mädchen zu interessieren für die proletarische Bewegung. Das zeigte auch dieser Abend in den Annensälen in seinem Programm. Vorn auf der Bühne prangte groß von roten Fahnen und Tüchern umrahmt das Bild unserer 1. Bundesvorsitzenden und alten Kämpferin Clara Zetkin. Eingeleitet wurde die Feier durch die Schalmeienkapelle, welche revolutionäre Stücke zum Besten gab. Auch die Balalaikatruppe hatte sich sehr gut dem Programm angepaßt, so das wohl jedes auf seine Kosten kam. Wuchtig war die Rezitation vom Genossen Bachmann, die wohl jedem zu Herzen gehen mußte. Ebenso feuerte eine Genossin mit einer Rezitation die Frauen und Mädchen an, ihre Lage zu übersehen und aufzuwecken von ihrem Stumpfsinn. Genossin Olga Körner zeigte in ihrer Ansprache in schlichten klaren Worten die Notwendigkeit einer Aufklärung der Frauen und Mädchen, um diese jederzeit in den Reihen der Kämpfenden zu finden. Die Reaktion zwingt der Arbeiterschaft Kämpfe auf, die nicht ohne die Hilfe der Frauen durchgefochten werden können, das zeigte der Kampf der Eisenbahner und Tabakarbeiter und -arbeiterinnen. Daß der Rote

24 zum Fahneneid siehe auch 3. Dezember 1926 und 10.-12. Februar 1928

Frauen- und Mädchenbund auf dem richtigen Wege ist, die arbeitenden Frauen zu erfassen, zeigt die stetig wachsende Zahl der Mitgliedschaft. Reicher Beifall zeigte, daß die Genossin verstanden wurde. Im gleich Sinne machte auch Genosse Hoop Ausführungen im Namen der KPD.
Den zweiten Teil füllte nun neben noch einigen gut gespielten Musikstücken der Balalaikatruppe ein revolutionäres Theaterstück: ‚10 Jahre Sowjetrußland.', unter Mitwirkung des gesamten Sprechchores. Dieses Stück zeigte nun in Wort und Bild, wie sich unsere russischen Brüder und Schwestern in Fabriken und Staat ihre Macht hart erkämpfen mußten unter Aufbietung aller zur Verfügung stehenden Kräfte, und daß die Hauptsorge der Arbeiter und Arbeiterinnen dem Wohl und Wehe der Kinder galt. –
Man kann sagen, daß sich alle Teilnehmer am Spiele des Theaterstücks rechte Mühe gaben, den Sinn so recht zum Ausdruck zu bringen, und es ist ihnen gelungen, ihr Bestes zu geben. Möge es mit dazu beitragen, auch bei uns in Deutschland bald soweit zu sein, um einen Sowjetstaat errichten zu können. Mächtig erscholl am Ende des Spieles der Gesang der Internationale. Imposant war noch im ersten Teil des Abends das Auftreten des Jungspartakus, als er in wirkungsvoller Form [...] [forderte], nur die Trommel den Arbeiterkindern, die einzige Arbeiter-Kinderzeitung, zu lesen zu geben. Die Schalmeienkapelle gab zum Schluß der Veranstaltung noch paar Märsche zum Besten. Zu wünschen wäre nun, daß all die anwesenden indifferenten Frauen und Mädchen aus dem Gesehenen und Gehörten nun das herausnehmen, was für sie wichtig ist, nämlich, sich einzureihen in die Reihen der kämpfenden Proletarierinnen, um zu erkämpfen ein besseres Los für Mutter und Kind, mehr Schutz für Arbeiterinnen und Abschaffung der Abtreibungsparagraphen 218/219. Deshalb tretet ein in den Roten Frauen- und Mädchenbund." *(Aus: Arbeiterstimme, 07.12.1927)*

3. Dezember RFMB-OG Bautzen: Versammlung 19,30 Uhr in „Schulzes Restaurant". – Redner: Alfred Werner, Dresden; Thema: „Die Frau in der Gewerkschaft".

6. Dezember RFMB-Abt. 2 (Neustadt-West): Versammlung 19,30 Uhr im „Bürgerhof", Bürgerstraße 29. – Thema: „3. RFMB-Gaukonferenz Ostsachsen" (→ 30.10.1927).

7. Dezember RFB-Abt. 5 (Laubegast): Versammlung 19,30 Uhr in „Meißners Restaurant".

7. Dezember RFMB-Abt. 10 (Reick-Dobritz): Versammlung beim Genossen Berger in Seidnitz.

9. Dezember RFMB-OG Groß-Dresden: Versammlung zur Werbung für den Sprechchor.

9. Dezember Gründung der RFMB-OG Demitz-Thumitz bei einer Versammlung der RFB-OG in der Gaststätte „Zum Klosterberg". – Vortrag: „Die Rote Armee".

11. Dezember Versuch der Gründung der RFMB-OG Struppen. – Die RFMB-OG wird nicht gegründet (→ 13.10.1928).

„18 Uhr [RFB-]Hauptversammlung im Gasthof Bergschlößchen [...] / Punkt 20 Uhr müssen die Frauen und Mädchen da sein zwecks Gründung einer Frauen- und Mädchengruppe." *(Aus: Arbeiterstimme, 10.12.1927)*

12. Dezember RFMB-Gau Ostsachsen: Sitzung der Erweiterten RFMB-Gauleitung Ostsachsen 19,30 Uhr im „Brandenburger Hof" in Dresden, Berliner Straße 26/Ecke Peterstraße. – Redner: Landtagsabgeordneter Bruno Siegel (KPD). – Teilnehmer: RFMB-Funktionärinnen, RFMB-Abteilungsleiterinnen und RFMB-Kassiererinnen.

13. Dezember RFMB-Abt. 3 (Striesen): Öffentliche Frauenversammlung 17 Uhr im „Volkshaus Dresden-Ost", Schandauer Straße 73. – Rednerin: Frida Krummreich (Russland-Delegierte, Firma Jasmatzi); Thema: "Meine Erlebnisse in Sowjetrußland".

13. Dezember RFMB-Abt. 6 (Süd-West): Versammlung im „Bürgergarten", Lübecker Straße 16. – Rednerin: Elisabeth Sparschuh; Thema: „Revolutionäre Frauen".

13. Dezember RFMB-Abt. 8 (Neustadt-Ost): Versammlung im „Antonstädter Kasino".

14. Dezember RFMB-OG Freital: Öffentliche Versammlung 19,30 Uhr im „Eiskeller", Hainsberg. – Rednerin: Frida Krummreich; Thema: „Meine Erlebnisse in Sowjetrußland". – Stellen 18,45 Uhr am „Sächsischen Wolf", Dresdner Straße 53.

16. Dezember RFMB-OG Groß-Dresden: Große Öffentliche Versammlung in den „Annensälen", Fischhofplatz 10. – Russland-Delegierte, unter ihnen Frida Krummreich, berichten über ihre Erlebnisse in Sowjetrussland. – Eintritt 20 Pf.

16. Dezember RFMB-OG Pirna: Versammlung 19,30 Uhr im „Volkshaus", Reitbahnstraße 3.

17. Dezember RFMB-Abt. 10 (Reick-Dobritz): Treffen mit RFB- und KPD-Mitgliedern zur Sprechchorprobe für die Wintersonnenwendfeier (→ 30.12.1927).

19. Dezember RFMB-OG Groß-Dresden: Teilnahme an der Sprechchorprobe proletarischer Organisationen für die Lenin-Liebknecht-Luxemburg-Kundgebung (→ 22.01.1928).

20. Dezember RFMB-OG Radeberg: Versammlung 19,30 Uhr Baracke Jugendheim, Langestraße.

29. Dezember RFMB-Abt. 1 (Zentrum): Versammlung im „Restaurant Flemminghof", Flemmingstraße 15.

30. Dezember RFMB-Abt. 10 (Reick-Dobritz): Wintersonnenwendfeier mit KPD und RFB im „Gasthof Reick", Altreick 1.

30. Dezember RFMB-OG Pirna: Versammlung im „Volkshaus", Reitbahnstraße 3.

3.4 1928

3. Januar RFMB-OG Radeberg: Versammlung in Baracke Jugendheim, Lange Straße. – Gäste willkommen.

4. Januar RFMB-Abt. 9 (Leuben): Versammlung mit RFMB-Abt. 10 (Reick-Dobritz) 19,30 Uhr im „Gasthof Dobritz", Pirnaer Landstraße 28.

4. Januar RFMB-Abt. 10 (Reick-Dobritz): Teilnahme an der Versammlung der RFMB-Abt. 9 (Leuben) 19,30 Uhr im „Gasthof Dobritz", Pirnaer Landstraße 28.

4. Januar RFMB-OG Freital: Versammlung 19,30 Uhr im IAH-Kinderheim.

5. Januar RFMB-OG Groß-Dresden: Teilnahme an den Vorbereitungen für die Lenin-Liebknecht-Luxemburg-Kundgebung im Zirkus Sarrasani (→ 22.01.1928).

„Alle Gruppen [der RFMB-OG Groß-Dresden] schicken mindestens 3 Genossinnen pünktlich um 19,30 Uhr nach dem ‚Bürgergarten' in Dresden-Löbtau [Lübecker Straße 16] zur Übung des Sprechchores." *(Aus: Arbeiterstimme, 04.01.1928)*

6. Januar RFMB-Gau Ostsachsen: Sitzung der Erweiterten RFMB-Gauleitung mit den RFMB-Abteilungsleiterinnen 20 Uhr im „Brandenburger Hof" in Dresden, Berliner Straße 26/Ecke Peterstraße.

6. Januar RFMB-OG Pirna: Unterhaltungsabend 19,30 Uhr im „Volkshaus", Reitbahnstraße 3.

6. Januar RFMB-OG Lockwitz: Vollversammlung mit RFB 19,30 Uhr im „Unteren Gasthof", Lugaer Straße 71.

9. Januar RFMB-Abt. 5 (Laubegast): Versammlung 20 Uhr in „Meißners Restaurant".

10. Januar RFMB-OG Groß-Dresden: Teilnahme an den Vorbereitungen zur Lenin-Liebknecht-Luxemburg-Kundgebung (→ 22.01.1928), u.a. Mitwirkung im Sprechchor.

11. Januar RFMB-Abt. 1 (Zentrum): Versammlung im „Restaurant Flemminghof", Flemmingstraße 15. – Vortrag; Liederbücher mitbringen.

11. Januar RFMB-Abt. 3 (Striesen): Versammlung im Restaurant „Zur Erdkugel", Altstriesen 3. – Rednerin: Elisabeth Sparschuh.

12. Januar RFMB-OG Groß-Dresden: Teilnahme an den Vorbereitungen zur Lenin-Liebknecht-Luxemburg-Kundgebung (→ 22.01.1928), u.a. Mitwirkung im Sprechchor.

13. Januar RFMB-OG Groß-Dresden: Teilnahme an der „Proletarischen Winterfeier" in Dresden, Faunpalast, Leipziger Straße 76. – Mitwirkende: Mandolinenverein „Harmonie" und „Die Roten Trommler".

13. Januar RFMB-OG Löbau: Mitglieder u.a.: Hilde Stiefler (Leiterin), ... Berschke, Metha Biehle, Hilde Ellmann, Berta Haase, Hedwig Hofmann, Anna Loebe, Martha Lukas, Hedwig Roßburg, ... Tüting.

„Der RFMB wird geleitet von der Genossin Hilde Stiefler, eine Betriebsarbeiterin bei Geb.[rüder] Müller. Im RFMB, der etwa 9 Mitglieder stark ist, muß eine stärkere politische Arbeit erfolgen, da die Gefahr besteht, daß die Mitglieder davonlaufen." *(Aus: Bericht KPD-Unterbezirk Ebersbach, 13.01.1928)*

15. Januar RFMB-OG Freital: Teilnahme an der Lenin-Liebknecht-Luxemburg-Feier 20 Uhr im „Sächsischen Wolf", Dresdner Straße 53.

16. Januar RFMB-OG Heidenau: Generalversammlung 20 Uhr im Café Schwäbe, Bismarckstraße 24.

17. Januar RFMB-OG Groß-Dresden: Teilnahme an den Vorbereitungen zur Lenin-Liebknecht-Luxemburg-Kundgebung (→ 22.01.1928), u.a. Mitwirkung im Sprechchor.

Aufmarschplan (Ausschnitt) für die Lenin-Liebknecht-Luxemburg-Kundgebung von KPD, RFB, RFMB und weiteren proletarischen Organisationen am 22. Januar 1928 in Dresden (Aus: Arbeiterstimme, 19.01.1928)

Anzeige „Faunpalast Stadt Leipzig" in Dresden, Leipziger Straße 76 (Aus: 1. Rotes Sachsentreffen [...] 1927 in Dresden, Dresden 1927)

17. Januar RFMB-Abt. 2 (Neustadt-West): Versammlung 19,30 Uhr im „Bürgerhof", Bürgerstraße 29. – Redner: Bruno Goldhammer; Thema: „Lenin".

18. Januar RFMB-Abt. 6 (Süd-West): Vollmitgliederversammlung im „Bürgergarten", Lübecker Straße 16. – Einberuferin: Helene Haberland. – Tagesordnung: 1. Vorbereitung der Internationalen Frauenwoche; 2. Organisatorisches; 3. Kassenangelegenheiten.

19. Januar RFMB-OG Groß-Dresden: Teilnahme an den Vorbereitungen zur Lenin-Liebknecht-Luxemburg-Kundgebung (→ 22.01.1928), u.a. Mitwirkung im Sprechchor.

19. Januar Veröffentlichung des Aufmarschplanes von KPD, RFB, RFMB, RH, RJ, KJ und JSB zur Lenin-Liebknecht-Luxemburg-Kundgebung (→ 22.01.1928) in Dresden.

20. Januar RFMB-OG Groß-Dresden: Fraktionssitzung im „Brandenburger Hof", Berliner Straße 26/Ecke Peterstraße. – Teilnahme nur RFMB-Mitglieder, die auch Mitglied der KPD sind. Als Ausweis gelten die Mitgliedsbücher.

20. Januar RFMB-OG Groß-Dresden: Anweisung an Teilnehmerinnen der Lenin-Liebknecht-Luxemburg-Kundgebung (→ 22.01.1928).

„Stellen […] in den Stadtteilen. Alle Kameradinnen erscheinen in weißer Bluse und Mütze." *(Aus: Arbeiterstimme, 20.01.1928)*

22. Januar RFMB-OG Groß-Dresden: Teilnahme an der Lenin-Liebknecht-Luxemburg-Kundgebung im Zirkus Sarrasani (Aufmarschplan → 19.01.1928) – Ansprache: Reichstagsabgeordneter Siegfried Rädel (KPD); Mitwirkung: 80 Mann starker Sprechchor, Kurt Richter am Flügel und Schauspieler Koch.

„Die Teilnahme der Dresdner werktätigen Bevölkerung an der Lenin-Liebknecht-Luxemburg-Kundgebung übertraf, wie bei der ‚10 Jahre Sowjetunion-Feier' alle Erwartungen. Eine Woche lang hatte von den Plakatsäulen im Innern der Stadt der ermordete Prolet (ein Holzschnitt des bekannten Dresdner Künstlers [Wilhelm] Lachnit) die mahnende Faust den Betrachtern entgegengestreckt, […] [Auf der Bühne des Zirkus Sarrasani] „mahnte wieder der Tote, diesmal als riesige Zeichnung, zum Kampf. Liebknechts Ruf: ‚Trotz alledem!' leuchtete auf roten Grunde in weißer Schrift vom Vorhang. Der Einmarsch der Organisationen des RFB, der Jungfront, des RFMB, des Jungspartakusbundes und der Jugend vollzog sich in militärischer Ordnung. / Jede Delegation wurde mit Beifall der Massen empfangen. Feierliche Stille trat ein, als, verdeckt durch den Vorhang, dumpfer Trommelwirbel erklang und der Sprechchor ‚Senket die roten Fahnen!' ertönen ließ. Die Fahnen der Abteilungen und Gruppen, deren Träger vorher sich um die Bühne gruppiert hatten, neigten sich. Eine Weile hielt

Ansichtskarte mit den Porträts von Karl Liebknecht, Wladimir Iljitsch Lenin und Rosa Luxemburg

alles den Atem an, bis bei den Klängen des russischen Trauermarsches die 5000 Menschen spontan sich von den Plätzen erhoben und entblößten Hauptes stehend die erschütternden und aufwühlenden Klänge aufnahmen. ‚Lenin ist tot!' – der Aufschrei der roten Millionen wurde dann vom Schauspieler Koch (Komödie) mit Untermalung durch Tambourzug und Sprechchor vorgetragen, und das Sprechchorwerk ‚Liebknecht – Luxemburg ist tot!' Dann ergriff das Wort zur Ansprache der ostsächsische Reichstageabgeordnete Siegfried Rädel [KPD]." *(Aus: Arbeiterstimme, 23.01.1928)*

24. Januar RFMB-OG Groß-Dresden: Vollmitgliederversammlung 20 Uhr im „Brandenburger Hof", Berliner Straße 26/Ecke Peterstraße. – Tagesordnung: 1. Vortrag des Genossen Willy Schneider; 2. Vorarbeiten für die Internationale Frauenwoche (→ 03.–08.03. 1928).

Trauermarsch der Russischen Revolution („Unsterbliche Opfer, ihr sanket dahin") (Aus: Rot Front. Neues Kampfliederbuch, Berlin 1925, S. 44)

25. Januar RFMB-Abt. 3 (Striesen): Teilnahme an der Trauerfeier für die verstorbene RFMB-Funktionärin Käte Gotthardt 17,30 Uhr im Krematorium [Dresden-Tolkewitz].

„Nachruf! Am Sonnabend, den 21. Januar [1928] verstarb unsere Kameradin Käte Gotthardt im 22. Lebensjahr kurz nach Arbeitsbeginn an den Folgen eines Schlaganfalls. / Wir verlieren in ihr eine aktive Funktionärin des Roten Frauen- und Mädchenbundes. Käte Gotthardt wird trotz alledem in den Reihen der revolutionären Frauen und Mädchen weiterleben." *(Aus: Arbeiterstimme 24.01.1928)*

25. Januar RFMB-OG Freital: Generalversammlung 19,30 Uhr im IAH-Kinderheim.

26. Januar RFMB-OG Zschachwitz: Unterhaltungsabend 19,30 Uhr im Gasthof Groß-Zschachwitz. – Gertrud Strzelewicz liest aus „Oktober" von Larissa Reissner. – Mitgliedsbücher mitbringen.

27. Januar RFMB-OG Pirna: Versammlung 20 Uhr im „Volkshaus", Reitbahnstraße 3. – Kontrolle der Mitgliedsbücher.

28. Januar RFMB-OG Groß-Dresden: Unterhaltungsabend in den „Annensälen", Fischhofplatz 10.

28. Januar RFMB-Abt. 6 (Süd-West): Teilnahme am Werbeabend des RFB in „Braunes Gasthof" in Dölzschen, Pesterwitzer Straße 6.

29. Januar RFMB-Abt. 2 (Neustadt-West): Teilnahme mit weiteren proletarischen Organisationen an Demonstration und Lenin-Liebknecht-Luxemburg-Feier in Reichenberg.

30. Januar RFMB-Abt. 5 (Laubegast): Versammlung in „Meißners Restaurant". – Gertrud Strzelewicz liest aus „Oktober" von Larissa Reissner.

31. Januar RFMB-OG Radeberg: Versammlung in Baracke Jugendheim, Langestraße. – Erscheinen Pflicht, Gäste mitbringen!

1. Februar RFMB-Abt. 10 (Reick-Dobritz): Versammlung bei Genossin Berger in Dobritz.

2. Februar RFMB-Abt. 4 (Kaitz-Strehlen): Beginn eines Russlandkursus 19,30 Uhr bei Genossin Tornau, Friebelstraße 58. Fortsetzung am 16. Februar 1928. – Rednerin: Helene Glatzer, RFMB-Gauleiterin Ostsachsen.

8. Februar RFMB-Abt. 1 (Zentrum): „Äußerst wichtige" Versammlung im „Restaurant Flemminghof", Flemmingstraße 15. – Redner: Genosse Hellmut; Thema: „Was will der Jungspartakusbund?"

8. Februar RFMB-Abt. 3 (Striesen): Versammlung im Restaurant „Zur Erdkugel", Altstriesen 3. – Rednerin: Martha Krieger.

8. Februar RFMB-OG Freital: Versammlung 19,30 Uhr im IAH-Kinderheim. Besprechung der Quartierkommission für das 1. RFMB-Gautreffen Ostsachsen (→ 03./04.03.1928) in Freital.

9. Februar RFMB-OG Groß-Dresden: Vorbereitung der Internationalen Frauenwoche (→ 03.–08.03.1928).

„Achtung Sprechchor! / Alle Gruppen sind verpflichtet, mindestens fünf Genossinnen für den Sprechchor für die Internationale Frauenwoche im März [→ 03.–08.03.1928] freizustellen. Erste Probe am 9. Februar im ‚Bürgergarten' Löbtau [Lübecker Straße 16] um 19,30 Uhr. / Die Genossinnen sind für diese Zeit von jeglicher anderen Parteiarbeit zu befreien." *(Aus: Arbeiterstimme, 07.02.1928)*

10. Februar RFMB-OG Demitz-Thumitz: 19 Uhr Versammlung in „Schramms Gasthof". – Thema: „Die russische Revolution".

10. Februar RFMB-OG Zschachwitz: Versammlung 19,30 Uhr im „Gasthof Zschachwitz".

10.–12. Februar 2. RFMB-Reichskongress in Berlin.

„Die Front der proletarischen Frauen
Eröffnung der 2. Reichskonferenz [Reichskongreß] des RFMB
Mit einer Riesenkundgebung wurde gestern Abend [10.02.1928] die 2. Reichskonferenz [Reichskongreß] des Roten Frauen- und Mädchenbundes in den Berliner Pharussälen eröffnet. Nach einem wuchtigen Appell der zweiten Bundesführerin an alle noch abseits stehenden Frauen wurden Grüße aus den Kampfgebieten überbracht, und zwar durch die Genossin Leibrecht-Halle für die mitteldeutschen Metallarbeiter, durch Genossen Winter-Leipzig für die kämpfenden Hüttenarbeiter. Genossin Ebert berichtete über den Stand des Hamburger Wahlkampfes. Nach dem gemeinsam gesprochenen Roten Fahneneid[25] erklang die von den Jungarbeitern gespielte 5. Sinfonie von Beethoven, und zum Schluß brauste die von Tausenden gesungene ‚Internationale' durch die beiden völlig überfüllten Säle auf die Straße hinaus." *(Aus: Arbeiterstimme, 11.02.1928)*

25 Zum Fahneneid siehe auch 3. Dezember 1926 und 2. Dezember 1927.

13. Februar RFMB-Abt. 5 (Laubegast): Unterhaltungsabend 19,30 Uhr im „Steirischen Hof". – Lesung von Gertrud Strzelewicz aus „Oktober" von Larissa Reissner.

15. Februar RFMB-OG Groß-Dresden: Vollmitgliederversammlung 19,30 Uhr im ‚Brandenburger Hof', Berliner Straße 26/Ecke Peterstraße. – Thema: „2. RFMB-Reichskongreß in Berlin" (→ 10.–12.02.1928).

15. Februar RFMB-OG Pirna: Versammlung 20 Uhr im „Volkshaus", Reitbahnstraße 3.

16. Februar RFMB-OG Groß-Dresden: Vorbereitung der Internationalen Frauenwoche (→ 03.–08.03.1928), u.a. Mitwirkung im Sprechchor (→ 09.02.1928).

16. Februar RFMB-OG Groß-Dresden: Teilnahme an der Vorbereitung der „Zehn-Jahr-Feier der Roten Armee" (→ 24.02.1928). – Treffen des Sprechchores (neu bezeichnet als „Propagandatruppe proletarischer Organisationen") 19,30 Uhr im „Bürgergarten", Lübecker Straße 16.

16. Februar RFMB-Abt. 4 (Kaitz-Strehlen): Fortsetzung des am 2. Februar begonnenen Russlandkursus 19,30 Uhr bei Kameradin Dietze, Lockwitzer Straße 33. – Rednerin: Helene Glatzer, RFMB-Gauleiterin Ostsachsen.

16. Februar RFMB-Abt. 10 (Reick-Dobritz): Öffentlicher Frauenabend. – Rezitationen von Gertrud Strzelewicz und Lieder zur Laute.

16. Februar RFB-OG Zschachwitz: Ankündigung des Konzertabends mit dem RFB-Blasorchester Pirna in der „Goldenen Krone" (→ 18.02.1928).

„Die hiesige Ortsgruppe des Roten Frontkämpferbundes veranstaltet am Sonnabend dem 18. Februar, 19 Uhr, in der Goldenen Krone [...] einen Konzertabend mit anschließendem Tanz. – Um im Konzert etwas wirklich Gutes und Proletarisches zu bieten, ist dafür das Blasorchester des RFB Pirna gewonnen worden, welches, 25 Mann stark, unter bewährter Leitung des Kameraden Richard Häschel die Garantie bietet, einen genußvollen Abend jedem Besucher zu verschaffen. Außer Tanz findet noch eine reichhaltige Warenlotterie statt [...] Der Einlaß erfolgt 18 Uhr, Eintritt beträgt 60 Pf., für Erwerbslose 40 Pf." *(Aus: Arbeiterstimme, 16.02.1928)*

18. Februar RFMB-OG Zschachwitz: Teilnahme am Konzertabend des RFB mit dem RFB-Blasorchester der RFB-Ortsgruppe Pirna in der „Goldenen Krone" (→ 16.02.1928).

Blasorchester der RFB-Ortsgruppe Pirna unter Leitung von Richard Häschel, 1928

19. Februar RFMB-Gau Ostsachsen: Konferenz der Kassiererinnen in Dresden, „Stadtcafé" am Postplatz.

19. Februar RFMB-OG Freital: Versammlung im IAH-Kinderheim. – Thema: „2. RFMB-Reichskongress in Berlin" (→ 10.–12.02.1928).

21. Februar RFMB-OG Bischofswerda: Versammlung mit RFB-OG-Bischofswerda 21 Uhr im „Napoleonstein". – Thema: „3. RFMB-Gaukonferenz in Dresden" (→ 30.10.1927).

22. Februar RFMB-Abt. 1 (Zentrum): Unterhaltungsabend im „Restaurant Flemminghof", Flemmingstraße 15. – Zeitungsleser und Sympathisierende sind herzlich eingeladen.

22. Februar RFMB-Abt. 3 (Striesen): Frauen-Werbeveranstaltung in „Adlers Vereinshaus", Tolkewitzer Straße. – Rednerin: Olga Körner; Thema: „Internationale Frauenwoche". – Rezitationen: Gertrud Strzelewicz.

24. Februar
RFMB-OG Groß-Dresden: Teilnahme an der „Zehn-Jahr-Feier der Roten Armee" im „Kristallpalast", Schäferstraße 45. – Redner: Willy Leow, 2. Bundesvorsitzender des RFB.

„Massenkundgebung für die Rote Armee im Kristallpalast Dresden
[…] Schon bevor der große Zug des RFB, der den zweiten Bundesvorsitzenden, Kam. Leow, am Bahnhof empfing, eingetroffen war, war der große Saal des Kristallpalastes [Schäferstraße 45] bis auf den letzten Platz besetzt. Rot geschmückt waren Tribüne und Empore. ‚Tod dem Faschismus!', ‚Es lebe die Sowjetunion!', ‚Hinein in die Rote Front!' und ‚Rot Front!' leuchtete in weißer Schrift von rotem Grunde. Sofort nach dem Eintreffen des Zuges, an dessen Spitze Leow und der ostsächsische Gauführer [Gustav] Schiefelbein marschierten, war der Raum überfüllt. Die Klänge der Schalmeienkapelle leiteten die Kundgebung ein. Als dann Kamerad [Gustav] Schiefelbein in der Begrüßungsansprache die Mahnung des Genossen Kurt Sindermann aus Moskau übermittelte, nicht den frechen Lügen und Verleumdungen der Dresdner sozialdemokratischen Presse von der ‚Hungersnot in Rußland' glauben zu schenken und sich verwirren zu lassen, sondern fest zur Sowjetunion und zu ihrer Führerin, der Kommunistischen Internationale, zu stehen, erhoben sich die Massen zu einem donnernden Rot-Front-Ruf. Die Schalmeien stimmten ‚Brüder zur Sonne …' an. Der weißhaarige Genosse Strzelewicz trug darauf mit dem ihm eigenen jugendlichen Feuer Gedichte zu Ehren der Zehnjahresfeier der großen Arbeiter- und Bauernarmee vor, die stürmischen Beifall fanden. Darauf folgte der Lichtbildervortrag, der in über 60 guten Aufnahmen eine Übersicht über die Entwicklung der Roten Armee gab. Den Höhepunkt der Kundgebung bildete die Ansprache des zweiten Bundesführers Leow, deren Kern in der Aufzeichnung der Geschichte der Roten Armee als Teil der Geschichte des russischen Arbeiter- und Bauernstaates, als Ausdruck der proletarischen Diktatur bestand. […] *(Aus: Arbeiterstimme, 25.02.1928)*

Werbung zur Teilnahme an der „Zehn-Jahr-Feier der Roten Armee" am 24. Februar 1928 im „Kristallpalast" in Dresden, Schäferstraße 45 (Aus: Arbeiterstimme, 24.02.1928)

24. Februar RFB-Abt. 5 (Laubegast): Versammlung im „Ratskeller Laubegast". – Bericht der Russland-Delegierten Frida Krummreich über ihre Reiseerlebnisse.

24. Februar RFMB-OG Pirna: Jahreshauptversammlung 20 Uhr im „Volkshaus", Reitbahnstraße 3.

27. Februar RFMB-OG Groß-Dresden: Die RFMB-Mitglieder Martha Lewinsohn und Elisabeth Sparschuh fahren auf Einladung russischer Arbeiterinnen aus Smolensk in die Sowjetunion.

„[Rudolf] Renner hält es für angebracht, bei der Frage der Delegationen nach Rußland darauf hinzuweisen, daß private Delegationen (RFMB) nicht zur Praxis werden sollen. / Olga Körner: Der RFMB wurde von Smolensk zur Organisierung des Internationalen Frauentages eingeladen. Da die Sache eilte, wurden von der Abteilung [Frauenarbeit der KPD-Bezirksleitung Ostsachsen] 2 Genossinnen bestimmt. Wir sehen ein, daß dieser Weg nicht richtig ist. Die Partei [KPD] hätte die Gauleitung des RFMB verständigen müssen. / [Martin] Hoop ist der Meinung, daß die beiden Delegierten nicht so ausgewertet werden können, wie es sein müßte." *(Aus: Protokoll der Sitzung der engeren KPD-Bezirksleitung Ostsachsen, 10.03.1928)*

28. Februar RFMB-OG Radeberg: Versammlung in Baracke Jugendheim, Langestraße.

29. Februar RFMB-Gau Ostsachsen: Vorbereitung des 1. RFMB-Gautreffens in Freital (→ 03./04.03.1928).

„Alle Genossinnen aus den Ortsgruppen [des RFMB-Gaues Ostsachsen], die am 3. März zu dem Treffen des RFMB nach Freital fahren, müssen sofort die Zahl der Quartiere melden bei [Margarethe] Kluttig, Schreibergasse. Quartiere sind genügend vorhanden. / Alle Fahnen, Transparente mitbringen." *(Aus: Arbeiterstimme, 29.02.1928)*

29. Februar RFMB-Abt. 6 (Süd-West): Unterhaltungsabend im „Bürgergarten", Lübecker Straße 16. – Parteigenossen und Sympathisierende willkommen.

Ende Februar RFMB-Gau Ostsachsen: Grußwort an eine RHD-Konferenz in Dresden, auf der eine russische Freundschaftsfahne aus dem Bezirk Kurgan übergeben wird.

1. März RFMB-Gau Ostsachsen: Vorbereitung des 1. RFMB-Gautreffens in Freital (→ 03./04.03.1928).

„Heraus zum Empfang der auswärtigen RFMB-Genossinnen! Sonnabend den 3. März nachmittags 15 Uhr ‚Goldener Löwe'. Abends im selben Lokal Kommers. Beginn 19,30 Uhr. – Sonntag den 4. März früh 7 Uhr: Weckruf [...] Hauptstellplatz: „Goethegarten", Freital 2, Abmarsch: 13 Uhr" *(Aus: Arbeiterstimme, 01.03.1928)*

Abzeichen der Roten Hilfe Deutschlands (RHD)

3./4. März 1. RFMB-Gautreffen Ostsachsen in Freital.

„Am vergangenen Sonntag [04.03.1928] veranstaltete der RFMB Ostsachsen sein Bezirkstreffen [1. Gautreffen] in Freital. Im Goldenen Löwen [Untere Dresdner Straße 91] fand am Sonnabend [03.03.1928] ein Kommers statt. Der Besuch war gut. Genossin Gertrud Strzelewicz brachte ein dem Tage entsprechend gutes Programm zum Vortrag. Besonders wurde der Kampf gegen den imperialistischen Krieg behandelt sowie die Bedeutung der Frauenwoche. Anschließend sprach Genossin [Martha] Krieger. Sie legte in klaren Worten Zweck und Ziele des RFMB dar. Das Programm des Abends wurde noch durch die Freitaler Schalmeienkapelle verschönert. Am Sonntag früh fand in ganz Freital großes Wecken, 13 Uhr vom Goetheplatz aus die Demonstration statt. Die Teilnehmerzahl betrug mehr als 600 Personen, davon waren etwa 400 Frauen. Der Zug, der viele rote Fahnen und Transparente mit sich führte, bewegte sich unter guter Kampfstimmung durch Freital. Alles in allem kann gesagt werden, daß das Ostsachsentreffen [1. Gautreffen] des RFMB gut gelungen ist. Es war ein guter Auftakt zur Frauenwoche." *(Aus: Arbeiterstimme, 08.03.1928)*

„Etwa 600 Personen nahmen [...] an einem Bezirkstreffen [1. RFMB-Gautreffen Ostsachsen] in Freital teil. [...] sprach die Oberlehrerswitwe Martha Krieger (Dresden, die dem Bund [RFMB] angehört) über Zweck und Ziel des R.F.M.B. / Gertrud Strzelewicz sorgte für den Unterhaltungsteil." *(Aus: Bericht Sächsisches Ministerium des Innern, 24.04.28)*

Schalmeienkapelle der RFB-Ortsgruppe Freital. – „Das Programm des Abends [Kommers am 3. März 1928 zum 1. RFMB-Gautreffen Ostsachsen] wurde noch durch die Freitaler Schalmeienkapelle verschönert." (Aus: Arbeiterstimme, 08.03.1928)

3./4. März RFMB-OG Pirna: Teilnahme am 1. RFMB-Gautreffen Ostsachsen in Freital. – Abfahrt nach Freital Sonnabend 17,56 Uhr, Sonntag 11,14 Uhr.

3.–8. März Internationale Frauenwoche. – RFMB-Gau Ostsachsen organisiert fünf Veranstaltungen: Freital, „Goldener Löwe", Untere Dresdner Straße 91 (→ 03.03.1928, 04.03.1928); Dresden-Leuben, „Gasthof Leuben", Pirnaer Landstraße 131 (→ 06.03. 1928); Dresden-Striesen, „Volkshaus Dresden-Ost", Schandauer Straße 73 (→ 07.03. 1928); Dresden-Altstadt, „Künstlerhaus" (→ 08.03.1928).

3. März RFMB-Gau Ostsachsen: (1.) Veranstaltung zur Internationalen Frauenwoche (→ 03.–08.03.1928) in Freital, „Goldener Löwe", Untere Dresdner Straße 91.

4. März RFMB-Gau Ostsachsen: (2.) Veranstaltung zur Internationalen Frauenwoche (→ 03.–08.03.1928) in Freital, „Goldener Löwe", Untere Dresdner Straße 91.

4. März Übergabe einer Fahne des RFMB-Gaues Ostsachsen durch die Dresdner RFMB-Mitglieder Elisabeth Sparschuh und Martha Lewinsohn an russische Arbeiterinnen auf einer Gouvernements-Frauenkonferenz in Smolensk (Sowjetunion).

6. März RFMB-Abt. 9 (Leuben): Veranstaltung mit RFMB-Abt. 5 (Laubegast), 10 (Reick-Dobritz) und RFMB-OG Zschachwitz zur Internationalen Frauenwoche (→ 03.–08.03. 1928) im „Gasthof Leuben", Pirnaer Landstraße 131. – Lichtbildervortrag.

6. März RFMB-Abt. 5 (Laubegast): Teilnahme an Veranstaltung der RFMB-Abt. 9 (Leuben), RFMB-Abt. 10 (Reick-Dobritz) und RFMB-OG Zschachwitz zur Internationalen Frauenwoche (→ 03.–08.03.1928) im „Gasthof Leuben", Pirnaer Landstraße 131. – Lichtbildervortrag.

6. März RFMB-Abt. 10 (Reick-Dobritz): Teilnahme an Veranstaltung der RFMB-Abt. 5 (Laubegast), RFMB-Abt. 9 (Leuben) und RFMB-OG Zschachwitz zur Internationalen Frauenwoche (→ 03.-08.03.1928) im „Gasthof Leuben", Pirnaer Landstraße 131. – Lichtbildervortrag.

6. März RFMB-OG Zschachwitz: Teilnahme an Veranstaltung der RFMB-Abt. 5 (Laubegast), RFMB-Abt. 9 (Leuben) und RFMB-Abt. 10 (Reick-Dobritz) zur Internationalen Frauenwoche (→ 03.–08.03.1928) im „Gasthof Leuben", Pirnaer Landstraße 131. – Lichtbildervortrag.

6. März RFMB-OG Freital: Versammlung 19,30 Uhr im „Sächsischen Wolf", Dresdner Straße 53.

7. März RFMB-Abt. 1 (Zentrum): Versammlung im „Restaurant Flemminghof", Flemmingstraße 15."

7. März RFMB-Abt. 3 (Striesen): Veranstaltung zur Internationalen Frauenwoche (→ 03.– 08.03.1928) im „Volkshaus Dresden-Ost", Schandauer Straße 73.

8. März RFMB-OG Groß-Dresden: Teilnahme von RFMB-Abteilungen, u.a. RFMB-Abt. 1 (Zentrum) und RFMB-Abt. 6 (Süd-West) an der Internationalen Frauenkundgebung 19 Uhr im Künstlerhaus, Grunaer Straße. – Stellen 18,30 Uhr Fischhofplatz.

10. März RFMB-OG Bautzen: Werbe- und Theaterabend. – Rednerin: Landtagsabgeordnete Rosi Wolfstein (KPD), Berlin; Thema: „Der Kampf der Frau ums Dasein".

13. März RFMB-OG Radeberg: 19,30 Uhr Versammlung in Baracke Jugendheim, Langestraße.

18. März RFMB-OG Groß-Dresden: Teilnahme an der Märzkundgebung proletarischer Organisationen im „Reichsbanner" (vor 1928 „Deutsche Reichskrone", später „Zum

Gaststätte „Deutsche Reichskrone", 1928 umbenannt in „Reichsbanner", danach „Zum Reichsadler" (Abbildung)

Reichsadler"), Bischofsweg 9. „Pflichtdienst" für alle Abteilungen. – Stellen 11 Uhr am „Reichsbanner".

19. März RFMB-OG Lockwitz: Versammlung mit KPD und RFB im Restaurant „Scharfe Ecke".

21. März RFMB-Abt. 1 (Zentrum): Versammlung im „Restaurant Flemminghof", Flemmingstraße 15. – Liederbücher mitbringen.

12. März RFMB-OG Freital: Versammlung 19,30 Uhr im IAH-Kinderheim.

23. März RFMB-Abt. 3 (Striesen): Versammlung anlässlich des Internationalen Frauentages im Restaurant „Zur Erdkugel", Altstriesen 3. – Rednerin: Elisabeth Sparschuh; Bericht über ihre Russlandreise.

23. März RFMB-OG Pirna: Versammlung 19,30 Uhr im „Volkshaus", Reitbahnstraße 3.

26. März RFMB-Gauleitung Ostsachsen: Information zur Rückkehr der Rußland-Delegierten.

„Unsere nach Rußland delegierten Genossinnen [Martha Lewinsohn, Elisabeth Sparschuh] sind zurückgekehrt, und wir bitten als Gruppen zur Berichterstattung diese Genossinnen bei der [RFMB-] Gauleitung anzufordern." *(Aus: Arbeiterstimme, 26.03.1928)*

26. März RFMB-Abt. 5 (Laubegast): Versammlung 19,30 Uhr in „Meißners Restaurant".

27. März RFMB-OG Freital: Versammlung im „Sächsischen Wolf", Dresdner Straße 53.

28. März RFMB-OG Bautzen: Teilnahme an der Beerdigung der am 25. März 1928 verstorbenen RFMB-Kameradin Marie Menzel. – Stellen 14 Uhr bei Augst, Töpferstraße.

31. März RFMB-Abt. 1 (Zentrum): Heimabend mit RFMB-Abt. 6 (Süd-West) im „Brandenburger Hof", Berliner Straße 26/Ecke Peterstraße. – Abrechnung von Karten und Geld bis 14. April 1928.

31. März RFMB-Abt. 6 (Süd-West): Teilnahme am Heimabend der RFMB-Abt. 1 (Zentrum) im „Brandenburger Hof", Berliner Straße 26/Ecke Peterstraße.

3. April RFMB-OG Radeberg: Teilnahme an der KPD-Versammlung im „Deutschen Haus".

4. April RFMB-Abt. 1 (Zentrum): Versammlung im „Restaurant Flemminghof", Flemmingstraße 15. – Bericht von Elisabeth Sparschuh über ihre Reise nach Russland (Smolensk).

16. April RFMB-Abt. 5 (Laubegast): Versammlung mit RFB-Abt. 9 (Leuben) 19,30 Uhr in „Meißners Restaurant".

16. April RFMB-Abt. 9 (Leuben): Teilnahme an der Versammlung der RFMB-Abt. 5 (Laubegast) 19,30 Uhr in „Meißners Restaurant".

18. April RFMB-OG Groß-Dresden: Teilnahme an der Protestkundgebung gegen das von Reichsinnenminister Walter von Keudell (DNVP) beabsichtigte Verbot des Roten Frontkämpferbundes 17,30 Uhr auf dem Fischhofplatz und an der anschließenden Demonstration von etwa 500 Teilnehmern durch die Altstadt nach Dresden-Löbtau. – Einstimmige Annahme eines Protest-Telegramms:

„An v. Keudell, Reichsinnenministerium, Berlin.
Ministerpräsident Heldt, Dresden, Ministerium.
Dresdner Arbeiterinnen und Arbeiter protestieren gegen Verbot des Roten Frontkämpferbundes. Geloben, wenn Verbot durchgeführt, alle Kraft anzuwenden, den Vorstoß zurückzuschlagen.
Internationaler Bund der Opfer des Krieges und der Arbeit, Ortsgruppe Dresden. / Kommunistische Partei, Bezirk Ostsachsen. / Kommunistischer Jugendverband Ostsachsen. / Roter Frauen- und Mädchenbund. / Roter Frontkämpferbund." *(Aus: Arbeiterstimme, 19.04.1928)*

18. April RFMB-Abt. 1 (Zentrum): Versammlung im „Restaurant Flemminghof", Flemmingstraße 15.

19. April Aufruf von KPD und RFB zur Teilnahme an der Demonstration in Dresden am 21. April 1928 gegen das beabsichtigte RFB-Verbot.

Alle Dresdner Arbeiter demonstrieren
am Sonnabend, 21. April, 17,30 Uhr auf dem Fischhofplatz
gegen das Verbot des RFB
Es sprechen die Abg. Siegfried Rädel und Rudolf Renner
sowie Kam. Schiefelbein / Fahnen u. Schilder mitbringen!
RFB / KPD

Aufruf zur Demonstration in Dresden am 21. April 1928 gegen das beabsichtigte RFB-Verbot (Aus: Arbeiterstimme, 19.04.1928)

21. April RFMB-OG Groß-Dresden: Teilnahme an der Kundgebung gegen das von Reichsinnenminister Walter von Keudell (DNVP) beabsichtigte RFB-Verbot, organisiert von KPD, RFB und weiteren proletarischen Organisationen (Aufruf → 19.04.1928). – Stellen 17,30 Uhr auf dem Fischhofplatz, Teilnahme etwa 2000 Personen. – Redner: Reichstagsabgeordneter Siegfried Rädel (KPD), Landtagsabgeordneter Rudolf Renner (KPD) und Gustav Schiefelbein, RFB-Gauleiter Ostsachsen.

Gustav Schiefelbein, RFB-Gauleiter Ostsachsen von November 1927 bis Juni 1928

21. April RFMB-OG Groß-Dresden: Teilnahme an der Beerdigung der RFMB-Funktionärin Lina Lohse, eines der ersten RFMB-Mitglieder im RFMB-Gau Ostsachsen. – Stellen 14,30 Uhr am „Volkshaus Dresden-Ost", Schandauer Straße 73. – Nachruf der RFMB-OG Groß-Dresden für Lina Lohse:

„Vorige Woche ist unsere Rot-Front-Genossin, Lina Lohse, an einer proletarischen Frauenkrankheit im Alter von 34 Jahre verstorben. Viele unserer Frauen und Kameraden haben ihr das letzte Geleit gegeben. So einfach wie im Leben, so lag sie auch zur letzten Ruhe in ihrer RFB-Uniform. / Geschmückt war der Sarg zum letzten Geleit mit Blumen und der Rot-Front-Fahne, ebenso wurde sie von Rot-Front-Kameraden getragen. An ihrem Grabe senkten sich 5 Fahnen der Roten Front. / Lina Lohse war eine unserer ersten Mitglieder im Gau und hat bis zur letzten Zeit stets revolutionäre Funktionärarbeit geleistet. Wir werden in ihrem Sinne weiterarbeiten und stets ihrer gedenken." *(Aus: Arbeiterstimme, 26.04.1928)*

21. April RFMB-OG Bannewitz: 19,30 Uhr Versammlung in „Rudolfs Restaurant" in Hänichen. – Rednerin: Elisabeth Sparschuh; Thema: „Bericht über Sowjetrußland".

23. April RFMB-OG Groß-Dresden: Ankündigung der Fahnenweihe der RFMB-Abt. 1 (Zentrum) im Rahmen eines Wahlwerbeabends von KPD und RFB in den „Annensälen", Fischhofplatz 10 (→ 24.04.1928, 28.04.1928).

„Der Stadtteil 1 der KPD und die 2. Abteilung [Zentrum] des RFB veranstalten am Sonnabend den 28. April 19,30 Uhr in den ‚Annensälen' [Fischhofplatz 10] einen großen künstlerischen Wahlwerbeabend [für die Reichstagswahl {20.05.1928}] unter Mitwirkung der ‚Roten Revue'-Truppe [die ‚Roten Raketen'] des KJVD unter Leitung des Gen. [Otto] Bochmann. Außer den besten Szenen der Revue ‚Rund um das Bürgerblock-Kasino' werden ein Lichtbildervortrag des Roten Frontkämpferbundes, Rezitationen und Musik das Programm ausfüllen. – Gleichzeitig findet dort die Fahnenweihe der ersten Abteilung [Zentrum] des Roten Frauen- und Mädchenbundes statt. Ansprachen der Genossen [Hans] Neuhof und [Bruno] Goldhammer sowie des Gauführers des RFB, Kam. [Gustav] Schiefelbein werden den politischen Sinn unserer Wahlarbeit erläutern. Eintritt ist frei." *(Aus: Arbeiterstimme, 23.04.1928)*

23. April RFMB-OG Groß-Dresden: Öffentliche Frauenversammlung 19,30 Uhr in den „Annensälen", Fischhofplatz 10.

23. April RFMB-Abt. 5 (Laubegast): Versammlung 20 Uhr im „Steirischen Hof".

24. April RFMB-OG Groß-Dresden: Nochmalige Ankündigung der Fahnenweihe der RFMB-Abt. 1 (Zentrum) im Rahmen eines Wahlwerbeabends von KPD und RFB in den „Annensälen", Fischhofplatz 10 (→ 23.04.1928, 28.04.1928).

„Der alte Strzelewicz, unser 70jähriger Kampfgenosse, wird am kommenden Sonnabend [28.04.1928] in Dresden in den Annensälen [Fischhofplatz 10] seine besten satirischen Gedichte rezitieren im Rahmen des künstlerischen Wahlwerbeabends [zur Reichstagswahl {20.05.1928}] des Stadtteils 1 der KPD und der 2. Abteilung [Zentrum] des RFB. / Außer dem reichhaltigen künstlerischen Programm und den Ansprachen der Genossen [Hans] Neuhof, [Gustav] Schiefelbein und [Bruno] Goldhammer wird der zweite Teil des Lichtbildervortrages ‚10 Jahre Rote Armee' geboten werden. / Damit im Zusammenhang wird eine Bannerweihe der 1. Abteilung [Zentrum] des Roten Frauen- und Mädchenbundes aufgenommen. / Der Eintritt zu dieser Veranstaltung ist für alle Mitglieder proletarischer Organisationen und deren Angehörige frei. Massenbesuch wird erwartet." *(Aus: Arbeiterstimme, 25.04.1928)*

24. April RFMB-Abt. 6 (Süd-West): Versammlung im Restaurant „Stadt Dresden".

24. April RFMB-OG Radeberg: 19,30 Uhr Versammlung in Baracke Jugendheim, Langestraße.

25. April RFMB-Abt. 3 (Striesen): Versammlung Restaurant „Zur Erdkugel", Altstriesen 3. – Vortrag: „Die Bedeutung des 1. Mai".

25. April RFMB-Abt. 6 (Süd-West): Versammlung im „Bürgergarten", Lübecker Straße 16.

25. April RFMB-Abt. 10 (Reick-Dobritz): Versammlung 19,30 Uhr im „Wettinschlößchen". – Rednerin: Frida Krummreich; Thema: „Meine Erlebnisse in Sowjetrußland".

26. April RFMB-OG Groß-Dresden: Mitunterzeichner des Aufruf der revolutionären Organisationen von Groß-Dresden zum 1. Mai.

„Revolutionärer Aufmarsch! Zum 1. Mai! Gegen Bürgerblock und Reformismus!
Kampftag des Proletariats, Demonstration gegen die Klassenfeinde, Wille zum Siege über die Ausbeuter, Beseitigung der kapitalistischen Gesellschaft, Einigung des revolutionären Proletariats. Das sind die Zeichen des 1. Mai in Dresden.
Noch gibt es keine Einheitsfront, keinen einheitlichen Aufmarsch zum 1. Mai in Dresden. Die sozialdemokratische Führerschaft hat die Einheitsfront verhindert, hat das Angebot der KPD zurückgewiesen. / Anstatt eine geschlossene, einige Einheitsfront herzustellen, vollführt die SPD eine wüste Hetze gegen die Kommunisten. Weshalb verhindert die SPD die Einheitsfront der Arbeiter? Weshalb hetzt sie gegen die KPD? / Weil die SPD-Führerschaft keinen Kampf um die Überwindung des Kapitalismus, ja weil sie nicht einmal einen ernsthaften Kampf um die notwendigen Tagesforderungen der Arbeiter will. / Die SPD-Führerschaft und damit die Politik der SPD ist seit dem 4. August 1914 fest und unlöslich verbunden mit der Bourgeoisie. / Sie haben 1914 die Kriegskredite bewilligt. Sie haben die Massen zum Durchhalten bis 1918 verleitet und den wilhelminischen Imperialisten die Arbeiter als Schlachtvieh zugetrieben. Die Sozialdemokratie hat die Revolution von 1918 verraten, die kämpfenden Arbeiter in Berlin, im Ruhrgebiet, in Mitteldeutschland niedergerungen. Sie hat 1923 den Reichswehreinmarsch in Sachsen dirigiert, die Arbeiter über den Zweck dieses Reichswehreinmarsches getäuscht. Die Sozialdemokratie hat das Bürgertum in Koalitionsregierungen, sie hat die Bürgerblockregierung unterstützt. Sie leitete zur Niederwerfung der revolutionären Erhebungen die Fememorde. Sie bewilligte den Reichswehretat, sie bewilligte den deutschnationalen Ministern die Gehälter. Sie half jetzt das Hindenburg-Notprogramm durchführen. / Die reformistischen Führer der Sozialdemokratie in den Gewerkschaften führten die Wirtschaftskämpfe der Arbeiter zu Niederlag [sic]. Sie halfen die kapitalistische Rationalisierung durchführen.
Die kommunistische Partei kämpfte gegen den imperialistischen Krieg. Sie kämpfte in Berlin, im Ruhrgebiet, in Mitteldeutschland für die Revolution. Sie forderte den Kampf gegen den Reichswehrzug nach Sachsen. Die Kommunistische Partei kämpfte gegen Koalitionspolitik, Wirtschaftsfrieden mit den Ausbeutern, gegen die Niederlagenstrategie in den Wirtschaftskämpfen, gegen den neudeutschen Imperialismus, gegen den Bürgerblock. Die Sozialdemokratie will die Zusammenarbeit mit den Kapitalisten, die Kommunisten wollen die Niederwerfung der Kapitalisten. / Die Sozialdemokratie will Koalition und Wirtschaftsdemokratie. / Die Kommunisten wollen den Sieg der Arbeiter über die Ausbeuter. / Die Kommunistische Partei will die Revolution.
Deswegen will die Sozialdemokratie keine Einheitsfront sozialdemokratischer und kommunistischer Arbeiter. Die Sozialdemokratie will die Zersplitterung der Arbeiter, weil sie keinen Kampf will. Die

KPD will die revolutionäre Massenbewegung, deswegen kämpft sie für die Einheitsfront. / Wer die Einheitsfront der Arbeiter, wer den revolutionären Kampf will demonstriert mit der KPD. / Kein revolutionärer Arbeiter demonstriert mit den Reformisten, mit den [1 Wort unlesbar] der Bourgeoisie. Massen heraus zur Kundgebung auf dem Altmarkt am 1. Mai, 14 Uhr / Gegen Kriegsgefahr und Unternehmerterror! Gegen Lohnabbau und Streikrechtsraub! / Für den Achtstundentag! / Für den Kampf gegen Verbindlichkeitserklärungen! / Für Sowjetrußland! / Für die Niederlage des Bürgerblocks! / Für die Arbeiter- und Bauernregierung!
KPD Groß-Dresden – RFB Groß-Dresden – RFMB Groß-Dresden – RH Groß-Dresden – IAH Groß-Dresden – Kommunistische Jugend Groß-Dresden" *(Aus: Arbeiterstimme, 26.04.1928)*

26. April RFMB-Abt. 8 (Neustadt-Ost): Versammlung im Restaurant „Kannegießer".

28. April RFMB-OG Groß-Dresden: Teilnahme am Wahlwerbeabend/an der Wahlkundgebung von KPD und RFB in den „Annensälen", Fischhofplatz 10; zugleich Fahnenweihe der RFMB-Abt. 1 (Zentrum) (Ankündigung → 23.04.1928, 24.04.1928).

„Eine überfüllte Wahlkundgebung veranstaltete der Stadtteil 1 der KPD und die 2. Abteilung des RFB [Zentrum] am Sonnabend [28.04.1928] in den Annensälen. / Neben politischen Ansprachen unterstrichen künstlerische Darbietungen den [für die Reichstagswahl {20.05.1928}] werbenden Charakter des Abends. Besonders stürmisch wurden die hervorragenden proletarischen Satiren des greisen Genossen [Boleslaw {Bernhard}] Strzelewicz aufgenommen, und tiefen Eindruck hinterließ das Schlußbild der Agitproptruppe des KJVD ‚Pioniere auf dem Posten!' / Die große Zahl von parteilosen Arbeitern und Arbeiterinnen, die bis zum späten Schluß der Veranstaltung [...] das Gebotene beifällig aufnahmen, zeugte von guter Werbekraft der Organisation." *(Aus: Arbeiterstimme, 30.04.1928)*

28. April RFMB-Abt. 1 (Zentrum): Fahnenweihe im Rahmen eines Wahlwerbeabends von KPD und RFM in den „Annensälen", Fischhofplatz 10 (Ankündigung → 23.04.1928, 24.04.1928).

30. April RFMB-Bundesleitung: Aufruf zum 1. Mai 1928:

„Arbeiterinnen, Frauen und Mädchen!
Tausende von Metallarbeiterinnen liegen auf der Straße und kämpfen um Lohnerhöhung. Brutal verfechten die Unternehmer ihre Interessen. Die Metallindustriellen, die wahnsinnige Profite aus dem Schweiß der Arbeiter herausholen, bieten alles auf, um das Proletariat weiter knebeln zu können, niederschlagen zu können; mit ihnen die Gewerkschaftsführer, die vergessen haben, daß Hunger weh tut. Sie rufen nicht die gesamte Arbeiterschaft zur Solidarität mit den kämpfenden Metallarbeitern auf, sie wollen den Kampf erdrosseln, dadurch, daß sie sich weigern, die ganze Metallarbeiterschaft auf den Plan zu rufen. Die Verbindlichkeitserklärung soll den Arbeitern aufgezwungen werden und sie sollen geduckt wieder in die Betriebe gehen, ohne den Unternehmern etwas von ihren riesigen Gewinnen abgetrotzt zu haben. / Die Metallarbeiter stehen aber fest und entschlossen, um den Kampf siegreich zu beenden. / Können wir Frauen hier beiseitestehen? Nein!

Frauen und Mädchen! Der Kampf der Metallarbeiter ist auch unser Kampf! Wir wollen höheren Lohn – aus uns preßt der Unternehmer noch mehr Profit als aus den Männern! / Wir wollen mit unseren Kindern nicht mehr hungern! / Mit den Hungerlöhnen, die unsere Männer nach Hause bringen, können wir unsere Familie nicht satt machen. / Deshalb, Frauen und Mädchen, stellt euch an die Seite der Männer. Reiht euch ein in die Kampffront der Metallarbeiter. Übt Solidarität! Wir wollen keine Diktatur des Staates und der Gewerkschaftsführer, keine Verbindlichkeitserklärung des Schiedsspruches, und wenn - - -
Wir wollen den Kampf bis zum Sieg!
Niederschlagen will die Bourgeoisie die Arbeiter, um Zeit und Ruhe zu haben, für das fieberhafte Rüsten gegen den einzigen Arbeiterstaat, Sowjetrußland. Noch sind die Schrecken von 1914 nicht aus unseren Gliedern und schon wollen die kapitalistischen Räuber neuen Mord und Brand. / Gewalttätig nimmt man den revolutionären Arbeitern in der ‚freien Republik' ihre Organisationen. / Wir protestieren auf das Entschiedenste gegen das schändliche Verbot des Roten Frontkämpferbundes! / Je schamloser, je brutaler die Bourgeoisie die Arbeiterschaft niederknüppeln will, desto unerbittlicher müssen die Frauen, die das größte Joch tragen, erheben.
Frauen und Mädchen, wenn ihr nicht wollt die maßlose Unterdrückung, wenn ihr wollt abschütteln das Joch des Kapitalismus, tut das kund durch einen massenhaften Aufmarsch am 1. Mai mit der revolutionären Partei, mit der Kommunistischen Partei! / Sieg den Metallarbeitern! / Es lebe der Rote Frontkämpferbund! / Hände weg von der Sowjetunion!
Roter Frauen- und Mädchenbund." *(Aus: Arbeiterstimme, 30.04.1928)*

1. Mai RFMB-OG Groß-Dresden: Teilnahme an der Mai-Demonstration proletarischer Organisationen vom Altmarkt nach dem Stadion des Dresdner Sportvereins 1910 (DSV 1910), Bärensteiner-/Ecke Hepkestraße. Dort u.a. Weihe der russischen Fahne, die den Russland-Delegierten Elisabeth Sparschuh und Martha Lewinsohn in Smolensk für den RFMB-Gau Ostsachsen übergeben wurde.

„Unsere Rußlanddelegierte Sparschuh über Sowjetrußland
Am 1. Mai [1928], als wir die Fahne [im DSV-Stadion in Dresden] weihten, die uns die russischen Genossinnen zum Abschied von Smolensk überreichten, da wußten wir, daß auch unsere russischen Schwestern mit ihren Gedanken, ihren Herzen bei uns weilten, denn auch sie haben den 1. Mai gewählt, um unter unserer deutschen Fahne, die wir ihnen als Geschenk übergaben, aufs neue zu geloben, uns Treue zu bewahren, uns Hilfe zu bieten, wenn wir sie rufen und die Waffe der Verteidigung nicht eher aus der Hand zu legen, bis auch der letzte Arbeiter vom Sklavenjoch befreit ist […]" *(Aus: Für unsere Frauen. Beilage zur Arbeiterstimme, 21.07.1928)*

Abzeichen der KPD und weiterer proletarischer Organisationen zum 1. Mai 1928

1. Mai RFMB-OG Bannewitz: Teilnahme an Maidemonstration und Maifeier. – Rednerin für den RFMB: Genossin Bender.

4. Mai RFMB-OG Groß-Dresden: Vollmitgliederversammlung 20 Uhr im „Brandenburger Hof", Berliner Straße 26/Ecke Peterstraße.

6. Mai RFMB-Abt. 10 (Reick-Dobritz): Versammlung 19,30 Uhr im „Gasthof Dobritz", Pirnaer Landstraße 28. – Rednerin: Helene Glatzer, RFMB-Gauleiterin Ostsachsen.

6. Mai RFMB-OG Groß-Dresden: Landpropaganda.

„Alle Gruppen stellen zur Landpropaganda. – Es ist vorgesehen: 1 Radtour und 1 Fußtour. – Die Kameradinnen mit Rädern stellen sich um 9 Uhr Albertplatz. Räder rot ausschmücken und möglichst in Uniform [Bundeskleidung] erscheinen. – Treffpunkt zur Fußtour: Endstation Reick der Straßenbahnlinie 13 um 9 Uhr." *(Aus: Arbeiterstimme 02.05.1928)*

8. Mai RFMB-Abt. 2 (Neustadt-West): Abteilungsabend 19,30 Uhr in „Polsters Restaurant".

8. Mai RFMB-OG Freital: Öffentlicher Frauenabend im „Sächsischen Wolf", Dresdner Straße 53.

10. Mai RFMB-Abt. 8 (Neustadt-Ost): Versammlung im Restaurant „Kannegießer".

10. Mai RFMB-Abt. 11 (Johannstadt): Versammlung in „Bernerts Restaurant", Bönischplatz 1. – Rednerin anwesend.

11. Mai RFMB-OG Groß-Dresden: Frauenkundgebung 19,30 im „Keglerheim", Friedrichstraße 12. – Ansprache, Theateraufführung, Schalmeienmusik.

11. Mai RFMB-OG Pirna: Versammlung 20 Uhr im „Volkshaus", Reitbahnstraße 3.

12. Mai RFMB-OG Bautzen: Öffentliche Versammlung 20 Uhr im Gewerkschaftshaus, Jagdzimmer.

13. Mai RFMB-Abt. 5 (Laubegast): Unterhaltungsabend 20 Uhr im „Ratskeller Laubegast".

14. Mai RFMB-Abt. 9 (Leuben): Veranstaltung mit RFMB-Abt. 10 (Reick-Dobritz) 19,30 Uhr im „Gasthof Leuben", Pirnaer Landstraße 131. – Lebende Bilder.

Saal der „Wettiner Säle – Dresdner Keglerheim", Dresden, Friedrichstraße 12

14. Mai RFMB-Abt. 10 (Reick-Dobritz): Teilnahme an Veranstaltung der RFMB-Abt. 9 (Leuben) 19,30 Uhr im „Gasthof Leuben", Pirnaer Landstraße 131. – Lebende Bilder.

16. Mai RFMB-Abt. 1 (Zentrum): Versammlung im „Restaurant Flemminghof", Flemmingstraße 15. – Liederbücher mitbringen.

16. Mai RFMB-Abt. 3 (Striesen): Frauenkundgebung in „Adlers Vereinshaus", Tolkewitzer Straße. – Theateraufführung, Musik und Aussprache.

16. Mai RFMB-Abt. 6 (Süd-West): Treffen 20 Uhr im KPD-Büro Columbusstraße 9 zum Flugblattfalzen.

17. Mai RFMB-OG Radeberg: Teilnahme an der Wahlarbeit mit KPD, RFB und KJ. – Stellen 8 Uhr am „Edelweiß".

19. Mai RFMB-Abt. 8 (Neustadt-Ost): Teilnahme an einer RFB-Demonstration 17 Uhr auf dem Wilhelmplatz.

19. Mai RFMB-OG Freital: Teilnahme an der Wahldemonstration von KPD, KJ, RFB, RF und IAH. – Stellen 17,30 Uhr am Gasthof „Zum Steiger", Dresdner Straße 10.

20. Mai Reichstagswahl.

20. Mai RFMB-OG Radeberg: Einsatz mit KPD, RFB und KJ im Agitationslokal im „Deutschen Haus", Zimmer 4.

22. Mai RFMB-Abt. 2 (Neustadt-West): Gruppenabend 19,30 Uhr in „Polsters Restaurant".

22. Mai RFMB-OG Freital: Übungsabend 19,30 Uhr am Elektrizitätswerk.

23. Mai RFMB-Abt. 6 (Süd-West): Versammlung im „Bürgergarten", Lübecker Straße 16.

24. Mai RFMB-Abt. 8 (Neustadt-Ost): Versammlung im Restaurant „Berger". – Bericht von Elisabeth Sparschuh über ihre Russlandreise.

24. Mai RFMB-Abt. 11 (Johannstadt): Versammlung in „Bernerts Restaurant", Bönischplatz 1. – Redner anwesend.

24. Mai RFMB-OG Radeberg: 19,30 Uhr Versammlung in Baracke Jugendheim, Langestraße.

25. Mai RFMB-Gau Ostsachsen: Teilnehmerinnen am 4. RFB-Reichstreffen in Berlin (⟶ 26./27.05.1928) haben sich im RFMB-Gaubüro bis 22 Uhr anzumelden; Antreten auf dem Freiberger Platz; Abfahrt des Sonderzuges Bahnhof Dresden-Neustadt 24 Uhr. Nachzügler müssen sich im Hauptquartier Berlin-Lichterfelde, Baegerstraße, melden. Mitgliedsbücher (Beitragsmarken bis Mai geklebt) sind mitzubringen.

Abzeichen zum 4. RFB-Reichstreffen am 26./27. Mai 1928 in Berlin

26. Mai Die „Arbeiterstimme", KPD-Zeitung für den Bezirk Ostsachsen, widmet das Titelblatt dem 4. RFB-Reichstreffen (→ 26./27.05.1928).

Einzelnummer 10 Pfennig

Arbeiterstimme

Landestreffen der Freidenker
(Siehe Artikel 2. Seite)

Tageszeitung der KPD / Sektion der Kommunist. … Bezirk Ostsachsen
Beilagen: Der rote Stern / Der kommunistische Genossenschafter / Wirtschaftliche … / Für unsere Frauen / Die Energie

Jahrgang — Dresden, Sonnabend den 26. Mai 1928 — Nummer 122

A. Keil

Rotfront = Schutzwall der Sowjetunion

Titelblatt der „Arbeiterstimme", KPD-Zeitung für den Bezirk Ostsachsen, vom 26. Mai 1928 mit Titelblatt zum 4. RFB-Reichstreffen am 26./27. Mai 1928 in Berlin

Mitglieder der RFB- und RFMB-Ortsgruppe Ebersbach/Friedersdorf am 26. Mai 1928 vor der Abfahrt nach Berlin zum 4. RFB-Reichstreffen (→ 27.05.1928)

Mitglieder der RFB- und RFMB-Ortgruppe Meißen beim 4. RFB-Reichstreffen in Berlin am 26./27. Mai 1928. – Sitzend v.l.: 2. Kurt Wendt; stehend v.l.n.r.: 3. Ehefrau von Kurt Wendt, 4. Otto Alberich

26./27. Mai 4. RFB-Reichstreffen in Berlin.
„Die Marschkolonnen des 2. Hauptzuges […] dann [marschierten] die Ostsachsen mit der 10. und 12. [Berliner] Abteilung […] Besonders die Ostsachsen waren stark vertreten. Weit über 5000 allein aus diesem Gau." *(Aus: Die Rote Front, 13/1928)*

29. Mai Polizeiliches Überwachungsergebnis zu RFB, RJ und RFMB in Dresden und Ostsachsen:
„‚Roter Frontkämpferbund' [Ortsgruppe Groß-Dresden] in 12 Abteilungen etwa 800 Mitglieder (Gau Ostsachsen etwa 3.460 Mitglieder) / ‚Rote Jungfront' [Ortsgruppe Groß-Dresden] etwa 200 Mitglieder (Gau Ostsachsen etwa 700 Mitglieder) / ‚Roter Frauen- und Mädchenbund' etwa 200 Mitglieder." *(Aus: Schreiben Polizei Dresden, 29.05.1928)*

31. Mai RFMB-Abt. 7 (Kemnitz-Cossebaude): Versammlung im „Gasthof Krüger", Dresden-Stetzsch.

1. Juni RFMB-Ab. 3 (Striesen): Versammlung im Restaurant „Zur Erdkugel", Altstriesen 3. – Redner: Kühne; Thema: „Der neue Strafgesetzentwurf".

5. Juni RFMB-OG Freital: Unterhaltungsabend mit RFMB-Abt. 2 (Neustadt-West) 16 Uhr im IAH-Kinderheim in Freital.

5. Juni RFMB-Abt. 2 (Neustadt-West): Teilnahme am Unterhaltungsabend der RFMB-OG Freital 16 Uhr im IAH-Kinderheim in Freital.

7. Juni RFMB-Abt. 11 (Johannstadt): Versammlung 20 Uhr in „Bernerts Restaurant", Bönischplatz 1. – Redner anwesend.

9. Juni RFMB-OG Bannewitz: 19,30 Uhr Versammlung im „Gasthof Bannewitz". – Redner anwesend. – RFMB-OG Gittersee ist eingeladen. – Mitgliedsbücher mitbringen.

9. Juni RFMB-OG Gittersee: Teilnahme an der Versammlung der RFMB-OG Bannewitz im „Gasthof Bannewitz".

13. Juni RFMB-OG Freital: Versammlung 19,30 Uhr im IAH-Kinderheim.

14. Juni RFMB-Abt. 1 (Zentrum): Versammlung im „Restaurant Flemminghof", Flemmingstraße 15. – Mitgliedsbücher mitbringen.

16. Juni RFMB-Abt. 3 (Striesen): Versammlung im Restaurant „Zur Erdkugel", Altstriesen 3. – Liederabend unter Mitwirkung der Genossin Eysold (auch Eisold).

19. Juni RFMB-OG Freital: Information zur Teilnahme am RFB-Gautreffen Ostsachsen in Bautzen (→ 23./24.06.1928).

„Alle Frauen, die nach Bautzen fahren, treffen sich am Freitag [22.06.1928] im ‚Sächsischen Wolf' [Dresdner Straße 53]. / Fahrgeld 2,40 RM mitbringen. / Abfahrt per Auto am Sonnabend [23.06.1928] um 15.30 Uhr. Kinder unter 10 Jahren dürfen nicht mitgenommen werden." *(Aus: Arbeiterstimme, 19.06.1928)*

21. Juni RFMB-Abt. 8 (Neustadt-Ost): Versammlung im „Restaurant Franz Nittel", Fritz-Reuter-Straße 11. – Tagesordnung: 1. Referat; 2. Vorbereitung des Sommerfestes.

22. Juni RFMB-OG Groß-Dresden: Information zur Teilnahme am RFB-Gautreffen Ostsachsen in Bautzen (→ 23./24.06.1928).

„Alle Genossinnen, die sich an der Fahrt nach Bautzen beteiligen, unterordnen sich der führenden Genossin Erna Haase in Bautzen und können fahren entweder am Sonnabend 16,58 Uhr oder Sonntag um 6,54 oder 9,17 Uhr ab Hauptbahnhof auf Sonntagsrückfahrkarte." *(Aus: Arbeiterstimme, 22.06.1928)*

23./24. Juni 1928 RFB-Gautreffen Ostsachsen in Bautzen. – Teilnahme von Ortsgruppen des RFMB-Gaues Ostsachsen.

„Die Rote Front im schwarzen Bautzen.
Schon in den frühen Nachmittagsstunden [23.06.1928] sah man, daß in Bautzen etwas Außergewöhnliches vor sich ging. Auf dem Bahnhof war reges Leben. Mit den Zügen kamen vereinzelt Trupps Roter Frontkämpfer an. […] In den beiden größten Sälen fanden Empfangskundgebungen statt. […] / Den Höhepunkt des Tages [24.06.1928] bildete der Aufmarsch. 1 500 Rote Frontkämpfer bewegten sich straff diszipliniert durch die alten Gassen des Bautzener Proletarierviertels. […] Über 3 000 Menschen hatten sich [zur Kundgebung auf dem Kornmarkt] zusammengefunden. […] Reichstagsabgeordneter [Ernst] Schneller [KPD] legte in kurzen markigen Worten den Anwesenden den Zweck und die Ziele der Roten Front auseinander. Mit dem Gelöbnis zu kämpfen für die Proletarierdiktatur, für die Verteidigung der Sowjetunion, gegen Krieg und Faschismus fand unter den Klängen der Internationale das Gautreffen des RFB Ostsachsen einen würdigen Abschluß." *(Aus: Arbeiterstimme, 26.06.1928)*

Abzeichen zum RFB-Gautreffen Ostsachsen am 23./24. Juni 1928 in Bautzen (MHM, BBAG9594)

RFMB-Ortsgruppe Freital beim RFB-Gautreffen Ostsachsen am 23./24. Juni 1928 in Bautzen

23./24. Juni RFMB-OG Groß-Dresden: Teilnahme am RFB-Gautreffen Ostsachsen in Bautzen (Information → 22.06.1928).

23./24. Juni RFMB-OG Freital: Teilnahme am RFB-Gautreffen Ostsachsen in Bautzen (Information → 19.06.1928).

26. Juni RFMB-OG Zschachwitz: Versammlung 19,30 im Gasthof Meußlitz, Kleinzschachwitzer-Straße 3. – Rednerin: Helene Glatzer, RFMB-Gauleiterin Ostsachsen; Thema: „Die Bedeutung der Konsumgenossenschaften und ihre Entstehung".

28. Juni RFMB-Gauleitung Ostsachsen: Mahnung zur Abgabe der Monatsberichte.

„Alle [RFMB-]Ortsgruppen- sowie [RFMB-]Abteilungsleiterinnen wollen pünktlich ihre Monatsberichte an Genossin Lene [Helene] Glatzer [RFMB-Gauleiterin Ostsachsen], Dresden, Eilenburger Straße 15, schicken. Schlußtag jeden 15. des Monats. / Monatsberichte sind noch nicht alle da. Wer keinen schickt, wird durch die Zeitung aufgerufen." *(Aus: Arbeiterstimme 28.06.1928)*

28. Juni RFMB-Abt. 1 (Zentrum): Unterhaltungsabend im „Restaurant Flemminghof", Flemmingstraße 15. – Liederbücher mitbringen.

Anzeige „Brandenburger Hof" in Dresden, Berliner Straße 26/Ecke Peterstraße. – Der „Brandenburger Hof" ist ein Versammlungslokal proletarischer Organisationen (Aus: 1. Rotes Sachsentreffen [...] 1927 in Dresden, Dresden 1927)

30. Juni RFMB-OG Groß-Dresden: Funktionärssitzung im „Brandenburger Hof", Berliner Straße 26/Ecke Peterstraße.

30. Juni RFMB-Abteilung 3 (Striesen): Unterhaltungsabend mit Tanz 19 Uhr im „Gasthof Blasewitz". – Rezitationen, Lieder zur Laute, russische Tänze. – Mitwirkende: JSB, Schalmeienkapelle, Genossin Eysold [auch Eisold], Boleslaw (Bernhard) Strzelewicz. – Eintritt 30 Pf.

30. Juni RFMB-Abt. 11 (Johannstadt): Versammlung in „Bernerts Restaurant", Bönischplatz 1. – Redner anwesend.

2. Juli RFMB-Abt. 5 (Laubegast): Versammlung 19,30 Uhr im „Steirischen Hof". – Rednerin: Helene Glatzer, RFMB-Gauleiterin Ostsachsen; Thema: „Die Bedeutung der Konsumgenossenschaften und ihre Entstehung".

4. Juli RFMB-Abt. 11 (Johannstadt): Veranstaltung mit IAH in „Bernerts Restaurant", Bönischplatz 1. – Lichtbildervortrag über Reiseerlebnisse in Russland.

4. Juli RFMB-OG Pirna: Versammlung 20 Uhr im „Volkshaus", Reitbahnstraße 3.

5. Juli RFMB-Abt. 8 (Neustadt-Ost): Clara-Zetkin-Feier im „Restaurant Franz Nittel", Fritz-Reuter-Straße 11.

5. Juli RFMB-OG Freital: Clara-Zetkin-Feier.

7. Juli RFMB-OG Groß-Dresden: Besprechung aller Gewerkschaftsmitglieder 19 Uhr im KPD-Sekretariat, Columbusstraße 9.

7. Juli RFMB-Abt. 2 (Neustadt-West): Wanderabend mit der KPD Dresden Stadtteil 5 nach Reichenberg. – Stellen 17,30 Uhr am Wilden Mann.

7. Juli RFMB-OG Pirna: Fahnenweihe 20 Uhr im „Volkshaus“, Reitbahnstraße 3. – Sympathisierende eingeladen.

9. Juli RFMB-Gau Ostsachsen: Sitzung der RFMB-Gauleitung im „Brandenburger Hof“ in Dresden, Berliner Straße 26/Ecke Peterstraße.

12. Juli RFMB-Abt. 1 (Zentrum): Clara-Zetkin-Feier im „Restaurant Flemminghof“, Flemmingstraße 15. – Gäste willkommen.

12. Juli RFMB-Abt. 3 (Striesen): Clara-Zetkin-Feier 20 Uhr im „Glashütter Hof“. – Vorlesung über Clara Zetkin, Lieder zur Laute.

16. Juli RFMB-Gau Ostsachsen: Sitzung der Erweiterten RFMB-Gauleitung mit den RFMB-Abteilungsleiterinnen 20 Uhr im „Brandenburger Hof“ in Dresden, Berliner Straße 26/Ecke Peterstraße.

17. Juli RFMB-OG Freital: Versammlung 19,30 Uhr im „Sächsischen Wolf“, Dresdner Straße 53.

19. Juli RFMB-Abt. 8 (Neustadt-Ost): Versammlung 19 Uhr im „Restaurant Franz Nittel“, Fritz-Reuter-Straße 11.

19. Juli RFMB-Abt. 9 (Leuben): Versammlung mit RFMB-Abt. 10 (Reick-Dobritz) im „Restaurant zum Hirsch“. – Rednerin: Margarethe Lewinsohn.

19. Juli RFMB-Abt. 10 (Reick-Dobritz): Teilnahme an Versammlung der RFMB-Abt. 9 (Leuben) im „Restaurant zum Hirsch“. – Rednerin: Margarethe Lewinsohn.

19. Juli RFMB-Abt. 11 (Johannstadt): Versammlung im Restaurant „Bauhütte“. – Redner anwesend.

21. Juli RFMB-Gau Ostsachsen: RFMB-Gauleitung Ostsachsen ist Mitunterzeichner des Aufrufs von KPD und weiteren proletarischen Organisationen zum Mitteldeutschen Roten Treffen in Leipzig (→ 18./19.08.1928).

„Krieg dem imperialistischen Kriege! Rotes Treffen in Leipzig
An die Werktätigen Ostsachsens! An die Arbeiterschaft Dresdens!
[…] Die deutsche Kommunistische Parteiführt eine Kampagne gegen neue imperialistische Kriege, die KPD und der Rote Frontkämpferbund rufen die Arbeiter Mitteldeutschlands für den 18. und 19. August [1928] zu einem Mitteldeutschen Treffen des revolutionären Proletariats, zu einer wuchtigen, machtvollen Kundgebung in Leipzig auf. […] Nicht nur Rote Frontkämpfer, nicht nur kommunistische Arbeiter, sondern die gesamte Arbeiterschaft muß sich an diesem Aufmarsch beteiligen. […] Das Mitteldeutsche Treffen muß eine wuchtige Kampfansage der klassenbewußten Arbeiterschaft an alle Arbeiterfeinde in Deutschland werden. / Deshalb alle Kraft eingesetzt: Gegen die Vorbereitung eines neuen imperialistischen Krieges! Für die Verteidigung des ersten Arbeiter- und Bauernstaates, der Sowjetunion! Gegen Lohnsklaverei und Trustkapital! Gegen Bürgerblock- und Koalitionspolitik! Für die Herrschaft der Werktätigen in Stadt und Land!" *(Aus: Arbeiterstimme, 21.07.1928)*

24. Juli RFMB-OG Groß-Dresden: Teilnahme an der Kundgebung der KPD zur Begrüßung der amnestierten KPD-Mitglieder Hensel, Hölzel und Schuster.

Spendenmarke „Helft! 10 Pf. hast du doch für meine Familie übrig. Wisse, daß ich auch für deine Sache kämpfte!" der Roten Hilfe Deutschland (RHD) zur Unterstützung aus der Haft entlassener politischer Gefangener

27. Juli RFMB-OG Bannewitz: 19,30 Uhr Versammlung mit KPD und RFB in „Rudolfs Restaurant" in Hänichen. – Rednerin: Helene Glatzer, RFMB-Gauleiterin Ostsachsen.

27. Juli RFMB-OG Pirna: Versammlung 20 Uhr im „Volkshaus", Reitbahnstraße 3. – Kontrolle der Mitgliedsbücher.

31. Juli RFMB-OG Groß-Dresden: Im Antikriegskomitee Mitunterzeichner des Aufrufs zur Teilnahme an der Antikriegskundgebung auf dem Theaterplatz (→ 04.08.1928).

„Heraus zur Antikriegskundgebung! / Sonnabend, 4. August, 19 Uhr, auf dem Theaterplatz / Redner: Emil Höllein, M.d.R., Berlin
Arbeiterinnen! Arbeiter! Werktätige! / Am 4. August, dem Tag des Kriegsausbruchs 1914, dem Tag, da die SPD die Kriegshetzer durch den Verrat der proletarischen Forderungen unterstützte, gilt es durch Massendemonstration gegen den imperialistischen Krieg aufzumarschieren. In den chemischen Laboratorien wird fieberhaft an der Herstellung von Giftgas und Bakterien gearbeitet. Allein in Radebeul bei der Firma Heyden lagert Phosgen in einer Menge, womit Millionen Menschen vergiftet werden können. Mit Hilfe der SPD-Führer wird der Panzerkreuzer gebaut. Mit Hilfe der staatlichen Schlichter und der Gewerkschaftsbureaukratie werden die Hungerlöhne der Arbeiter bei fortschreitendem Steigen der Wucherpreise so niedriggehalten, daß die Kapitalisten riesige Summen für Kriegspropaganda und -rüstung aufwenden können. Alle legalen und illegalen Vorbereitungen der

Kapitalisten seit Jahren sind gegen die Sowjetunion, das Land der Arbeiter und Bauern, gerichtet. Die ganze Hetze gegen die Sowjetunion und die revolutionäre Bewegung der Welt ist nur die Begleitmusik für die Kriegsvorbereitungen und die stärkeren Angriffe auf die Arbeiterklasse, auf die Lebenshaltung, die kulturellen und politischen Interessen des Proletariats.
Proletarier! Augen auf! An allen Ecken der Welt kann täglich ein Massenmorden entbrennen. Tretet an zur Demonstration und bekennt euch zum revolutionären Kampf gegen den imperialistischen Krieg, gegen die schamlose Unterdrückung des Proletariats, gegen den imperialistischen Raubzug der Großmächte in China, für die Verteidigung des sozialistischen Vaterlandes der Arbeiterklasse, der Sowjetunion, für die Beseitigung der deutschen Geldsackpolitik! Für die Errichtung einer Regierung der Arbeiter- und Bauernräte in Deutschland!
Das Antikriegskomitee / KPD, RFB, RFMB, KJVD, JSB, RH, IAH, GPF, JB, Einheitskomitee." *(Aus: Arbeiterstimme, 31.07.1928)*

31. Juli RFMB-Abt. 3 (Striesen): Versammlung 20 Uhr im Restaurant „Zur Erdkugel", Altstriesen 3.

31. Juli RFMB-OG Freital: 1. Kursusabend.

1. Hälfte August RFMB-OG Pirna: Teilnahme an der Demonstration von KPD, RFB und weiteren proletarischen Organisationen für Amnestie politischer Gefangener und für Unterstützung der RHD.

Demonstration von KPD, RFB, RFMB und weiteren proletarischen Organisationen in Pirna für Amnestie politischer Gefangener und für Unterstützung der Roten Hilfe Deutschland (RHD), 1. Hälfte August 1928

Anfang August RFMB-Gau Ostsachsen: Probleme mit Finanzen.

„Antrag des RFMB – Gen. [Martin] Hoop. Der RFMB hat Mk. 65,- auf Sammellisten für Wahl [Reichstagswahl 20.05.1028] gesammelt. Es sind Schwierigkeiten in der Kasse dadurch eingetreten, weil die Genossin Lewinsohn als Kassiererin den [RFMB-]Ortsgruppen keine Marken zusandte, weil sie angeblich nicht abgerechnet hätten. In Wirklichkeit haben aber die Ortsgruppen abgerechnet. / Die [RFMB-]Gauführung hat die Sammelgelder, da keine anderweitigen Gelder zur Verfügung standen, verbraucht und beantragt, daß wir [KPD-Bezirksleitung Ostsachsen] die Mk. 65,- stunden, evtl. ausbuchen sollen. – Von Ausbuchen kann keine Rede sein. [...] Ich schlage deshalb vor, daß wir die Sammelgelder bis 15. September [1928] stunden. / einstimmig beschlossen." *(Aus: Protokoll der Sitzung der engeren KPD-Bezirksleitung Ostsachsen, 08.08.1928)*

2. August RFMB-OG Groß-Dresden: Ankündigung der Antikriegsdemonstration (→ 04.08.1928).

„Zur Antikriegsdemonstration am 4. August [1928] marschieren alle Genossinnen mit den RFB-Abteilungen von ihren Abteilungsstellplätzen zum Theaterplatz. Dort sammeln sich alle RFMB-Genossinnen und Frauen 19,15 Uhr Ecke Oper und Bellevue zum geschlossenen Frauenzug." *(Aus: Arbeiterstimme 02.08.1928)*

3. August RFMB-OG Freital: Aufruf zur Teilnahme an der Antikriegskundgebung von KPD, RFB, RFMB, RJ, KJVD, RH und IAH (→ 04.08.1928).

„Freital. Heraus zur Antikriegskundgebung!
Die Kommunistische Partei veranstaltet gemeinsam mit dem Roten Frontkämpferbund, dem RFMB, der Roten Jungfront, der Kommunistischen Jugend, der Ortsgruppe der Roten Hilfe, der IAH-Ortsgruppe Freital eine Antikriegskundgebung. Abmarsch der Demonstration: Sonnabend den 4. August, 19 Uhr, vom Sachsenplatz. / Alle Parteigenossen und Mitglieder der beteiligten Organisationen müssen vollzählig erscheinen. Die Arbeiterschaft Freitals wird zur Massenbeteiligung aufgefordert." *(Aus: Arbeiterstimme, 03.08.1928)*

4. August RFMB-OG Groß-Dresden: Teilnahme an der Antikriegskundgebung 19 Uhr auf dem Theaterplatz (Aufruf → 31.07.1928, 02.08.1928), Redner Emil Höllein, Reichstagsabgeordneter Siegfried Rädel (KPD), Rudolf Hajek, Hermann Frenzel, ... Thievol (Franzose); anschließend Demonstration zur Weißeritzstraße, dort Redner Martin Hoop und Alfred Kraut, RFB-Gauleiter Ostsachsen.

„Eine dichte Menschenmenge bildete auf den Zugangsstraße [zum Theaterplatz] Spalier, als ein Zug nach dem anderen unter den Klängen der Kapellen des RFB und unter Vorantritt der disziplinierten Rot-Frontkämpferabteilungen aufmarschierten. [...] / Auf dem Freiberger Platz hatten sich gemeinsam mit der Kommunistischen Partei, dem RFB und den Freidenkern [Verband für Freidenkertum und Feuerbestattung, bis 1927 Gemeinschaft proletarischer Freidenker {GPF}] eine Gruppe des Internationalen Bundes der Opfer des Krieges und der Arbeit [IB] eingefunden, die ein aufwühlendes Kunstwerk trug: In einem Stacheldrahtverhau hängt die Leiche eines Feldgrauen. Kopf und Hände grauenvoll, aber nur zu wahrheitsgetreu von einem der bekannten Dresdner Bildhauer [Eugen Hoff-

Abzeichen des Internationalen Bundes der Opfer des Krieges und der Arbeit (IB)

Alfred Kraut, RFB-Gauleiter Ostsachsen von Juni 1928 bis Mai 1929, sprach am 4. August 1928 zu den Demonstranten auf der Weißeritzstraße

Demonstrationsbild „Fürs Vaterland verreckt!" des Internationalen Bundes der Opfer des Krieges und der Arbeit (IB) am 4. August 1928 auf dem Freiberger Platz in Dresden. – Die vom Dresdner Bildhauer Eugen Hoffmann gestaltete Figur eines im Stacheldrahtverhau hängenden toten deutschen Soldaten mußte auf Anweisung der Polizei vor der Demonstration zur Antikriegskundgebung auf dem Theaterplatz entfernt werden

mann] modelliert. Stumm, erschüttert steht eine dichte Menschenmenge vor dieser Gruppe. ‚Fürs Vaterland verreckt!' / Da naht der Leiter der Polizeibegleitungen und erklärt, dass ‚die Figur in alter Heeresuniform' sofort beschlagnahmt würde, wenn sie nicht aus dem Zuge entfernt werde. Da die Figur zu kostbar für das Polizeiarchiv ist und als Demonstrationsobjekt auf der in Vorbereitung befindlichen revolutionären Antikriegsausstellung dienen soll, entfernte man zähneknirschend die ‚Leiche', nachdem die Gruppe vorher photographiert worden war." *(Aus: Arbeiterstimme, 06.08.1928)*

4. August RFMB-Abt. 1 (Zentrum): Teilnahme an der Antikriegskundgebung auf dem Theaterplatz. – Stellen 18 Uhr auf dem Fischhofplatz.

4. August RFMB-Abt. 9 (Leuben): Teilnahme an der Antikriegskundgebung auf dem Theaterplatz. – 17 Uhr am „Gasthof Dobritz", Pirnaer Landstraße 28.

4. August RFMB-OG Freital: Teilnahme an der Antikriegskundgebung von KPD, RFB, RFMB, RJ, KJVD, RH und IAH (Aufruf → 03.08.1928).

8. August RFMB-Abt. 11 (Johannstadt): Versammlung 19,30 Uhr im Restaurant „Bauhütte". – Rednerin: Genossin Müller, Naturheilkundige; Thema: „Paragraph 218 und dessen Folgen".

9. August RFMB-Abt. 1 (Zentrum): Antikriegs-Gruppenabend 20 Uhr im „Restaurant Flemminghof", Flemmingstraße 15.

10./11. August RFMB-Abt. 3 (Striesen): Aufforderung an die Mitglieder zur Abrechnung der Geschenke für das Sommerfest bei Lisbeth Speck bis 10. August 1928 und aller Programme, die bei Nichtabrechnung bezahlt werden müssen, bis 11. August 1928.

11. August RFMB-OG Dohna: Teilnahme mit KPD, RFB und KJVD an der Antikriegskundgebung in Pirna. – Stellen 16 Uhr an der Gußstahlzieherei.

12. August RFMB-OG Groß-Dresden: Sommerfest im „Gasthof Roßthal". – Mit Kinderbelustigung und -geschenken, Verlosung; abends Tanz. – Gegenstände für Lotterie und Schmückung des Gartens bis 10. August 1928 abgeben bei Johanna Aschenbach, Dresden, Freiberger Platz 14/16.

12. August RFMB-OG Zittau: Teilnahme mit KPD, RFB und KJVD an der Antikriegskundgebung 12 Uhr auf der Neustadt in Zittau. – Redner: Anton Saefkow, Berlin. – Stellen zur Demonstration 10 Uhr an der Mandau-Kaserne.

14. August RFMB-Gau Ostsachsen: Aufruf zur Teilnahme am Mitteldeutschen Roten Treffen (→ 18./19.08.1928).

„Arbeiterfrauen! / Ein Achtel Pfund Butter, Kohlrüben, Kartoffelflocken, Dörrgemüse war die Ernährung der Arbeiterklasse während des Krieges. Wer wieder eine solche Hungerkur mitmachen will, läuft den Faschisten nach, wer nicht, marschiert mit der Roten Klassenfront am 18. und 19. August [1928] in Leipzig auf gegen neue imperialistische Kriege, für die Verteidigung der Sowjetunion!" *(Aus: Arbeiterstimme, 14.08.1928)*

14. August RFMB-Abt. 3 (Striesen): Antikriegskundgebung im „Bärensteiner Hof". – Referat: „Was bedeutet die Bewilligung des Panzerkreuzers?"

14. August RFMB-OG Freital: Kursusabend 19,30 Uhr im „Sächsischen Wolf", Dresdner Straße 53.

15. August RFMB-Gau Ostsachsen: Aufruf zur Teilnahme am Mitteldeutschen Roten Treffen in Leipzig (→ 18./19.08.1928).

„Proletarische Frauen und Mädchen! Rüstet zum Mitteldeutschen Treffen, am 19. August in Leipzig! Ruft ihr euch 1914 noch genügend ins Gedächtnis zurück? Denkt ihr an die Millionen in den Massengräbern, die Hunderttausende, die heute noch mit zerfetzten Leibern, mit erblindeten Augen und zerstörtem Hirn herumgestoßen werden? Der Dank des Vaterlandes ist euch gewiß! Mit dieser Lüge wurden sie gelockt, heute müssen sie hungern und betteln, bekommen keine Unterstützung und werden mit ihren kranken Gliedern in den Fabriken gehetzt. Lüge – Lüge war der ganze Krieg. Wir ließen unsere Männer, die Ernährer ihrer Familie und Söhne, die Stütze und Hoffnung ihrer Mütter, ziehen, weil man uns belogen hatte. Sie sollten die ‚schwachen' Frauen schützen; Burgfrieden predigte man vom Kaiser bis zu den Sozialdemokraten. Arm und Reich sollte gleich sein. Und was war die Wirklichkeit? / Schuften mußten wir Frauen in den Gift- und Granatenbuden, dabei verkamen die Kinder. Schutz für Arbeiterinnen gab es nicht mehr. Die Frauen aßen Brot aus Kleie, Runkelrüben, Eierersatz und nochmals Ersatz. Burgfrieden hieß verschärfte Ausbeutung des Proletariats, derweil die Kapitalisten praßten und riesige Wucherprofite einsteckten, die Munition zur Verteidigung ihres ‚Vaterlandes' verschoben sie in ‚Feindesland', dabei kam mehr Profit heraus, es gab ja genug Proleten als Kanonenfutter. Und heute? Heute reden wieder alle von Hindenburg bis zu den Sozialdemokraten von Frieden, derweil sie Millionen für den Bau von Panzerkreuzern bewilligen [...] Wieder wollen sie die Arbeiterschaft niederschlagen, deshalb wollen sie den Krieg gegen Rußland, das Land der Arbeiter und Bauern, den Hort der Revolution wollen sie vernichten. Mit Lügen bereiten sie den neuen Krieg vor, durch Lügen wollen sie wieder die Proleten gewinnen für ihre bluttriefenden Räubereien. Friedenskonferenzen berufen sie ein, aber Schlachtenpläne werden geschmiedet auf den Konferenzen. Vom Abrüsten reden sie, aber die schrecklichen Giftgase und Waffen werden erprobt; grausiger wird die Kriegsfurie die Menschen vernichten als 1914. / Und wenn in dem vierjährigen Massenmorden die Frauen die ersten waren, die sich erhoben gegen den Völkermord, so wollen wir heute die tatkräftigsten sein, zu kämpfen gegen den kommenden Krieg. Wir wollen nicht wieder ‚durchhalten' und Granaten drehen, mit denen die unsrigen zerschmettert werden; kämpfen wollen wir mit unserer ganzen Kraft gegen die Kriegstreiber bis zu unserer Befreiung.

Werktätige Frauen und Mädchen! Der Rote Frauen- und Mädchenbund ruft Euch! Demonstriert euren Kampfwillen der Bourgeoisie am 19. August in Leipzig. Je größer sich die Massen zum Protest erheben, desto weniger wird es die Bourgeoisie wagen, das Proletariat zur Schlachtbank zu führen. Unsere Losung ist: Krieg dem imperialistischen Kriege! Krieg den Ausbeutern! Deshalb Frauen und Mädchen: Heraus zur Antikriegsdemonstration in Leipzig! *(Aus: Arbeiterstimme, 15.08.1928)*

15. August RFMB-Abt. 9 (Leuben): Versammlung 19,30 Uhr im „Lindengarten", Altleuben 1.

16. August RFMB-Abt. 8 (Neustadt-Ost): Versammlung 20 Uhr im „Restaurant Franz Nittel", Fritz-Reuter-Straße 11. – Fahnenübergabe.

17. August RFMB-OG Zschachwitz: Familie Ehrenhold im RFMB und RFB

„Eine klassenbewußte Familie

Während in Wilhelminischen Zeiten [Kaiserzeit] bürgerlich Blätter die Abbildungen von Familien brachten, deren männliche Mitglieder in die Zwangsjacke des Militarismus gepreßt waren, können wir heute mit Stolz das Bild einer Familie veröffentlichen, die erkannt hat, daß nur die restlose Ein-

Familie Max Ehrenhold aus Zschachwitz, August 1928. – V.l.: 1. Max Ehrenhold (Vater/RFB), 2. Walter (Sohn/RFB), 3. Alfred (Sohn/RFB), 4. Elsa (Tochter/Jungspartakusbund), 5. Milda (Tochter/RFMB), 6. Berta Ehrenhold (Mutter/RFMB), 7. Willy (Sohn/RFB), 8. Paul (Sohn/RFB), 9. Hans (Sohn/RFB), 10. Herbert (Sohn/RFB) (MHM, Va-35903)

reihung der Arbeiterschaft in die Rote Front dem Proletariat den Sieg bringen wird. Es ist dies der Kamerad Max Ehrenhold mit seinen sechs Söhnen, die sämtlich der Ortsgruppe Zschachwitz im Gau Ostsachsen des RFB. angehören. Besonders hervorzuheben ist, daß die Kameraden Ehrenhold stets aktiv arbeiten, zum Teil seit Gründung der [RFB-]Ortsgruppe [8.11.1925] überhaupt. Vier Kameraden sind als Funktionäre tätig, ebenfalls stellen sie vier Jungfrontkämpfer. / Frau Ehrenhold ist mit der einen Tochter im RFMB. organisiert und die kleinste ist im Jungspartakus und grüßt: ‚Seid bereit!' – Gewiß ein seltener Fall, daß zehn Mitglieder einer Familie revolutionären Organisationen angehören, und nicht überall wird sich das aus begreiflichen Gründen durchsetzen lassen; aber wir nehmen an, daß unsere Kameraden im Reich sich ein Beispiel daran nehmen und ebenfalls ihre Söhne zum Eintritt in den RFB. veranlassen. / Ein kräftiges ‚Rot Front!' unseren zahlreichen Kameraden Ehrenhold und der Ortsgruppe, die als nächste ein gleiches Bild veröffentlichen kann." *(Aus: Arbeiterstimme, 17.08.1928)*

Abzeichen zum Mitteldeutschen Roten Treffen des RFB in Leipzig am 18./19. August 1928

Programm zum Mitteldeutschen Roten Treffen des RFB in Leipzig am 18./19. August 1928 (Titelblatt)

18./19. August Mitteldeutsches Rotes Treffen des RFB in Leipzig. – Teilnahme der RFB-Gaue Berlin-Brandenburg (über 7 000 Teilnehmer), Erzgebirge/Vogtland (5 500 Teilnehmer). Halle-Merseburg (3 300 Teilnehmer), Magdeburg (1 500 Teilnehmer), Ostsachsen (2 500 Teilnehmer), Thüringen (2 200 Teilnehmer) und Westsachsen (5 000 Teilnehmer).

„Daß der RFB, die Rote Jungfront und der Rote Frauen- und Mädchenbund das Hauptkontingent stellten, ist selbstverständlich." *(Aus: Arbeiterstimme, 20.08.1928)*

18./19. August RFMB-Gau Ostsachsen: Teilnahme am Mitteldeutschen Roten Treffen des RFB in Leipzig (Aufrufe → 14.08.1928, 15.08.1928). – Teilnehmerinnen hatten sich bis 28. Juli 1928 anzumelden und das Fahrgeld (5,20 Reichsmark) an das Büro des RFB-Gaues Ostsachsen in Dresden, Jakobsgasse 15, zu zahlen.

„Die Demonstration der 100 000 – Die Beteiligung am Mitteldeutschen Treffen in Leipzig übertrifft alle Erwartungen
[...] Das Rote Treffen gegen Rüstungspolitik, gegen die Kriegsgefahr, gegen die Koalitionspolitik, für den Volksentscheid gegen die Panzerkreuzerregierung gestaltete sich zu der größten Kundgebung, die Mitteldeutschland seit Jahren gesehen hat und konnte sich mit dem Berliner Pfingsttreffen des RFB [...] messen. Es waren etwa 50 000 uniformierte Rote Frontkämpfer als Gäste eingetroffen. Weitere 50 000 Männer und Frauen konnte man zählen, die aus den Betrieben Mitteldeutschlands nach Leipzig gekommen waren. [...] Begeistert aufgenommen wurden die im ostsächsischen Zug mitgeführten Köpfe der Panzerkreuzersozialisten und die riesige Panzerkreuzerattrappe [...] Stark war neben RFB, Jungfront, RFMB auch die Kommunistische Jugend vertreten, [...]" *(Aus: Arbeiterstimme, 20.08.1928)*

22. August RFMB-OG Groß-Dresden: Teilnahme an der RHD-Gedenkkundgebung für Sacco-Vanzetti[26] in „Stadt Leipzig", Trachenberger Platz – Stellen aller Abteilungen 18,45 Uhr am Trachenberger Platz. – Einstimmige Annahme von zwei Entschließungen:

1. „Die zur Sacco-Vanzetti-Kundgebung versammelten Proletarier Dresdens protestieren gegen weitere Festhaltung von Mehlhorn, Burkhardt und Müller im Zuchthaus Sonnenburg und versichern diesen Genossen ihrer tatkräftigen Sympathie. / Zugleich fordern wir Freilassung von Margies und aller anderen proletarischen politischen Gefangenen."
2. „Die Zur Sacco-Vanzetti-Kundgebung der RHD versammelten Dresdner Arbeiter erklären, schärfsten Kampf führen zu wollen gegen die Rüstungen des neuen deutschen Imperialismus, wie sie im Panzerkreuzerbau zum Ausdruck kommen. Gegen die verräterische Haltung der SPD fordern die revolutionären Arbeiter alle Arbeiter zum Kampf auf. Die Arbeiten zum Volksentscheid gegen Panzerkreuzerbau werden die Versammelten energisch unterstützen." *(Aus: Arbeiterstimme, 27.08.1928)*

Spendenmarke „Der Gefangenen-Groschen" der Roten Hilfe Deutschland (RHD): „7000 politische Gefangene – Kämpft mit der Roten Hilfe für die Freilassung aller eingekerkerten Kämpfer"

Spendenmarke „Helft uns!" der Roten Hilfe Deutschland (RHD) zur Unterstützung inhaftierter Arbeiter und deren Familien

26 Nicola Sacco und Bartolomeo Vanzetti wurden am 22. August 1927 in den USA hingerichtet.

23. August RFMB-Abt. 1 (Zentrum): Versammlung im „Restaurant Flemminghof", Flemmingstraße 15. – „Fragekastendebatte".

23. August RFMB-Abt. 6 (Süd-West): Versammlung im „Bürgergarten", Lübecker Straße 16.

25./26. August RFMB-OG-Freital: Teilnahme an der Fahnenweihe der KPD-OG Kleinnaundorf.

„Die KPD marschiert / Die Kommunistische Partei veranstaltete am vergangenen Sonnabend [25.08. 1928] und Sonntag [26.08.1928] ihre Fahnenweihe, die einen glänzenden Verlauf genommen hat. / Am Sonnabend war der geräumige Saal des Gasthofes, in dem der Kommers stattfand, überfüllt. Die Beteiligung der Kleinnaundorfer Arbeiter war außerordentlich gut. Überall [...] leuchteten rote Fahnen. Die Veranstaltung am Sonnabend wurden mit Musikvorträgen der Schalmeienkapelle und einigen gutgelungenen Rezitationen unserer Jugendgenossen eingeleitet. Die Dresdner Roten Raketen [Spieltruppe des KJVD Ostsachsen] ernteten mit ihren glänzend gelungenen politisch-satirischen Vorstellungen stürmischen Beifall im ganzen Saale. Im Mittelpunkt der Veranstaltung stand die Fahnenweihe. Die Weiherede hielt Genosse Stadtverord.[neter] [Willy] Schneider [KPD], Freital [...] Genosse Schneider sprach den Wunsch aus, daß sich auch in Kleinnaundorf die Arbeiter unter der

Die „Roten Raketen", Dresden, die Spieltruppe des KJVD Ostsachsen (Aufnahme aus den 1930er Jahren vor dem Büro der IAH in Dresden, Popplitz 18; zuvor war das Büro der IAH in der Güterbahnhofstraße 24)

roten Fahne des Klassenkampfes sammeln mögen. Nur unter der roten Fahne des Klassenkampfes und unter der Führung der KPD werde die Arbeiterklasse den Sieg erkämpfen. Lebhafter Beifall der Versammelten bewies die Sympathie, die auch in dieser kleinen Arbeiterwohnsitzgemeinde von den Arbeitern der KPD und ihrer Politik entgegengebracht wird. – Unsere junge Ortsgruppe in Kleinnaundorf kann mit diesem prächtigen Verlauf dieser Veranstaltung außerordentlich zufrieden sein.
[…]
Am Sonntag fand unter zahlreicher Beteiligung der Arbeiterschaft eine Demonstration durch den Ort statt. Der Zug wurde überall mit großer Sympathie empfangen. Ein besonderes Gepräge gaben dem Zug die vielen mitgeführten roten Fahnen. Scharf hob sich die weiße Kleidung des RFMB von den Schwarzkutten des KJVD ab. […]" *(Aus: Arbeiterstimme, 28.08.1928)*

26. August RFMB-OG Freital: Stellen 12 Uhr Platz der Jugend. – Versammlung im „Sächsischen Wolf", Dresdner Straße 53.

27. August RFMB-Gau Ostsachsen: Sitzung der Erweiterten RFMB-Gauleitung Ostsachsen mit den RFMB-Abteilungsleiterinnen im „Brandenburger Hof" in Dresden, Berliner Straße 26/Ecke Peterstraße.

30. August RFMB-Abt. 3 (Striesen): Versammlung im „Glashütter Hof". – Mit Referat.

30. August RFMB-Abt. 8 (Neustadt-Ost): Versammlung 20 Uhr im „Restaurant Franz Nittel", Fritz-Reuter-Straße 11. – Mit Referat.

31. August RFMB-OG Bannewitz: 19,30 Uhr Antikriegskundgebung mit KPD, RFB und weiteren proletarischen Organisationen im „Amselgrund". – Rednerin: Olga Körner. – Rezitationen, Gesang.

1. September RFMB-OG Groß-Dresden: Teilnahme an den Begrüßungsveranstaltungen für die Teilnehmer des 14. Internationalen Jugendtages des KJVD in Dresden (→ 02.09.1928).

1. September RFMB-OG Freital: Begrüßungskundgebung für die Teilnehmer des 14. Internationalen Jugendtages in Dresden (01./02.09.) 17,30 Uhr im „Sächsischen Wolf", Dresdner Straße 53; anschließend Kommers.

2. September RFMB-OG Freital: Teilnahme an der Kundgebung zum 14. Internationalen Jugendtag des KJVD in Dresden auf dem Wilhelmplatz. – Stellen 10 Uhr am „Döhlener Hof".

Kundgebung zum 14. Internationalen Jugendtag des KJVD am 2. September 1928 in Dresden auf dem Wilhelmplatz

Abzeichen „14. Internationaler Jugendtag 2. Sept. 1928 Dresden" (beschädigt)

2. September 14. Internationaler Jugendtag des KJVD in Dresden. – Teilnahme von RFMB und weiteren proletarischen Organisationen an der Kundgebung auf dem Wilhelmplatz.

„Zu einer Kundgebung des K.J.V.D., Bezirke Ostsachsen und Westsachsen, anläßlich des 14. Internationalen Jugendtages am 2.9.[1928] in Dresden stellten auf dem Wilhelmplatze rd. 3000 Teilnehmer, die sich aus Mitgliedern des K.J.V.D., der Kommunistischen Partei, des Roten Frontkämpferbundes, der Roten Jungfront, des Roten Frauen- und Mädchenbundes und des Jungspartakusbundes zusammensetzten [...]" *(Aus: Bericht Sächsisches Ministerium des Innern, 20.10.1928)*

3. September RFMB-Gau Ostsachsen: Sitzung der RFMB-Gauleitung im „Brandenburger Hof" in Dresden, Berliner Straße 26/Ecke Peterstraße.

5. September RFMB-Abt. 11 (Johannstadt): Versammlung 20 Uhr im Restaurant „Bauhütte". – Vortrag: „10 Jahre deutsche Republik".

6. September RFMB-Abt. 1 (Zentrum): Versammlung im „Restaurant Flemminghof", Flemmingstraße 15. – „Fragekastendebatte".

7. September RFMB-OG Pirna: Versammlung 20 Uhr im „Volkshaus", Reitbahnstraße 3. – Abrechnung der Sammellisten.

9. September RFMB-OG Pirna: Teilnahme an der Wanderung des RFB-Untergaues Pirna nach Struppen.

9. September RFMB-OG Heidenau: Teilnahme an der Wanderung des RFB-Untergaues Pirna nach Struppen.

9. September RFMB-OG Dohna: Teilnahme an der Wanderung des RFB-Untergaues Pirna nach Struppen.

9. September RFMB-OG Zschachwitz: Teilnahme an der Wanderung des RFB-Untergaues Pirna nach Struppen.

11. September RFMB-Ab. 2 (Neustadt-West): Öffentliche Versammlung 20 Uhr im Restaurant „Zur Börse". – Rednerin: Helene Glatzer, RFMB-Gauleiterin Ostsachsen; Thema: „Panzerkreuzerbau und Kinderelend"; Lichtbildervortrag.

11. September RFMB-Abt. 3 (Striesen): Versammlung im „Glashütter Hof". – Rednerin: Martha Krieger; Thema: „Proletarische Volksseuchen und ihre Bekämpfung." – Zu diesem Thema sind weitere Vorträge angekündigt.

13. September RFMB-OG Groß-Dresden: Teilnahme an der Trauerfeier für die verstorbene RFMB-Kameradin Schmutzler. – Stellen am „Volkshaus Dresden-Ost", Schandauer Straße 73.

13. September RFMB-Abt. 8 (Neustadt-Ost): Tanzabend im „Prießnitzbad", Bischofswerdaer Straße 1.

15. September RFMB-OG Groß-Dresden und weitere proletarische Organisationen: Ankündigung der Panzerkreuzer-Revue der „Roten Raketen", Spieltruppe des KJVD Ostsachsen, für den 28. September 1928 20 Uhr in den „Annensälen", Fischhofplatz 10 (→ 28.09.1928).

„Eine Panzerkreuzer-Revue hat die bekannte Agitprop-Truppe des KJVD [Ostsachsen], die ‚Roten Raketen', reif für die Bretter gemacht. Diese ‚Revue' wird am Freitag, den 28. September, 20 Uhr, in den Annensälen, Fischhofplatz [10], unter Mitwirkung des Rezitators B.[oleslaw] Strzelewicz und einer Schalmeienkapelle des RFB aufgeführt. Die Ansprache hält der Landtagsabgeordnete Rudolf Renner [KPD]." *(Aus: Arbeiterstimme, 15.09.1928)*

15. September RFMB-Abt. 8 (Neustadt-Ost): Versammlung im „Restaurant Franz Nittel", Fritz-Reuter-Straße 11.

17. September RFMB-Gau Ostsachsen: Sitzung der RFMB-Gauleitung im „Brandenburger Hof" in Dresden, Berliner Straße 26/Ecke Peterstraße.

17. September RFMB-OG Freital: Versammlung 19,30 Uhr im „Sächsischen Wolf", Dresdner Straße 53.

19. September RFMB-Abt. 10 (Reick-Dobritz): Versammlung 20 Uhr im „Wettinschlößchen". – Vortrag: „Panzerkreuzer anstatt Kinderfürsorge".

20. September RFMB-Abt. 1 (Zentrum): Versammlung 20 Uhr im „Restaurant Flemminghof", Flemmingstraße 15.

20. September RFMB-Abt. 11 (Johannstadt): Versammlung 20 Uhr im Restaurant „Bauhütte". – „China-Abend mit Lichtbildern".

20. September RFMB-OG Bautzen: Öffentliche Versammlung im „Restaurant Krug", Töpferstraße 33. – Rednerin: Elisabeth Sparschuh; Thema: „Eindrücke von der Reise in die Sowjetunion".

21. September RFMB-OG Freital: Teilnahme an der Versammlung aller dem Komitee zur Durchführung des Volksbegehrens gegen Panzerkreuzerbau angeschlossenen Organisationen 19,30 Uhr in der „Roten Schänke".

22./23. September RFB-Gautreffen Ostsachsen in Pirna. – Teilnahme des RFMB-Gaues Ostsachsen und weiterer proletarischer Organisationen.

„Der Rote Tag in Pirna
[…] Am Sonntag [23.09.] hatte der [RFB-]Gau Ostsachsen für Pirna ein Gautreffen einberufen. Schon am Sonnabend [22.09.] trafen die Kameraden aus allen Teilen Ostsachsens ein und wurden von der Pirnaer Arbeiterschaft empfangen. […] / Am Sonntag […] rückten die Züge nach dem Hauptsammelplatz in Copitz. Punkt 14 Uhr setzte sich der Zug mit mehr als 2000 Teilnehmern in Bewegung. An der Spitze die Fahnen des RFB, ihnen folgte die Rote Jungfront […] Die Pirnaer Abteilungen hatten für die Demonstration einen riesigen Panzerkreuzer gebaut, der die Arbeiter ermahnte, zum Volksbegehren [gegen Panzerkreuzerbau] zu gehen. […] Den Kolonnen des RFB folgten Jungspartakusbund, der Kommunistische Jugendverband, der Rote Frauen- und Mädchenbund und andere Organisationen […]" *(Aus: Arbeiterstimme, 24.09.1928)*

23. September RFMB-Abt. 1 (Zentrum): Teilnahme am RFB-Gautreffen Ostsachsen in Pirna. – Stellen 8,15 Uhr Fischhofplatz.

Abzeichen zum RFB-Gautreffen Ostsachsen in Pirna am 22./23. September 1928 (MHM, BBAG9592)

24. September RFMB-Gau Ostsachsen: Eine beim RFB-Gautreffen Ostsachsen in Pirna (→ 22./23.09.1928) gefundene RFMB-Mütze ist abzuholen bei Kameradin Wiesner in Dresden, Palmstraße 32.

24. September RFMB-Gauleitung Ostsachsen: Sitzung im „Brandenburger Hof" in Dresden, Berliner Straße 26/Ecke Peterstraße.

25. September RFMB-OG Groß-Dresden: Öffentliche Frauenversammlung 20 Uhr im „Bürger-Casino", Große Brüdergasse 25, zur Vorbereitung des Volksbegehrens gegen Panzerkreuzerbau (→ 03.–16.10.1928). – Thema: „Was fordern die Frauen statt Panzerkreuzer?"

Demonstration von RFB, RFMB und weiterer proletarischer Organisationen zum RFB-Gautreffen Ostsachsen in Pirna am 23. September 1928

26. September Versammlung der RFMB- Abt. 8 (Neustadt-Ost) im „Antonstädter Kasino“. – Referat: „Was muß die proletarische Frau vom Volksbegehren [gegen Panzerkreuzerbau] wissen?“

28. September RFMB-OG Groß-Dresden: Teilnahme an der Panzerkreuzer-Revue der „Roten Raketen“, Spieltruppe des KJVD Ostsachsen, 20 Uhr in den „Annensälen“, Fischhofplatz 10 (Ankündigung → 15.09.1928).

PANZERKREUZER REVUE

der Roten Raketen

Freitag, 28. September 1928, 20 Uhr, in den Annensälen, Dresden-Altst., Fischhofplatz
● Mitwirkende: B. Strzelewicz und eine Schalmeienkapelle des RFB / Eintritt 50 Pf.

Werbung für die Panzerkreuzer-Revue der „Roten Raketen", Spieltruppe des KJVD Ostsachsen, am 28. September 1928 20 Uhr in den „Annensälen", Fischhofplatz 10 (Aus: Arbeiterstimme, 26.09.1928)

28. September RFMB-OG Heidenau: Versammlung mit KPD, RFB, RH, IAH und KJ 19,30 Uhr im „Deutschen Krug", Bismarckstraße 14. – Redner: Landtagsabgeordneter Bruno Siegel (KPD).

28. September Meldung des Verlustes des RFMB-Mitgliedsbuches Nr. 345 von Gertrud Böhme.

28.–30. September RFMB-Gau Ostsachsen: Teilnahme an der Sammelaktion proletarischer Organisationen gegen Panzerkreuzerbau.

28.–30. September RFMB-Abt. 3 (Striesen): Aufruf zur Vorbereitung des Volksbegehrens gegen Panzerkreuzerbau (→ 03.–16.10.1928).

„Alle Kameradinnen haben sich zur Durchführung des Volksbegehrens der KPD [gegen Panzerkreuzerbau] der Straßenzelle, in deren Bereich sie wohnen bzw. ihr angehören, zur Mitarbeit zur Verfügung zu stellen, und zwar am Freitag [28.09.], Sonnabend [29.09.] und Sonntag [30.09.]" *(Aus: Arbeiterstimme, 28.09.1928)*

30. September RFMB-Abt. 2 (Neustadt-West): Unterhaltungsabend mit Tanz 16 Uhr im „Deutschen Haus". – Theateraufführung der Freitaler RFMB-Gruppe.

1. Oktober RFMB-Bundesleitung: Aufruf zum Volksbegehren gegen Panzerkreuzerbau (03.–16.10.1928).

„Letzter Appell! An die Mitglieder des Roten Frauen- und Mädchenbundes
Bundesgenossinnen! Vom 3. bis 16. Oktober [1928] liegen in allen Orten Deutschlands die Listen zur Eintragung für das Volksbegehren gegen Panzerkreuzerbau aus. Eure Aufgabe ist es, dafür zu sorgen, daß die Frauen in Stadt und Land sich einzeichnen. / Sagt es jeder Arbeitskollegin im Betrieb. Sagt es den Frauen in dem Hause, wo ihr wohnt. Sagt es ihnen im Konsum, auf dem Markt, macht sie aufmerksam durch Haus- und Hofpropaganda. / Richtet in öffentlichen Frauenversammlungen den letzten Appell an sie.
Arbeitsfrau! Wenn du gegen Panzerkreuzerbau, für Kinderspeisung, für geräumige Wohnungen, ausreichende Fürsorge für Mutter und Kind bist, wenn du gegen neue imperialistische Kriege, für den Schutz Sowjetrußlands bist, dann zeichne dich ein!

Bundesmitglieder! Beweist erneut und in verstärktem Maße, wie unsere Frauenorganisation praktisch den Kampf führt gegen die drohende Kriegsgefahr. / Heran an die Arbeit! Nur der Kampf führt zum Sieg!
Bundesleitung des Roten Frauen- und Mädchenbundes." *(Aus: Arbeiterstimme, 01.10.1928)*

1. Oktober RFMB-OG Groß-Dresden: Treffen von Mitgliedern, die sich kulturell betätigen möchten (Theater, Chor) 20 Uhr im „Brandenburger Hof", Berliner Straße 26/Ecke Peterstraße.

1. Oktober RFMB-Abt. 9 (Leuben): Versammlung im „Lindengarten", Altleuben 1. – Rednerin: Olga Körner; Thema: „Die deutsche Regierung läßt neue Kriegsschiffe bauen – Die proletarischen Frauen fordern Wohnungsbau und Kinderspeisung".

3. Oktober RFMB-Abt. 3 (Striesen): Versammlung im Restaurant „Zur Erdkugel", Altstriesen 3. – Redner: Erich Schumann.

3. Oktober RFMB-Abt. 10 (Reick-Dobritz): Versammlung 19,30 im „Gasthof Dobritz", Pirnaer Landstraße 28. – Lichtbildervortrag.

3.–16. Oktober Volksbegehren gegen Panzerkreuzerbau. RFMB-Bundesleitung: Aufruf (→ 01.10.1928).

4. Oktober RFMB-Abt. 11 (Johannstadt): Versammlung 20 Uhr im Restaurant „Bauhütte". – Redner anwesend.

6. Oktober RFMB-Abt. 1 (Zentrum): Unterhaltungsabend im „Restaurant Flemminghof", Flemmingstraße 15. – Mitglieds- und Liederbücher mitbringen.

Spendenmarke „Volksentscheid gegen Panzerkreuzer – Kampffonds der KPD"

8. Oktober RFMB Ostsachsen: Sitzung der RFMB-Gauleitung im „Brandenburger Hof" in Dresden, Berliner Straße 26/Ecke Peterstraße.

8. Oktober RFB-OG Struppen: Ankündigung eines Konzert- und Theaterabends im Gasthof „Alberthöhe" anlässlich des 2jährigen Bestehens der RFB-Ortsgruppe Struppen; zugleich Werbung für eine RFMB-OG (→ 13.10.1928, 11.12.1927).

„Die Ortsgruppe des RFB veranstaltet am 13. Oktober [1928] einen Konzert- und Theaterabend im Gasthof Alberthöhe, Struppen. / Der Arbeiterschaft von Struppen und Umgegend ist hiermit Gelegenheit geboten, auch einmal ein Schalmeienkonzert zu hören [...] / Gleichzeitig feiert die [RFB-] Ortsgruppe Struppen ihr zweijähriges Bestehen. / Die Frauen von Pirna und Zschachwitz werden am selben Abend für eine Gruppe des Roten Frauen- und Mädchenbundes werben." *(Aus: Arbeiterstimme, 08.10.1928)*

9. Oktober RFMB-Abt. 2 (Neustadt-West): Gruppenabend 19,30 Uhr im Restaurant „Zur Börse". – Vorlesung und Diskussion.

10. Oktober RFMB-OG Groß-Dresden: Teilnahme an der Trauerfeier für den verstorbenen RFB-Kameraden Max Weidner. – Stellen 16,30 Uhr am Altenberger Platz. – Aus dem Nachruf der RFB-Gauleitung Ostsachsen:

„Kamerad Weidner hat, solange der Rote Frontkämpferbund besteht, stets in vorderster Reihe gekämpft. Als Abteilungsführer der 3. Abteilung [Striesen] Groß-Dresden hat er es verstanden, die Kameraden in politischer sowie organisatorischer Hinsicht an sich zu ketten. Als treuer Kamerad war er Vorbild für alle. Wir verlieren mit ihm einen unserer besten Mitarbeiter in der Bewegung." *(Aus: Arbeiterstimme, 09.10.1928)*

10. Oktober RFMB-Abt. 3 (Striesen): Demonstration für das Volksbegehren gegen Panzerkreuzerbau. – Stellplatz: 16,30 Uhr Pohlandplatz.

10. Oktober RFMB-Abt. 8 (Neustadt-Ost): Versammlung im „Antonstädter Kasino". – Mit Rede.

10. Oktober RFMB-OG Pirna: Versammlung 20 Uhr im „Volkshaus", Reitbahnstraße 3.

13. Oktober RFMB-OG Groß-Dresden: Teilnahme an Kundgebung und Demonstration für das Volksbegehren gegen Panzerkreuzerbau.

13. Oktober RFB-OG Struppen: Werbung für eine RFMB-OG anlässlich eines Konzert- und Theaterabends zum 2jährigen Bestehen der RFB-OG Struppen (→ 11.12.1927, 08.10.1928).

14. Oktober RFMB-OG Dohna: Teilnahme an der Landagitation mit KPD, RFB und KJVD. – Stellen mit Fahrrad 7 Uhr auf dem Sportplatz, ohne Fahrrad 8,30 Uhr auf dem Sportplatz.

17. Oktober RFMB-OG Freital: Versammlung im „Döhlener Hof", Untere Dresdner Straße 142.

18. Oktober RFMB-Abt. 1 (Zentrum): Versammlung 20 Uhr im „Restaurant Flemminghof", Flemmingstraße 15.

20. Oktober Vorbereitung der 4. RFMB-Gaukonferenz Ostsachsen (→ 21.10.1028) durch einen Beitrag in der „Arbeiterstimme".

Kundgebung von KPD, RFB, RFMB und weitere proletarischer Organisationen in Dresden-Johannstadt gegen Panzerkreuzerbau und Kriegsrüstungen, Oktober 1928

„Zur Gaukonferenz des Roten Frauen- und Mädchenbundes Ostsachsens am 21. Oktober 1928
Die enorm wachsende Rolle der Arbeiterinnen in der Produktion und somit im Klassenkampf, stellt den RFMB vor bedeutende Aufgaben. In Verbindung mit der kapitalistischen Rationalisierung, mit der technischen Neueinrichtung und Umorganisierung der Betriebe, werden qualifizierte Arbeiter durch unqualifizierte ersetzt. Das bringt eine wachsende Verwendung weiblicher Arbeitskräfte mit sich. Die billige Arbeitskraft der Frau, ihre geringe politische Schulung, ihre ungenügende gewerkschaftliche Organisierung lassen den Unternehmer die Arbeiterin als besonders willfähriges Arbeitsobjekt erscheinen. / Angesichts der drohenden Kriegsgefahr hat der Rote Frauen- und Mädchenbund mehr denn je die Aufgabe, die großen Frauenmassen zu schulen im Klassenkampf, ihnen den Weg zu weisen, sich einzureihen in die Front der kämpfenden Arbeiter.
Zurückblickend auf das vergangene Jahr, hat der Bund eine Festigung erfahren und durch eine ernste und aufopfernde Arbeit versucht, seinen obigen Aufgaben gerecht zu werden. / Es gilt im neuen Jahre, alle der Organisation noch anhaftende Schwächen mit vereinten Kräften zu überwinden, die Sympathien unter dem weiblichen Proletariat zu verstärken, die werktätigen Frauen dem Bunde als Mitglieder zuzuführen, am Kampfe des Proletariats gegen Entrechtung und Unterdrückung aktiven Anteil zu nehmen.
In der gegenwärtigen Situation des verschärften Angriffs des Kapitals muß und wird es dem Bunde gelingen, seine Ziele erfolgreich weiter zu verfolgen. Er wird mit den Erfahrungen und Richtlinien der diesjährigen Gaukonferenz ausgerüstet mit frischer Tatkraft an die Arbeit gehen.
In diesem Sinne unsern Gruß den in Dresden weilenden ostsächsischen Delegierten des RFMB."
(Aus: Arbeiterstimme, 20.10.1928)

21. Oktober 4. RFMB-Gaukonferenz Ostsachsen. – Tagungsort: Dresden, „Bürgergarten", Lübecker Straße 16.

„Der Gau Ostsachsen des RFMB / hielt am 21. Oktober im ‚Bürgergarten' in Dresden seine 4. Gaukonferenz ab, die von Delegierten aus allen Teilen Ostsachsens besucht war. / Nach dem Gesang des Kampfliedes der roten Proletarierinnen und Begrüßungsansprachen der Vertreter der KPD, des KJVD, des JSB, der RH und der IAH (der RFB hatte ein herzliches Begrüßungsschreiben gesandt), ergriff die Genossin Hanna Ludewig – Berlin das Wort zu einem großen politischen Referat, in dem die Aufgaben des RFMB an Hand der Aufzeigung der Lage der arbeitenden Frau in Deutschland und Rußland dargelegt wurden. / Die lebendige Diskussion zeigte einen guten revolutionären Geist in dieser Kampforganisation der werktätigen Frauen. / Die Wahlen zur neuen Gauleitung wurden einstimmig vorgenommen und beweisen, daß der RFMB innerlich geschlossener dasteht als je zuvor. / Der gute Kampfgeist, der die Konferenz beherrschte, zeigte deutlich, daß der ostsächsischen revolutionären Arbeiterbewegung im Roten Frauen- und Mädchenbund ein guter Kampfgenosse entstanden ist." *(Aus: Arbeiterstimme 22.10.1028)*

23. Oktober RFMB-Abt. 3 (Striesen): Versammlung im Restaurant „Zur Erdkugel", Altstriesen 3. – Thema: „4. RFMB-Gaukonferenz Ostsachsen (→ 21.10.1928).

„Einen Abend im Roten Frauen- und Mädchenbund als Gast (Arbeiterinnenkorrespondenz)
Lange Jahre wohne ich nun schon mit meiner Nachbarin auf einem Flur und verstehen wir uns sehr gut. Meine Nachbarin ist im RFMB. Sie hat mir viel von dieser Organisation erzählt und ich bin nach mehrmaligem Auffordern einmal mitgegangen. Es drängt mich nun, den Eindruck, den ich erhalten habe, anderen Frauen zu erzählen.
Punkt 20 Uhr begann in der Erdkugel [Restaurant ‚Zur Erdkugel', Altstriesen 3] der Gruppenabend der [RFMB-]Abteilung 3 [Striesen]. Als Einleitung wurde gesungen: ‚Wir sind die erste Reihe.' Die Tagesordnung lautete: Bericht von der Gaukonferenz [4. RFMB-Gaukonferenz → 21.10.1928]. Vier Delegierte, die dort waren, und eine als Gast berichteten. Sie erzählten von den russischen Frauen, wie sich ihre Lebenslage unter der Arbeiter- und Bauernregierung gebessert hat. Und wie immer schlechter es demgegenüber uns Frauen in Deutschland ginge, daß es mit allen Kräften gelte, die Arbeiterfrauen aufzuklären, sie zu Mitkämpferinnen zu gewinnen. / Weiter werden im Winter Kursusabende veranstaltet, in denen die Genossinnen über die Arbeiterbewegung unterrichtet werden sollen. Eine Delegierte erzählte, daß die Referentin über das Sozialistengesetz gesprochen hat, daß wir aber in der deutschen Republik jetzt viel schlimmer daran sind als damals unter dem Sozialistengesetz. Es entspann sich darauf eine große Aussprache, und es stellte sich heraus, daß die Genossinnen gar nicht wußten, was denn das Sozialistengesetz eigentlich ist. Nun wurde beschlossen, daß am nächsten Gruppenabend darüber weiter gesprochen wird, und ich werde bestimmt wieder hingehen, denn ich möchte auch gern erfahren, was das Sozialistengesetz ist. Noch viel könnte ich erzählen, nur konnte ich mir nicht alles merken. 21,30 Uhr wurde dieser Punkt abgebrochen und es begann der Liederabend. Zwei Jugendgenossen spielten Lieder zur Laute, da haben wir alles, was wir konnten, mitgesungen. Erst 22,30 Uhr wurden wir müde. Der Abend wurde mit dreifachem „Rot Front!" geschlossen. Was mir am besten gefallen hat, war die Harmonie, die untereinander herrschte. Jede Anwesende versuchte mitzuhelfen, daß der Abend ein Erfolg wurde. Man merkte: Hier bist du unter Arbeiterfrauen, die alle das gleiche schwere Los mit dir teilen, und die sich hier zusammen-

finden, um mit geschlossener Kraft ihre Lebenslage zu bessern! / Allen anderen Frauen, die noch abseits stehen, rufe ich zu: Stärkt die Front der kämpfenden Frauen, indem ihr Euch mit einreiht in die Organisation des RFMB!" *(Aus: Arbeiterstimme, 08.12.1928)*

25. Oktober RFMB-OG Freital: Versammlung 20 Uhr im „Döhlener Hof", Untere Dresdner Straße 142. – Tagesordnung: 4. RFMB-Gaukonferenz Ostsachsen (→ 21.10.1928); Vorbereitungen zur Teilnahme an der Gedenkkundgebung in Freiberg (→ 28.10.1928).

27. Oktober RFMB-OG Bautzen: Unterhaltungsabend mit Tanz 20 Uhr im „Weißen Roß", Äußere Lauenstraße 11.

28. Oktober RFMB-OG Groß-Dresden: Teilnahme an der Gedenkkundgebung für die Opfer des Reichswehreinmarsches 1923 in Freiberg. – Stellen 8 Uhr Freiberger Platz.

28. Oktober RFMB-OG Freital: Teilnahme an der Gedenkkundgebung für die Opfer des Reichswehreinmarsches 1923 in Freiberg.

Gedenkkundgebung ostsächsischer Ortsgruppen von KPD, RFB, RFMB und weiterer proletarischer Organisationen für die Opfer des Reichswehreinmarsches von 1923 in Freiberg, 28. Oktober 1928

November Polizeiliches Überwachungsergebnis zu proletarischen Organisationen in Ostsachsen:

„Die K.P.D. und die ihr nahestehenden Organisationen [u.a. RFB, RFMB] gedachten in mehreren Kundgebungen des 11. Jahrestages der russischen Revolution und benutzten die Anwesenheit einer Krassin-Delegation [→ 17.11.1928] zu Agitationsveranstaltungen für Sowjetrußland in Dresden [...]" *(Aus: Bericht Sächsisches Ministerium des Innern, 18.12.1928)*

1. November RFMB-Abt. 1 (Zentrum): Versammlung 20 Uhr im Restaurant „Zum Hasen", Fischhofplatz 1.

1. November RFMB-Abt. 11 (Johannstadt): Versammlung 20 Uhr in „Dahms Restaurant", Rietschelstraße 20. – Thema: „4. RFMB-Gaukonferenz Ostsachsen" (→ 21.10.1928).

Anzeige „Restaurant H. Dahms", Rietschelstraße 20; Versammlungslokal der RFMB-Abteilung 11 (Johannstadt)

2. November RFMB-Abt. 8 (Neustadt-Ost): Versammlung in der „Louisenburg".

2. November RFMB-OG Pirna: Versammlung 20 Uhr im „Volkshaus", Reitbahnstraße 3. – Thema: „4. RFMB-Gaukonferenz Ostsachsen" (→ 21.10.1928).

3. November RFMB-OG Groß-Dresden: Mitunterzeichner des Aufrufs zur Demonstration (→ 07.11.1928) anlässlich des 11. Jahrestages der russischen Revolution.

„Marschiert unter den roten Fahnen der Revolution. Demonstriert euren Kampfwillen und eure Kampfkraft am 7. November dem 11. Jahrestag der russischen Revolution auf dem Wilhelmplatz, Dresden-N. 19,30 Uhr / Ansprachen: Siegfried Rädel, M.d.R. [KPD], Rudolf Renner, M.d.L. [KPD] / Verstärkt durch 4 Lautsprecher des Arbeiter-Radiobundes.
Demonstriert für die Kampflosungen des Proletariats! / Kampf um menschenwürdige Existenz! Nieder mit der kapitalistischen Republik! Nieder mit der Schlichtungsguillotine! Krieg dem imperialistischen Krieg! / Verteidigt das Vaterland des Proletariats, die Sowjetunion! Es leben die Diktatur des Proletariats! Es lebe der Klassenkampf! Nieder die Demokratie! [...]
Kommunistische Partei, Kommunistischer Jugendverband, Roter Frontkämpferbund, Roter Frauen- und Mädchenbund, Rote Hilfe Deutschlands, Internationale Arbeiterhilfe Groß-Dresden." *(Aus: Arbeiterstimme, 03.11.1928)*

3. November RFMB-OG Bannewitz: 19,30 Uhr Versammlung in „Rudolfs Restaurant" in Hänichen. – Thema: „4. RFMB-Gaukonferenz Ostsachsen" (→ 21.10.1928).

6. November RFMB-Abt. 3 (Striesen): Versammlung im Restaurant „Zur Erdkugel", Altstriesen 3. – Thema: „10 Jahre Deutsche Republik – 11 Jahre Sowjetrußland". – Rezitationen: Gertrud Strzelewicz.

7. November RFMB-OG Groß-Dresden: Teilnahme an Kundgebung und Demonstration zum 11. Jahrestag der russischen Revolution (Aufruf → 03.11.1928); Annahme einer Resolution für die Metallarbeiter an der Ruhr.

„Das Dresdner revolutionäre Proletariat feiert den 7. November. Imposanter Fackelzug der revolutionären Organisationen
Die Dresdner revolutionären Organisationen hatten [...] zu einer Kundgebung für die bolschewistische Revolution nach dem Wilhelmplatz aufgerufen. Schon nach 18 Uhr bewegten sich aus den einzelnen Stadtteilen Züge nach der Neustadt. [...] Transparente und Fahnen mit den Losungen des revolutionären Klassenkampfes, für den Schutz der Sowjetunion, gegen die kapitalistische Trustdiktatur und für die proletarische Revolution belebten das Bild und als die Kundgebung durch das Spiel der RFB-Kapellen mit der ‚Internationale' eröffnet wurde drängte sich alles Kopf an Kopf um die Redner und die vom Arbeiter-Radio-Bund [...] aufgestellten Lautsprecher. / Als erster Redner zeigte Genosse [Bruno] Siegel [Landtagsabgeordneter, KPD] in seiner Ansprache die grundlegenden Gegensätze zwischen der Entwicklung der deutschen kapitalistischen Republik und der Sowjetunion. [...] Im Zeichen des Sowjetstern hat die russische Arbeiterklasse über ihre Ausbeuter gesiegt. Der deutschen Arbeiterschaft steht dieser Kampf noch bevor. [...] / Anschließend daran forderte Genosse [Anton] Saefkow Solidarität mit den kämpfenden Ruhrmetallarbeitern, deren Kampf eine Angelegenheit der gesamten deutschen Arbeiterklasse ist. Anschließend an seine Rede wurde eine Resolution für den Metallarbeiterkampf an der Ruhr angenommen. / Nach Schluß der Kundgebung formierte sich ein großer Demonstrationszug, der durch 1000 Fackelträger ein imposantes Bild bot. Weit leuchtend marschierte der Zug durch die Neustadt über die Carolabrücke nach dem Bönischplatz [...] Unter donnernden Hochrufen auf die Sowjetunion und die proletarische Diktatur fand dann die Kundgebung ihr Ende. / Die hervorragende Disziplin der Massen und die vom Gros der Polizeibeamten geübte Zurückhaltung ermöglichte einen reibungslosen Verlauf des Aufmarsches, der deutlich zeigte, daß der Ruf der russischen Revolution auch bei uns seinen Widerhall gefunden hat." *(Aus: Arbeiterstimme, 08.11.1928)*

„Das Dresdner Proletariat an die Ruhrkämpfer
Die Massendemonstration am 7. November auf dem Wilhelmplatz [in Dresden] nahm unter stürmischer Begeisterung die folgende Resolution an:
Resolution / Die am 11. Jahrestag der russischen Revolution in Dresden demonstrierenden Massen senden ihre revolutionären Grüße dem ersten sozialistischen Staat der Welt, dem siegreichen russischen Proletariat, seiner glorreichen Führerin, der russischen Kommunistischen Partei.
Die Dresdner Arbeiterschaft sendet zugleich brüderliche Kampfesgrüße den kämpfenden Brüdern an der Ruhr und den im schweren Kampf stehenden Werftarbeitern. Mit der Unterstützung des Staatsapparates und der sozialdemokratischen Koalitionsregierung stoßen die Unternehmer in allen Industriegruppen gegen die Arbeiterschaft vor. [...] / Nur die Gegenoffensive des Proletariats, nur die entschlossenste, aktivste Solidarität mit den kämpfenden Arbeitern kann die Pläne der Unter-

nehmer [...] zunichte machen. / Die revolutionäre Arbeiterschaft Dresdens gelobt, alle Kräfte zur Unterstützung dieser Kämpfe einzusetzen. Nur durch Führung des Kampfes nach den Grundsätzen des proletarischen Klassenkampfes kann die Arbeiterklasse in den Wirtschaftskämpfen siegen und zu jenem Ziel gelangen, das heute vor 11 Jahren unter Führung Lenins die russischen Arbeiter erkämpft haben. [...] *(Aus: Arbeiterstimme, 10.11.1928)*

8. November RFMB-Abt. 1 (Zentrum): Versammlung 20 Uhr im Restaurant „Zum Hasen", Fischhofplatz 1.

9. November RDMB-OG Bannewitz: Teilnahme an KPD-Versammlung. – Redner: Anton Saefkow.

12. November RFMB-Gau Ostsachsen: Sitzung der RFMB-Gauleitung im „Brandenburger Hof" in Dresden, Berliner Straße 26/Ecke Peterstraße.

13. November RFMB-OG Freital: Versammlung 19,30 Uhr im „Döhlener Hof", Untere Dresdner Straße 142. – Liederbücher mitbringen.

14. November RFMB-OG Groß-Dresden: Wichtige Besprechung der Funktionärinnen aller Abteilungen im „Floraschlößchen".

15. November RFMB-Abt. 8 (Neustadt-Ost): Versammlung 20 Uhr in der „Louisenburg". – Referat: „10 Jahre Deutsche Republik".

15. November RFMB-Abt. 11 (Johannstadt): Versammlung 20 Uhr in „Dahms Restaurant", Rietschelstraße 20. – Liederbücher mitbringen.

16. November RFMB-OG Pirna: Teilnahme an der Kundgebung von KPD und weiteren proletarischen Organisationen 20 Uhr im „Volkshaus", Reitbahnstraße 3. – Redner: Genosse Jacobs, Redakteur der „Arbeiterstimme", Dresden; Thema: „10 Jahre kapitalistische Republik".

17. November RFMB-OG Groß-Dresden: Teilnahme an den Kundgebungen von KPD und RFB in den „Annensälen" und im Lichtspielhaus am Freiberger Platz zum Empfang einer Delegation des sowjetischen Eisbrechers „Krassin", der die Teilnehmer der Nordpol-Expedition des Italieners Umberto Nobile rettete.

18. November RFMB-Abt. 1 (Zentrum): Stellen 8,30 Uhr im „Brandenburger Hof", Berliner Straße 26/Ecke Peterstraße.

18. November RFMB-Abt. 5 (Laubegast): Teilnahme am Landsonntag in Kreischa, gemeinsam mit KPD, RFB, RH und Schalmeienkapelle der RFB-Abt. 9 (Leuben).

20. November RFMB-Abt. 3 (Striesen): Unterhaltungs- und Werbeabend im „Glashütter Hof." – Rezitationen: Gertrud Strzelewicz.

20. November Hochzeit in RFB-/RFMB-Bundeskleidung in Dresden. – Aus dem Bericht eines Arbeiters:

„[...] Am 20. November [1928] fand meine Trauung vor dem Standesamt III Dresden-Neustadt statt. – Vor Beginn der Handlung erklärte der Standesbeamte fast wörtlich: ‚Meine Herrschaften! Ich könnte sie nach Hause schicken, denn in dieser Kleidung (wir waren in Rotfront-Uniform erschienen) brauche ich die Handlung nicht vorzunehmen. Da könnte ein jeder kommen, wie es ihm gerade paßt, zuletzt noch im Karnevalskostüm.' / Der ‚wohllöbliche Standesbeamte' [...] im Knopfloch seines Rockes das Band des Eisernen Kreuzes und einer sächsischen Medaille [...]" *(Aus: Arbeiterstimme, 08.12.1928)*

21. November RFMB-OG Freital: Unterhaltungsabend in Zauckerode. – Stellen 18,30 Uhr bei Kippenhahn.

22. November RFMB-Abt. 1 (Zentrum): Versammlung im Restaurant „Zum Hasen", Fischhofplatz 1.

23. November RFMB-Abt. 9 (Leuben): Theater- und Sprechchorprobe im „Lindengarten", Altleuben 1.

26. November RFMB-Gau Ostsachsen: Sitzung der RFMB-Gauleitung im „Brandenburger Hof" in Dresden, Berliner Straße 26/Ecke Peterstraße.

26. November RFMB-Abt. 8 (Neustadt-Ost): Veranstaltung im „Orpheum", Kamenzer Straße 19.

27. November RFMB-Abt. 5 (Laubegast) Teilnahme an der Trauerfeier für die verstorbene Genossin Hedwig Martin. – Stellen 16,45 Uhr am Krematorium Dresden-Tolkewitz.

28. November RFMB-OG Groß-Dresden: Ankündigung der 3-Jahres-Feier in den „Annensälen", Fischhofplatz 10. (→ 30.11.1928).

„Drei Jahre RFMB! / Drei Jahre Aufklärungsarbeit unter den proletarischen Frauen und Mädchen! / Kommt zu unserer Feier des dreijährigen Bestehens [der RFMB-OG Groß-Dresden] in den ‚Annensälen' am Freitag, den 30. November 19,30 Uhr. / Darbietungen: Schalmeien, Theater, Rezitationen (Gertrud Strzelewicz), Konzert. Eintritt 30 Pf." *(Aus: Arbeiterstimme, 28.11.1928)*

28. November RFMB-Abt. 2 (Neustadt-West): „Wichtige Sitzung" im Restaurant „Zur Börse".

29. November RFMB-OG Freital: Schulungsabend im „Döhlener Hof", Untere Dresdner Straße 142.

30. November RFMB-OG Groß-Dresden: 3-Jahres-Feier in den „Annensälen", Fischhofplatz 10 (Ankündigung → 28.11.1928).

Dezember RFMB-Gau Ostsachsen: Spende von 10 RM für die Winterhilfssammlung der RHD.

4. Dezember RFMB-Abt. 3 (Striesen): Versammlung 20 Uhr im Restaurant „Zur Erdkugel", Altstriesen 3.

4. Dezember RFMB-OG Radeberg: 19,30 Uhr Versammlung im „Edelweiß", Südstraße. – Referat. „Drei Jahre RFMB und unsere Aufgaben".

5. Dezember RFMB-Abt. 9 (Leuben) und 10 (Reick-Dobritz): Unterhaltungsabend im „Gasthof Dobritz", Pirnaer Landstraße 28. – Lieder zur Laute.

6. Dezember RFMB-Abt. 1 (Zentrum): Versammlung im Restaurant „Zum Hasen", Fischhofplatz 1. – Listen von der 4. RFMB-Gaukonferenz Ostsachsen (→ 21.10.1928) abrechnen.

6. Dezember RFMB-Abt. 8 (Neustadt-Ost): Versammlung im Restaurant „Petzold".

7. Dezember RFMB-Abt. 5 (Laubegast): Proletarische Weihnachtsfeier 19,30 Uhr im „Ratskeller Laubegast" gemeinsam mit RFB, KJVD, JSB. – Musik, Rezitationen, Rote Trommler, Bücherausstellung.

7. Dezember RFMB-OG Pirna: Versammlung 20 Uhr im „Volkshaus", Reitbahnstraße 3. – Kontrolle der Mitgliedsbücher.

14. Dezember RFMB-Abt. 11 (Johannstadt): Versammlung 20 Uhr in „Dahms Restaurant", Rietschelstraße 20.

18. Dezember RFMB-Abt. 3 (Striesen): Unterhaltungsabend im „Glashütter Hof". – Rednerin: Helene Glatzer, RFMB-Gauleiterin Ostsachsen; Thema: „Warum feiern wir Weihnachten?" – Jungspartakus bringt Lieder und Tänze.

20. Dezember RFMB-Abt. 1 (Zentrum): Sonnwendfeier 20 Uhr im Restaurant „Zum Hasen", Fischhofplatz 1.

20. Dezember RFMB-Abt. 8 (Neustadt-Ost): Versammlung im Restaurant „Petzold". – Geschenke mitbringen.

27. Dezember RFMB-Gau Ostsachsen: Mahnung aller RFMB-Ortsgruppen und RFMB-Abteilungen zur Abrechnung der Mitgliedsbeiträge bis Ende Dezember 1928.

28. Dezember RFMB-Abt. 3 (Striesen): Bestätigung einer Spende von 16,70 RM an die IAH zugunsten der Hamburger Werftarbeiter.

28. Dezember RFMB-Abt. 5 (Laubegast): Bestätigung einer Spende von 6,00 RM an die IAH zugunsten der Hamburger Werftarbeiter.

30. Dezember RFMB-OG Groß-Dresden: Teilnahme an Kundgebung und Demonstration „10 Jahre KPD".

„Glänzende 10-Jahr-Kundgebung in Dresden
Dresden, den 31. Dezember [1928]. / Die am gestrigen Sonntag im Ausstellungspalast [Stübelallee 2a] abgehaltene 10-Jahr-Kundgebung war ein glänzender Auftakt für das von der Partei [KPD] durchgeführte Lenin-Liebknecht-Luxemburg-Aufgebot. Der Riesensaal war nicht nur voll besetzt, sondern an beiden Seitengängen stauten sich die in Massen Erschienenen. Nachdem Genosse Bruno Siegel [Landtagsabgeordneter, KPD] die Kundgebung eröffnet hatte, wickelte sich das Programm reibungslos ab. Glänzend wirkten die Darbietungen des Pirnaer RFB-Blasorchesters, lebhaften Beifall erntete auch der greise Genosse Strzelewicz und die Genossin Gertrud Strzelewicz bei ihren Rezitationen. Die Arbeitersänger wurden zu einer Wiederholung des ganz hervorragend gesungenen ‚Brüder zu Sonne' gezwungen. Den Höhepunkt bildete die Ansprache des Genossen Siegfried Rädel [Reichstagsabgeordneter, KPD], dessen Ausführungen besonders an der Stelle, wo sie in einer Kampfansage gegen die Bourgeoisie und den Reformismus gipfelten, tosenden Beifall fanden. Als

Genosse [Bruno] Siegel dann zur Durchführung einer Demonstration aufforderte, brach wieder der Beifall los, und nach Schluß der Kundgebung bildete sich ein machtvoller Demonstrationszug, der sich durch die Stadt nach dem Fischhofplatz bewegte, wo nach einer [...] kurzen Ansprache des Genossen [Rudolf] Renner [Landtagsabgeordneter, KPD] der Zug sich auflöste. Vor Beginn der Kundgebung hatte bereits der Dresdner RFB einen Aufmarsch zu Ehren des 10jährigen Bestehens der KPD durchgeführt. Der Verlauf dieser Kundgebung war ein treffender Beweis für das Wachstum der kommunistischen Bewegung in Dresden und eine endgültige Antwort an die sozialdemokratischen Spalter. Die Dresdner und ostsächsische Kommunistische Partei marschiert ins zweite Jahrzehnt stärker und geschlossener denn je." *(Aus: Arbeiterstimme, 31.12.1928)*

Im „Ausstellungspalast" in Dresden, Stübelallee 2a, findet am 30. Dezember 1928 unter Teilnahme der RFMB-Ortsgruppe Groß-Dresden und weiterer proletarischer Organisationen die Feier „10 Jahre KPD" statt

3.5 1929

4. Januar RFMB-OG Pirna: Versammlung 20 Uhr im „Volkshaus", Reitbahnstraße 3.

7. Januar RFMB-OG Freital: Vorbereitungen mit KPD, RFB, RJ, RH und IAH zur Teilnahme an der Lenin-Liebknecht-Luxemburg-Feier in Dresden (→ 20.01.1929).

8. Januar RFMB-Abt. 3 (Striesen): Gruppenabend im „Glashütter Hof". – Rede zu Gewerkschaftsfragen; Diskussion.

9. Januar RFMB-Abt. 2 (Neustadt-West): Jahresversammlung 19,30 Uhr im Restaurant „Zur Börse".

10. Januar KPD-Bezirksleitung Ostsachsen: Arbeitsberatung zur Vorbereitung der Internationalen Frauenwoche (→ 03.–10.03.1929).

„Die Vorarbeiten für diese Kampagne nimmt der RFMB in Angriff. Anfang ist bereits durch die Unterschriftensammlung gemacht […] / Genn. [Genossin Margarethe] Kluttig macht die Mitteilung, daß 4 Versammlungen über den § 218 im Februar angesetzt werden." *(Aus: Protokoll Arbeitsberatung KPD-Bezirksleitung Ostsachsen, 10.01.1929)*

10. Januar RFMB-Abt. 11 (Johannstadt): Versammlung 20 Uhr in „Dahms Restaurant", Rietschelstraße 20. – Liederbücher mitbringen. Gäste willkommen.

14. Januar RFMB-Gau Ostsachsen: Sitzung der RFMB-Gauleitung 19,30 Uhr in Dresden im Büro der IAH, Güterbahnhofstraße 24.

14. Januar RFMB-OG Groß-Dresden: Aufruf zur Schaffung einer RFMB-Theatergruppe (→ 15.03.1929, 17.03.1929).

16. Januar RFMB-OG Groß-Dresden: Treffen der RFMB-Theatergruppe 19,30 Uhr im Büro der IAH, Güterbahnhofstraße 24.

17. Januar RFMB-Abt. 1 (Zentrum): Versammlung im „Restaurant Schirmer", Fischhofplatz 14. – Gäste willkommen.

17. Januar RFMB-Abt. 8 (Neustadt-Ost): Lenin-Liebknecht-Luxemburg-Feier 20 Uhr im „Antonstädter Kasino". – Bitte in weißer Bluse erscheinen; Gäste willkommen.

Im Zirkus Sarrasani in Dresden-Neustadt fand am 20. Januar 1929 die Lenin-Liebknecht-Luxemburg-Feier statt, an der u.a. auch die RFMB-Ortsgruppe Groß-Dresden teilnahm

Die „Roten Raketen", Spieltruppe des KJVD Ostsachsen, traten zur Lenin-Liebknecht-Luxemburg-Feier am 20. Januar 1929 im Zirkus Sarrasani auf (Aufnahme aus den 1930er Jahren vor dem Büro der IAH in Dresden, Poppitz 18; zuvor war das Büro der IAH in der Güterbahnhofstraße 24)

20. Januar RFMB-OG Groß-Dresden: Teilnahme an der Lenin-Liebknecht-Luxemburg-Feier im Zirkus Sarrasani. – Stellen: Wilhelmplatz. – Redner: Ottomar Geschke, Mitglied des ZK der KPD.

„Machtvolle Kundgebung im Zirkus. Treuegelöbnis der 5000 zur Partei Lenins
[...] Bereits in der 9. Stunde begann sich der Sarrasani-Bau zu füllen. Kurz nach 10 Uhr eröffnete Genosse Hoop die Kundgebung. Spontaner Beifall rast durch den Bau, als die Fahnendelegationen unter Voranmarsch einer RFB-Kapelle einmarschierten. Dann erklang gedämpft die Melodie des russischen Trauermarsches – die Fahnen senkten sich, und 5000 erhoben sich zum stillen Schwur zu rächen unsere großen Toten Liebknecht, Luxemburg und Lenin und die vielen tausend Namenloser. Dann traten die Roten Raketen vor. In einfacher, schmucker, den russischen Rotgardisten ähnelnder Uniform mahnten sie an Vergangenes, warben für die Partei Lenins. Die roten Fahnen senkten sich zum Gedenken unserer Toten, dann aber reckten sich trotzig voller Siegeszuversicht die Soldaten der Revolution, klar und scharf ertönte es im Riesenbau: sollte die kapitalistische Gesellschaft es wagen, Sowjetrußland anzugreifen, dann werden wir antworten wie Liebknecht und Lenin: Krieg dem imperialistischen Kriege! / In den Fäusten der Arbeiter die Gewehre, das ist die beste Verteidigung der Sowjetunion!
Mit stürmischen Beifall wird der greise Kämpe Strzelewicz empfangen. Gleichsam die Treue zur Partei und den festen, unerschütterlichen Glauben an die Arbeiter verkörpernd, schleudert er in die andächtig lauschenden Massen den Ruf: Lenin, Liebknecht, Luxemburg – sie sind nicht tot! In Millionen Herzen leben sie, Millionen sind es, die in ihrem Sinne kämpfen, und in ihrem Geiste werden wir siegen!
Ottomar Geschke, der Vertreter des Zentralkomitees, spricht: / Januartage sind Gedenktage: Gründung der KPD, Meuchelmord an Karl und Rosa, Tod Lenins. Vor zehn Jahren war es, als mitten im Toben des Bürgerkrieges die Kommunistische Partei gegründet wurde. Vor 10 Jahren war es, als im Auftrage der SPD die weißen Garden Noskes die revolutionären Arbeiter von Berlin, München, Braunschweig und das Ruhrgebiet niederschlugen! Zehn Jahre ist es her, als eine vertierte Soldateska die Aufforderung des Vorwärts befolgte und Karl und Rosa meuchelte. In schweren Kämpfen und unter großen Opfern gegen die Reaktion und ihre Lakaien, die SPD, hat sich die Kommunistische Partei Deutschlands zur Massenpartei, zur Führerin des deutschen Proletariats entwickelt. Als vor 5 Jahren der geniale Führer des Weltproletariats, W. I. Lenin, starb, frohlockten Bourgeoisie und SPD. Heute aber müssen sie sehen, daß das Werk fester denn je ist. Mögen einige Renegaten die Reihen der KPD verlassen, die Mitglieder der Kommunistischen Partei stehen geschlossen! Die Avantgarde marschiert, dafür ist die gestrige Kundgebung der beste Beweis! Mit der Aufforderung an Dresdens Arbeiter, die Reihen der KPD zu stärken und Leser der Arbeiterstimme zu werden, schloß Genosse Geschke seine Ausführungen.
Gegen den weißen Terror in Bulgarien protestierte ein mit stürmischen Beifall empfangener Vertreter unserer bulgarischen Bruderpartei. Eine Resolution, die sich gegen die Henker wendet und sofortige Freilassung der Gefangenen verlangt, wurde einstimmig angenommen. / Dann erklang zu Schluß das Lied der Arbeiter: ‚Wacht auf, Verdammte dieser Erde ...' / Diese machtvolle Kundgebung war eine Kampfansage an die Kapitalisten, eine Antwort an die, die vom Zerfall der KPD faseln, aber auch an die, die die KPD glauben spalten zu können." *(Aus: Arbeiterstimme, 21.01.1929)*

„Erwähnt sei, daß vor der Feier sich etwa 900 Teilnehmer auf dem Wilhelmplatz sammelten und in geschlossenem Zuge, in dem zwei Kapellen, 36 rote Fahnen und zahlreiche Transparente mitgeführt wurden, nach dem Zirkus [Sarrasani] marschierten." *(Aus: Bericht Sächsisches Ministerium des Innern, 18.02.29)*

20. Januar RFMB-OG Freital: Teilnahme an der Lenin-Liebknecht-Luxemburg-Feier in Dresden. – Stellen 8 Uhr am „Döhlener Hof", Untere Dresdner Straße 142. Fahrgeld ist mitzubringen (Vorbereitung → 07.01.1929)

21. Januar RFMB-OG Groß-Dresden: Theaterprobe bei Lea Grundig, Melanchthonstraße 14.

22. Januar RFMB-Abt. 3 (Striesen): Unterhaltungsabend im „Glashütter Hof". – Ernste und heitere Vorlesungen; Lieder zur Laute; Liederbücher mitbringen.

25. Januar RFMB-Abt. 6 (Süd-West): Versammlung 19,30 Uhr im „Bürgergarten", Lübecker Straße 16. – Tagesordnung: 1. Kampagne gegen Abtreibungsparagraph 218, Vorbereitung der Internationalen Frauenwoche (→ 03.–10.03.1929); 2. Diskussion; 3. Organisatorisches (Neuwahl der Leitung, Neuregelung der Kassierung, Kontrolle der Mitgliedsbücher). – Anschließend Rezitationen und Gesang.

25. Januar RFMB-OG Pirna: Versammlung 20 Uhr im „Volkshaus", Reitbahnstraße 3. – Liederbücher mitbringen.

30. Januar RFMB-OG Groß-Dresden: Vollmitgliederversammlung 19,30 Uhr im „Bürger-Casino", Große Brüdergasse 25. – Redner: Hans Neuhof; Thema: „Fürsorgewesen".

31. Januar RFMB-Abt. 1 (Zentrum): Versammlung im „Restaurant Schirmer", Fischhofplatz 14. – Vortrag über Abtreibungsparagraph 218/19. – Gäste willkommen.

5. Februar RFMB-OG Groß-Dresden: Probe der RFMB-Theatergruppe bei Lea Grundig, Melanchthonstraße 14.

5. Februar RFMB-Abt. 3 (Striesen): Versammlung im „Glashütter Hof". – Lichtbildervortrag: „Eisbrecher Krassin zwischen Schnee und Eis" (→ 17.11.1928).

5. Februar RFMB-OG Freital: Generalversammlung im „Döhlener Hof", Untere Dresdner Straße 142. – Sämtliche Funktionärinnen stehen zur Neuwahl.

Mitgliedsbuch des Roten Frauen- und Mädchenbundes (1. Umschlagseite). – Hergestellt wurden die RFM-Mitgliedsbücher in der Buchdruckerei „Oranien" in Berlin S 42, Oranienstraße 62

6. Februar RFMB-Abt. 2 (Neustadt-West): Versammlung 19,30 Uhr im Restaurant „Zur Börse".

6. Februar RFMB-Abt. 8 (Neustadt-Ost): Versammlung 20 Uhr im „Antonstädter Kasino". – Referat über soziale Fürsorge.

8. Februar RFMB-OG Pirna: Jahreshauptversammlung im „Volkshaus", Reitbahnstraße 3. – Mitgliedsbücher mitbringen.

11. Februar RFMB-OG Groß-Dresden: Theaterprobe bei Elsa Ruder, Eilenburger Straße 6.

13. Februar RFMB-Abt. 8 (Neustadt-Ost): Versammlung 20 Uhr im „Antonstädter Kasino". – „Pflicht jeder Genossin ist, einen Gast mitzubringen."

14. Februar RFMB-Abt. 6 (Süd-West): Versammlung im „Bürgergarten", Lübecker Straße 16. – Referat: „Sozialfürsorge, Abtreibungsparagraphen 218/19." – Anschließend Rezitationen und Gesangsvorträge.

14. Februar RFMB-Abt. 11 (Johannstadt): Versammlung 20 Uhr in „Dahms Restaurant", Rietschelstraße 20.

Februar, 2. Hälfte RFMB übernimmt die Kampagne gegen Paragraph 218; Anlass: Beratung eines neuen Strafgesetzentwurfs im Rechtsausschuss des Reichstags.

„Nieder mit dem Abtreibungsparagraphen – eine Aktion des Roten Frauen- und Mädchenbundes […] Der Rote Frauen- und Mädchenbund hat es im Rahmen der Kampagne für den Schutz von Mutter und Kind übernommen, eine durchgreifende Aufklärungskampagne in ganz Deutschland durchzuführen. Überall werden Versammlungen abgehalten, in denen Ärzte und Ärztinnen zu den Frauen sprechen. Daneben werden die Genossinnen des RFMB. Unterschriftensammlungen für die Abschaffung des Paragraphen 218 in den Fabriken und von Haus zu Haus durchführen. Der RFMB fordert auf diesem Wege alle Genossinnen und Genossen, sowie alle Sympathisierenden um Unterstützung bei der Durchführung der Kampagne auf. Berge von Listen von Unterzeichnern muß der Rechtsausschuß [des Reichstages] bei der Beratung des § 218 vorfinden. […] Darum zeichne sich jeder ein in die Listen des RFMB gegen den § 218!" *(Aus: Die Rote Front 7/1929, 2. Ausgabe)*

16. Februar RFMB-Abt. 1 (Zentrum): Versammlung im „Restaurant Schirmer", Fischhofplatz 14. – Vortrag über Abtreibungsparagraphen 218/19. – Gäste willkommen.

17. Februar KPD-Stadtteil II Dresden: Antrag an KPD-Bezirksparteitag Ostsachsen (06./07.04.) zu RFMB:

„Vielfachen Beschwerden entgegenkommend, beantragen wir, daß die Parteileitungen mehr Gewicht darauf legen, daß bei Kampagnen des RFMB die Parteigenossinnen mit zur Arbeit des RFMB herangezogen werden, um so die Frauenarbeit erfolgreicher zu gestalten." *(Aus: Anträge der KPD-Bezirksarbeiterkonferenz Ostsachsen, 21.02.1929)*

19. Februar RFMB-Gau Ostsachsen: Sitzung der Erweiterten RFMB-Gauleitung Ostsachsen mit den RFMB-Abteilungsleiterinnen im Restaurant „Schirmer" in Dresden, Fischhofplatz 14. – Ausgabe von Agitationsmaterial zu den Paragraphen 218/219 und zur Internationalen Frauenwoche.

19. Februar RFMB-Abt. 3 (Striesen): Versammlung im „Glashütter Hof". – Rednerin: Genossin Liebknecht; Thema „Körperpflege".

20. Februar Vorbereitung der Internationalen Frauenwoche (→ 03.–10.03.1929).
Olga Körner berichtet der KPD-Bezirksleitung Ostsachsen, daß „bis jetzt" zwei Veranstaltungen vorgesehen sind: eine öffentliche Kundgebung mit Filmvortrag (→ 08.03.1929) und der Kongress der werktätigen Frauen Ostsachsens (→ 17.03.1929).

20. Februar RFMB-Abt. 2 (Neustadt-West): Unterhaltungsabend 19,30 Uhr im Restaurant „Zur Börse". – Musikalische Unterhaltung, heitere Vorlesungen.

20. Februar RFMB-Abt. 10 (Reick-Dobritz): Versammlung 19 Uhr bei Frieda Gansauge, Prohlis, Am Anger 10. – Thema: „Kampagne Schutz für Mutter und Kind."

21. Februar RFMB-OG Groß-Dresden: Fraktionssitzung mit arbeitslosen RFMB-Mitgliedern 14 Uhr im „Brandenburger Hof", Berliner Straße 26/Ecke Peterstraße.

21. Februar RFMB-Gauleitung Ostsachsen: Ankündigung von Protestveranstaltungen gegen die Paragrafen 218/219 (→ 27.02.1929).

„Jede Proletarierfrau bedroht von den §§ 218/19
Frauen und Mädchen! Not und Elend zwingen euch zur Abtreibung. Dafür bestraft euch das Gesetz mit Zuchthaus. Wehrt euch mit uns, kommt in unsere Versammlungen, in denen ein Arzt [Dr. Alfred Cohn] spricht über Schwangerschaftsverhütung und Abtreibung"
22.02. Dresden-Blasewitz, Adlers Vereinshaus, Tolkewitzer Straße
25.02. Dresden, Schulguthof, Schulgutstraße
26.02. Freital[-Deuben], Sächsischer Wolf
27.02. Dresden-Löbtau, Bürgergarten, Lübecker Straße 16
01.03. Dresden, Deutsches Haus, Großenhainer Straße 93
01.03. Pirna, Volkshaus, Reitbahnstraße
Zeichnet euch ein in unsere Protestlisten gegen die Paragraphen 218/19!
Roter Frauen- und Mädchenbund Gau Ostsachsen." *(Aus: Arbeiterstimme, 21.02.1929)*

22. Februar RFMB-Abt. 3 (Striesen): Öffentliche Versammlung in „Adlers Vereinshaus", Tolkewitzer Straße. – Redner Dr. Alfred Cohn; Thema: „Schwangerschaftsverhütung und Abtreibung."

25. Februar RFMB-Abt. 11 (Johannstadt): Öffentliche Frauenkundgebung im „Schulguthof", Schulgutstraße. – Redner Dr. Alfred Cohn; Thema: „Schwangerschaftsverhütung und Abtreibung." – Theateraufführung und Rezitationen.

26. Februar RFMB-OG Freital: Öffentliche Versammlung im „Sächsischen Wolf", Dresdner Straße 53. – Redner Dr. Alfred Cohn; Thema: „Schwangerschaftsverhütung und Abtreibung."

27. Februar RFMB-Gauleitung Ostsachsen: Ankündigung weiterer Protestveranstaltungen gegen die Paragrafen 218/219 (→ 21.02.1929).

„Öffentliche Protestveranstaltungen des Roten Frauen- und Mädchen-Bundes gegen die §§ 218/19"
01.03. [Dresden-]Neustadt, Deutsches Haus, Referent Dr. [Alfred] Cohn
01.03. Bischofswerda, Goldener Löwe
01.03. Dohna, Restaurant Müglitztal
02.03. Zittau, Restaurant Volksküche, Albertsberg
08.03. Bautzen, Bürgergarten
„Frauen und Mädchen! Helft uns durch euer Erscheinen diese Kundgebungen zu einer wuchtigen Protestaktion gegen die Abtreibungsparagraphen zu gestalten!
Zeichnet euch ein in die Protestlisten des RFMB!" *(Aus: Arbeiterstimme, 27.02.1929)*

27. Februar RFMB-Abt. 2 (Neustadt-West): Öffentliche Versammlung im „Bürgergarten", Lübecker Straße 16. – Redner Dr. Alfred Cohn; Thema: „Schwangerschaftsverhütung und Abtreibung."

27. Februar RFMB-Abt. 5 (Laubegast): Versammlung 20 Uhr im „Ratskeller Laubegast". – Lichtbildervortrag über das Elend der Heimarbeiter.

27. Februar RFMB-OG Pirna: Versammlung 19,30 Uhr im „Volkshaus", Reitbahnstraße 3.

28. Februar RFMB-Abt. 11 (Johannstadt): Versammlung 20 Uhr in „Dahms Restaurant", Rietschelstraße 20. – Liederbücher mitbringen.

1. März RFMB-Abt. 2 (Neustadt-West): Öffentliche Versammlung im „Deutschen Haus", Großenhainer Straße 93. – Redner Dr. Alfred Cohn; Thema: „Schwangerschaftsverhütung und Abtreibung."

1. März RFMB-OG Bischofswerda: Öffentliche Versammlung im „Goldenen Löwen". – Thema: „Schwangerschaftsverhütung und Abtreibung."

1. März RFMB-OG Dohna: Öffentliche Versammlung im „Restaurant Müglitztal". – Thema: „Schwangerschaftsverhütung und Abtreibung."

1. März RFMB-OG Freital: Außerordentliche Versammlung 19,30 Uhr im „Döhlener Hof", Untere Dresdner Straße 142.

1. März RFMB-OG Pirna: Öffentliche Versammlung im „Volkshaus", Reitbahnstraße 3. – Thema: „Schwangerschaftsverhütung und Abtreibung."

2. März RFMB-Abt. 3 (Striesen): Versammlung im Restaurant „Zur Eiche". – Lichtbildervortrag: „Eisbrecher Krassin zwischen Schnee und Eis" (→ 17.11.1928).

2. März RFMB-Abt. 8 (Neustadt-Ost): Versammlung 20 Uhr im „Antonstädter Kasino". – Vortrag: „Entstehung und Fortpflanzung des menschlichen Lebens".

2. März RFMB-OG Zittau: Öffentliche Versammlung im „Restaurant Volksküche", Albertsberg. – Thema: „Schwangerschaftsverhütung und Abtreibung."

3.–10. März Internationale Frauenwoche.

5. März RFMB-Gau Ostsachsen: Sitzung der RFMB-Gauleitung in Dresden im Büro der IAH, Güterbahnhofstraße 24.

8. März RFMB-OG Groß-Dresden: Frauen-Filmabend.

8. März RFMB-OG Bautzen: Kundgebung gegen Paragraph 218 und Kriegsgefahr. – Rednerin: Stadtverordnete Dora Wettengel (KPD), Dresden.

„Gegen den Paragraph 218, gegen Kriegsgefahr
Der RFMB. Ortsgruppe Bautzen, veranstaltete am 8. März [1929] eine Kundgebung der werktätigen Frauen, welche sehr gut besucht war. Ein Zeichen, daß auch die proletarische Frauenbewegung in Bautzen voranschreitet. Genossin [Dora] Wettengel wies in ihrem Referat darauf hin, daß Tausende von Proletarierinnen jährlich an den Folgen der Abtreibung sterben, viele Frauen in die Klauen der Klassenjustiz geraten, weil der Staat den § 218 geschaffen hat. Mit diesen Gesetzen gedenkt der Staat gegen die Abtreibungen anzukämpfen, um den Nachwuchs als Kanonenfutter oder Lohnsklaven zu erhalten. – Ein kurzes Theaterstück führte den Anwesenden vor Augen, wie man Proletarierfrauen, welche aus Not Abtreibungen begingen, zu ungeheuren Zuchthausstrafen verurteilt. / Ein anderer Lichtbildervortrag zeigte die Folgen eines Krieges, die Unterernährung der Kinder, statt Kinderspeisung Panzerkreuzerbau, und zuletzt wie die Frau mit Granaten herstellt, welche die Leiber der Proletarier zerreißen im Interesse des Kapitals. Die Kundgebung wurde umrahmt durch Musikstücke der Schalmeienkapelle. Zum Schluß erklang wuchtig das Lied: ‚Wacht auf, ihr Frauen und Mädchen'. Diese Veranstaltung zeigte uns – das bewies der Beifall und die Zufriedenheit aller Besucher – daß wir auf dem richtigen Weg sind. Deshalb gilt unser Ruf allen Arbeiterfrauen: Tretet ein in den Roten Frauen- und Mädchenbund, und kämpft mit uns für ein besseres Dasein."
(Arbeiterkorrespondenz Nr. 373. Aus: Arbeiterstimme, 16.03.1929)

10. März RFMB-OG Groß-Dresden: Teilnahme an der Demonstration des RFB gegen die Weihe der Kirche in Dresden-Trachau. – Anschließend Demonstration mit RFB-Tambourzug und RFB-Schalmeienkapelle Dresden-Leuben durch die Proletarierviertel.

„Sämtliche Gruppen von Groß-Dresden beteiligen sich an der Demonstration gegen die Trachauer Kirchenweihe. Stellen 9,30 Uhr auf dem Leisniger Platz. / Transparente, die gegen die Kirche aufrufen, sind mitzubringen." *(Aus: Arbeiterstimme 08.03.1929)*

11. März RFMB Ostsachsen: Sitzung der RFMB-Gauleitung in Dresden im Büro der IAH, Güterbahnhofstraße 24.

11. März RFMB-Abt. 3 (Striesen): Versammlung im „Glashütter Hof". – Rednerin: Genossin Liebknecht.

12. März RFMB-OG Freital: Versammlung 19,30 Uhr in „Krilles Gasthof", Hauptstraße 30.

14. März RFMB-Abt. 1 (Zentrum): Versammlung im „Restaurant Schirmer", Fischhofplatz 14.

14. März RFMB-Abt. 11 (Johannstadt): Versammlung 20 Uhr in „Dahms Restaurant", Rietschelstraße 20.

15. März RFMB-OG Groß-Dresden: Öffentliche Protestveranstaltung gegen Paragraphen 218/219 19,30 Uhr im „Gasthof Leuben", Pirnaer Landstraße 131. – Teilnahme der RFMB-Theatergruppe (→ 14.01.1929).

15. März RFMB-OG Pirna: Versammlung 19,30 Uhr im „Volkshaus", Reitbahnstraße 3. – Rednerin anwesend.

16. März RFMB-OG Groß-Dresden: Bunter Abend in den ‚Annensälen", Fischhofplatz 10. – Für eine Verlosung gestiftete Geschenke waren bis 15. März bei Genossin Wiesner, Palmstraße 32, abzugeben.

17. März Konferenz der werktätigen Frauen Ostsachsens in Dresden.

„Am Sonntag fand im ‚Bürgergarten' Dresden-Löbtau [Lübecker Straße 16], die erste Konferenz der werktätigen Frauen Ostsachsens statt. [...] Im Mittelpunkt der ganzen Tagung stand die Frage, wie die Frauen des Proletariats einzureihen sind in die Front des kämpfenden revolutionären Proletariats. [...]
Genossin Glatzer, RFMB: Der Unternehmer verlangt meist von den Frauen zuerst Überstunden. Männer werden auf die Straße geworfen, Frauen, d. h. billigere Arbeitskräfte hereingenommen. Der Unternehmer nutzt die Erwerbslosen gegen die im Betrieb Arbeitenden aus. Das muß anders werden. Wo Überstunden geschoben werden, müssen die Erwerbslosen demonstrieren. Transparente mit den Parolen vor die Betriebe! Es muß Klarheit geschaffen werden unter den Frauen. Es ist

notwendig, gegen den Betriebsfaschismus, gegen Kirche, bürgerliche Zeitung usw. einen scharfen Kampf zu führen und die Frauen von der bürgerlichen Ideologie zu befreien. Wir fordern gleichen Lohn für gleiche Leistung. Wir fordern Gleichberechtigung der Frau auch auf wirtschaftlichem Gebiet." *(Aus: Arbeiterstimme, 19.03.1929)*

17. März RFMB-OG Groß-Dresden: Auftritt der RFMB-Theatergruppe (→ 14.01.1929) zu Beginn der Konferenz der werktätigen Frauen Ostsachsens 9 Uhr im „Bürgergarten", Lübecker Straße 16.

17. März RFMB-OG Heidenau: Öffentliche Protestveranstaltung gegen die Paragraphen 218/219.

20. März RFMB-Abt. 2 (Neustadt-West): Versammlung im Restaurant „Zur Börse". – Thema: „Konferenz der werktätigen Frauen Ostsachsens" (→ 17.03.1929); Vortrag: „Kinderarbeit und Reichsunfallwoche".

22. März RFMB-OG Heidenau: Öffentliche Protestveranstaltung gegen die Paragraphen 218/219.

26. März RFMB-Abt. 5 (Laubegast): Versammlung 20 Uhr im „Steirischen Hof". – Thema: „Konferenz der werktätigen Frauen Ostsachsen" (→ 17.03.1929); Vortrag: „Kinderarbeit und Reichsunfallwoche".

26. März RFMB-Abt. 8 (Neustadt-Ost): Versammlung 20 Uhr in der „Louisenburg". – Thema: „Betriebsrätegesetz".

28. März RFMB-OG Groß-Dresden: Teilnahme an Empfangskundgebung und Demonstration zur 3. Reichskonferenz der IAH in Dresden (28.–31.03.1929).

3. April RFMB-Abt. 2 (Neustadt-West): Versammlung 19,30 Uhr im Restaurant „Zur Börse". – Rednerin: Martha Krieger.

4. April RFMB-OG Freital: Versammlung 19,30 Uhr in „Stadt Freital", Bahnhofstraße 10. – Thema: „Konferenz der werktätigen Frauen in Dresden" (→ 17.03.1929).

5. April RFMB-Abt. 9 (Leuben): Versammlung 20 Uhr im „Lindengarten", Altleuben 1. – Thema: „Kongress der werktätigen Frauen Ostsachsens" (→ 17.03.1929).

8. April RFMB-Gau Ostsachsen: Sitzung der RFMB-Gauleitung in Dresden im Büro der IAH, Güterbahnhofstraße 24.

9. April RFMB-Abt. 3 (Striesen): Versammlung im „Glashütter Hof". – Rednerin: Martha Krieger; Thema: „Die Frauen und die kommende Landtagswahl".

11. April RFMB-Abt. 1 (Zentrum): Versammlung 20 Uhr im „Restaurant Schirmer", Fischhofplatz 14.

11. April RFMB-Abt. 11 (Johannstadt): Versammlung 19,30 Uhr in „Dahms Restaurant", Rietschelstraße 20.

12. April RFMB-OG Pirna: Versammlung 20 Uhr im „Volkshaus", Reitbahnstraße 3.

12. April RFMB-OG Zschachwitz: Teilnahme am Lichtbildervortrag des RFB im „Gasthof Zschachwitz".

Spendenmarken „Klasse gegen Klasse – Für die KPD"

14. April RFMB-Gau Ostsachsen: Teilnahme am „Großsammeltag" der KPD und proletarischer Organisationen zur Landtagswahl (→ 12.05.1929).

„Sofort sind mit den Leitungen der befreundeten Organisationen (KJVD, RFB, RFMB, RH und IAH) Besprechungen vorzunehmen, um gemeinsames Arbeiten [mit der KPD] zu erzielen. / Erster großer Sammel- und Werbesonntag ist der 14. April [...]" *(Aus: Arbeiterstimme, 12.04.1929)*

15. April RFMB-Abt. 5 (Laubegast): Versammlung 19,30 Uhr im „Steirischen Hof". – Thema: „Die Landtagswahl und unsere Aufgaben".

17. April RFMB-Abt. 2 (Neustadt-West): Unterhaltungsabend 19,30 Uhr im Restaurant „Zur Börse".

18. April RFMB-Abt. 11 (Johannstadt): Unterhaltungsabend 20 Uhr in „Dahms Restaurant" Rietschelstraße 20. – Redner: Bruno Goldhammer; Rezitationen und Lieder zur Laute.

19. April RFMB-OG Zschachwitz: Versammlung.

21. April RFMB-Abt. 2 (Neustadt-West): Unterhaltungsabend 17 Uhr im „Deutschen Haus".

22. April RFMB-Gau Ostsachsen: Sitzung der Erweiterten RFMB-Gauleitung Ostsachsen mit den Abteilungsleiterinnen der RFMB-OG Groß-Dresden in Dresden im Büro der IAH, Güterbahnhofstraße 24.

23. April RFMB-Abt. 3 (Striesen): Versammlung im „Glashütter Hof". – Rednerin: Martha Krieger; Thema: „Die Frauen und die kommende Landtagswahl".

24. April RFMB-Abt. 5 (Laubegast): Versammlung mit RFMB-Abt. 9 (Leuben) und 10 (Reick-Dobritz) 19,30 Uhr im „Gasthof Dobritz", Pirnaer Landstraße 28. – Tagesordnung: 1. Landtagswahl, 2. Arbeitsplanberatung.

24. April RFMB-Abt. 9 (Leuben): Teilnahme an Versammlung der RFMB-Abt. 5 (Laubegast) 19,30 Uhr im „Gasthof Dobritz", Pirnaer Landstraße 28. – Tagesordnung: 1. Landtagswahl, 2. Arbeitsplanberatung.

24. April RFMB-Abt. 10 (Reick-Dobritz): Teilnahme an Versammlung der RFMB-Abt. 5 (Laubegast) 19,30 Uhr im „Gasthof Dobritz", Pirnaer Landstraße 28. – Tagesordnung: 1. Landtagswahl, 2. Arbeitsplanberatung.

25. April RFMB-Abt. 1 (Zentrum): Versammlung 20 Uhr im „Restaurant Schirmer", Fischhofplatz 14.

26. April RFMB-OG Freital: Versammlung mit KPD und weiteren proletarischen Organisationen 19,30 Uhr im „Sächsischen Wolf", Dresdner Straße 53.

26. April RFMB-OG Zschachwitz: Teilnahme an Versammlung von KPD, RFB und RH 19,30 Uhr im „Gasthof Zschachwitz". – Redner vom KPD-Bezirk Ostsachsen.

29. April RFMB-OG Pirna: Versammlung 20 Uhr im „Volkshaus", Reitbahnstraße 3.

30. April RFMB-Gauleitung Ostsachsen: Aufruf mit KPD, RFB und weiteren proletarischen Organisationen zum 1. Mai.

„Arbeiter und Arbeiterinnen Dresdens! [...] Marschiert auf zum Kampfmai!
Für den achtstündigen Maximalarbeitstag! / Für Erhöhung der Löhne! / Für gleichen Lohn für gleiche Arbeit! / Für vermehrten Schutz für Frauen und Jugendliche! / Für Koalitions- und Streikfreiheit! / Gegen Steuer- und Zollwucher! / Gegen Betrug an Erwerbslosen u. Rentenempfängern! / Gegen die imperialistischen Kriegsrüstungen! / Gegen den Klassenverrat der SPD! / Gegen die sozialfaschistische Koalitionspolitik! / Für die einheitliche Klassenfront des Proletariats! / Für die Verteidigung der Sowjetunion, des Vaterlandes der Arbeiterklasse! / Heraus zur Massendemonstration des klassenbewußten revolutionären Proletariats am 1. Mai 1929 in Dresden [...] / Arbeiter Dresdens! Demonstriert mit uns unter roten Bannern!" *(Aus: Arbeiterstimme, 30.04.1929)*

Landtagsabgeordneter Rudolf Renner (KPD) bei der Ansprache am 1. Mai 1929 auf dem Wilhelmplatz in Dresden

Mai RFMB: Grußschreiben zum 5. RFB-Reichstreffen in Hamburg am 18./19. Mai 1929[27]

„Liebe Kameraden!
Zu Eurem V. Reichstreffen in Hamburg, in der Hochburg des Reformismus, übersenden wir Euch revolutionäre schwesterlich Kampfesgrüße. / Euer Reichstreffen findet statt in einer Zeit der sich zuspitzenden großen Wirtschaftskämpfe, des sich verschärfenden Kampfes zwischen Kapital und Arbeit. Er findet statt in einer Zeit fieberhafter Rüstungen der imperialistischen Staaten gegen die Sowjetunion.
Der Rote Frontkämpferbund als Wehrorganisation des Proletariats hat im Kampfe gegen die drohenden Kriegsgefahren und für den Schutz der Sowjetunion stets an der Spitze gestanden. Die Drohung der sozialdemokratischen Polizeischergen und Büttel der Bourgeoisie, den RFB zu verbieten, ist das beste Zeugnis, daß der RFB seine revolutionären Pflichten als Kampforganisation erfüllt hat. Die Verbotsandrohung wird nur dazu beitragen, das starke, unerschütterliche Vertrauen, die große Liebe des Proletariats zur roten Front zu stärken. Eure Organisation ist so fest verankert in den Herzen der Werktätigen Deutschlands, daß sie trotz allen Verboten bestehen wird.
Der Rote Frauen- und Mädchenbund verstärkt heute seine Arbeit zur Massenmobilisation der werktätigen Frauen gegen den imperialistischen Krieg, zur Erziehung der proletarischen Frauenmassen zur proletarischen Wehrhaftigkeit. Seite an Seite mit den Kameraden wollen die klassenbewußten Proletarierinnen kämpfen bis zum Sturze des Kapitalismus, bis zur Errichtung eines Sowjetdeutschland. Die proletarischen Frauen werden durch ihre starke Beteiligung an Eurem roten Pfingsttreffen ihre Kampfentschlossenheit und Kampfbereitschaft demonstrieren. Mobilisiert auch ihr die Frauen Eurer Kameraden zum roten Pfingsttreffen! Formiert die eiserne unüberwindliche Klassenkampfarmee!
Mit ‚Rot Front!' / R.F.M.B. Bund proletarischer Frauen.[28] Bundesleitung" *(Aus: Arbeiter zu uns! 5 Jahre R.F.B., Berlin 1929)*

1. Mai RFMB-OG Groß-Dresden: Teilnahme mit KPD, RFB und weiteren proletarischen Organisationen an Demonstration und Kundgebung zum 1. Mai (Aufruf → 30.04. 1929).

Abzeichen der KPD und weiterer proletarischer Organisationen zum 1. Mai 1929

27 Das 5. RFB-Reichstreffen am 18./19. Mai 1929 in Hamburg wird verboten, die kurzfristige Verlegung nach Leipzig durch das RFB-Verbot in Sachsen am 7. Mai 1929 verhindert.

28 Ab Sommer/Herbst 1929 (in der „Arbeiterstimme" erstmals am 24.08.1929) wird dem Namen „Roter Frauen- und Mädchenbund" zunehmend „Bund proletarischer Frauen" angefügt. Folgend bleibt der Zusatz unberücksichtigt.

Mitglieder der RFMB- und RFB-Ortsgruppe Bannewitz

1. Mai RFMB-OG Bannewitz: Teilnahme an Demonstration und Maifeier von KPD, RFB und KJVD.

1. Mai RFMB-OG Freital: Teilnahme an der Demonstration zum 1. Mai. – Stellen 8,15 Uhr am „Sächsischen Wolf", Dresdner Straße 53.

3. Mai Verbot des RFB in Preußen durch das Preußische Ministerium des Innern (→ 06.–17.05.1929).

3. Mai RFMB-Abt. 5 (Laubegast): Versammlung mit RFMB-Abt. 9 (Leuben), 10 (Reick-Dobritz) und RFMB-OG Zschachwitz 19,30 Uhr im „Lindengarten", Altleuben 1. – Rednerin: Olga Körner; Thema: „Proletarische Frauen und die Landtagswahl".

3. Mai RFMB-Abt. 9 (Leuben): Teilnahme an Versammlung der RFMB-Abt. 5 (Laubegast) 19,30 Uhr im „Lindengarten", Altleuben 1. – Rednerin: Olga Körner; Thema: „Proletarische Frauen und die Landtagswahl".

3. Mai RFMB-Abt. 10 (Reick-Dobritz): Teilnahme an Versammlung der RFMB-Abt. 5 (Laubegast) 19,30 Uhr im „Lindengarten", Altleuben 1. – Rednerin: Olga Körner; Thema: „Proletarische Frauen und die Landtagswahl".

3. Mai RFMB-Abt. Zschachwitz: Teilnahme an Versammlung der RFMB-Abt. 5 (Laubegast) 19,30 Uhr im „Lindengarten", Altleuben 1. – Rednerin: Olga Körner; Thema: „Proletarische Frauen und die Landtagswahl".

5. Mai RFMB-OG Heidenau: Flugblattverteilung zur Landtagswahl (→ 12.05.1929) gemeinsam mit KPD und weiteren proletarischen Organisationen. – Stellen 9 Uhr im „Deutschen Krug", Bismarckstraße 14.

6. Mai RFMB-Abt. 5 (Laubegast): Propaganda mit RFMB-Abt. 9 (Leuben) und 10 (Reick-Dobritz). – Stellen 18 Uhr bei Frieda Gansauge in Dresden-Prohlis, Am Anger 10.

6. Mai RFMB-Abt. 9 (Leuben): Teilnahme an Propaganda mit RFMB-Abt. 5 (Laubegast) und RFMB-Abt. 10 (Reick-Dobritz). – Stellen 18 Uhr bei Frieda Gansauge in Dresden-Prohlis, Am Anger 10.

6. Mai RFMB-Abt. 10 (Reick-Dobritz): Teilnahme an Propaganda mit RFMB-Abt. 5 (Laubegast) und RFMB-Abt. 9 (Leuben). – Stellen 18 Uhr bei Frieda Gansauge in Dresden-Prohlis, Am Anger 10.

6.–17. Mai Verbot des RFB (nach Preußen → 03.05.1929) in allen übrigen Ländern des Deutschen Reiches.

7. Mai Verbot des RFB, der RJ und der Roten Marine für das Gebiet des Freistaates Sachsen durch das Sächsische Ministerium des Innern mit Zustimmung der Reichsregierung.

7. Mai RFMB-Abt. 1 (Zentrum): Versammlung im „Restaurant Schirmer", Fischhofplatz 14.

7. Mai RFMB-OG Heidenau: Versammlung mit KPD und weiteren proletarischen Organisationen 19,30 Uhr im Restaurant „Zur Börse", Mühlenstraße 6.

9. Mai RFMB-OG Freital: Teilnahme an der Wahlpropaganda für die KPD. – Treffen 8,30 Uhr am „Sächsischen Wolf", Dresdner Straße 53.

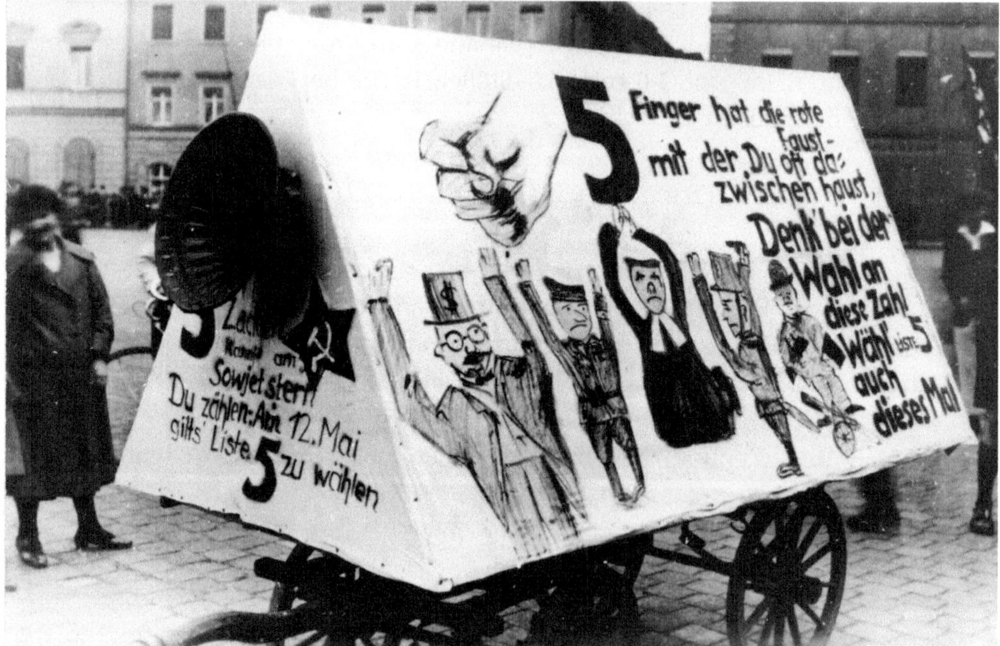

Wahlwerbung in Dresden für die KPD (Liste 5) zur Landtagswahl in Sachsen am 12. Mai 1929

9. Mai RFMB-OG Pirna: Landpropaganda. – Stellen 7 Uhr am „Volkshaus", Reitbahnstraße 3.

12. Mai Landtagswahl in Sachsen.

14. Mai RFMB-Gau Ostsachsen: Sitzung der RFMB-Gauleitung in Dresden im Restaurant „Zur Erdkugel", Altstriesen 3.

16. Mai RFMB-Abt. 11 (Johannstadt): Versammlung 20 Uhr in „Dahms Restaurant", Rietschelstraße 20.

19. Mai RFMB-Gau Ostsachsen: Teilnahme am Internationalen Grenztreffen des KJVD Ostsachsen in Berggießhübel und Gottleuba.

„Der ostsächsische kommunistische Jugendverband hatte für den 1. Pfingstfeiertag [19.05.1929] zu einem Treffen der revolutionären Arbeiterschaft in Gottleuba aufgerufen. Trotz außerordentlich schlechtem Wetter hatte sich über 1000 Arbeiter und Arbeiterinnen eingefunden, die unter rotem Banner gerade in dieser schwarzen Gegend besonders wirkungsvolle revolutionäre Propaganda und Agitation durchführten. [...] Die Bevölkerung des Gottleuba-Berggießhübler Gebiets nahm die revolutionären Darbietungen der Jugend-Agitproptruppe äußerst beifällig auf." *(Aus: Arbeiterstimme, 21.05.1929)*

5. Juni RFMB-OG Freital: Versammlung 19,30 Uhr im IAH-Kinderheim.

6. Juni RFMB-Abt. 1 (Zentrum): Versammlung 20 Uhr im „Restaurant Schirmer", Fischhofplatz 14.

8.–15. Juni 12. KPD-Parteitag in Berlin-Wedding, anschließend Reichsparteiarbeiter-Konferenz, an der u.a. Delegierte des RFMB teilnehmen.
Bericht zur Arbeit unter den Frauen:

Abzeichen der Kommunistischen Jugend-Internationale (KJI)

„Heran an die Arbeiterinnen!
[...] Im Referat der Genossin [Helene] Overlach wurde die Massenmobilisierung der Arbeiterinnen und werktätigen Frauen zum Internationalen Roten Tag am 1. August in den Mittelpunkt gestellt. Auch die Diskussionsredner, insgesamt 23, sprachen in erster Linie zu dieser Aufgabe und brachten praktische Vorschläge für die Verbesserung der Arbeit unter den Frauen. [...] / Es muß endgültig Schluß gemacht werden mit der Überlassung der ungeheuer bedeutsamen Arbeit unter den Frauenmassen lediglich an die weiblichen Mitglieder der Partei und an die Frauenabteilungen [RFMB-Ortsgruppen und -Abteilungen]. Letztere können nur die Aufgabe haben, Anweisungen für

die Arbeit zu geben, Material zu sammeln, die Durchführung der Arbeit zu kontrollieren. Die Arbeit selbst ist Sache der Gesamtpartei [...]
Die Fraktionsarbeit in allen Massenorganisationen ist zu verstärken. Ganz besonders wird auf die Notwendigkeit einer radikalen Wendung in der Unterstützung des Roten Frauen- und Mädchenbundes, dieser wichtigen proletarischen Frauenorganisation im Kampfe gegen den imperialistischen Krieg, hingewiesen." *(Aus: Arbeiterstimme, 08.07.1929)*

8. Juni Antwort des Reichskommissars für Überwachung der öffentlichen Ordnung,[29] Berlin, auf die Anfrage des Polizeipräsidiums Stuttgart vom 7. Juni 1929, ob der RFMB eine Zweigorganisation des RFB und deshalb auch zu verbieten sei.

„Der ‚Rote Frauen- und Mädchenbund' ist keine Zweigorganisation des RFB., sondern ein selbständiger, neben dem RFB. bestehender ‚Bund proletarischer Frauen'. Der RFMB., die weibliche Parallelorganisation zum RFB., ist aus dem RFB. hervorgegangen. Organisatorisch ist der RFMB. seit seiner Gründung am 29.11.1925 zwar von RFB. getrennt, taktisch und programmatisch verfolgt er aber die gleichen Ziele wie der RFB. Für die Unabhängigkeit des RFMB. von RFB. sprechen u.a. folgende Merkmale:

1. Die Satzungen des RFMB [...]
2. Die auf dem 1. Reichskongreß des RFMB vom 20.-22.11.1026 in Berlin beschlossenen ‚Richtlinien über Zweck und Aufgaben des RFMB.' [...]
3. Die ‚Richtlinien des RFB über Aufbau und Aufgaben des RFB. und der Roten Jungfront, beschlossen auf der 5. Reichskonferenz des RFB. am 24./25.3.1928 in Hamburg' erwähnen zwar den RFB, die RJ. Und die Rote Marine, nicht aber den RFMB.
4. In der Bundesversammlung des RFB. ist, soweit bekannt, keine Vertreterin des RFMB. tätig, [...] während z.B. die Rote Jungfront in der Bundesführung des RFB. vertreten ist; umgekehrt hat die Bundesführung des RFB. keine Vertretung in der Bundesleitung des RFMB.
5. Der RFMB. unterhält eine eigene Bundesleitung, die in Berlin lokal getrennt von der Bundesführung des RFB. untergebracht ist.
6. Der RFMB. verfügt über ein eigenes Bundesorgan, die ‚Frauen-Wacht' und bedient sich bei seinen Veröffentlichungen nicht des Bundesorgans der RFB. ‚Die Rote Front'.
7. Die Bundesleitung des RFMB gibt eigene Rundschreiben heraus [...]
8. Die Mitteilungen in der kommunistischen Presse über die Veranstaltungen der kommunistischen Wehrorganisation erfolgen jeweils getrennt für den RFB und dem RFMB, während z.B. die Veranstaltungen der RJ. jeweils unter den Mitteilungen des RFB aufgezählt werden.
9. Der RFMB. hält, ebenso wie der RFB., Reichskongresse ab. [...] Dem Reichskongreß des RFB. legt bekanntlich die Reichsführung der Roten Jungfront Berichte vor, während bisher noch niemals festgestellt worden ist, daß die Bundesleitung des RFMB. der Reichskonferenz Bericht erstattet hätte.

Soweit hier bekannt ist hat kein Land das Verbot des RFB, der RJ und der Roten Marine auf den RFMB ausgedehnt. [...] *(Aus: Schreiben Reichskommissar für Überwachung der öffentlichen Ordnung, Berlin, 08.06.1929)*

29 Der Reichskommissar für Überwachung der öffentlichen Ordnung: Eine dem Reichsministerium des Innern unterstellte Behörde zur Beobachtung und Erfassung politischer Bewegungen.

11. Juni RFMB-Abteilung 3 (Striesen): Versammlung 20 Uhr im „Glashütter Hof".

14. Juni RFMB-Gau Ostsachsen: Veröffentlichung einer Arbeiterinnenkorrespondenz.

„Frauen und Mädchen! Her zu uns!
[...] Diese Verhältnisse [wie in der Sowjetunion: kein § 218, Schutz für Mutter und Kind, Sorge des Staates für Kinderspeisung und Erziehung der Kinder] müssen auch in Deutschland erkämpft werden. Um dies zu können ist es notwendig, daß die Frauen und Mädchen gemeinsam mit der Kommunistischen Partei und dem Roten Frauen- und Mädchenbund kämpfen [...]" *(Aus: Arbeiterstimme, 14.06.1929)*

20. Juni RFMB-Abt. 1 (Zentrum): Teilnahme an der KPD-Parteiarbeiterkonferenz im „Bürgergarten", Lübecker Straße 16. – Stellen 19,30 Uhr bei „Restaurant Schirmer", Fischhofplatz 14.

1. Juli RFMB-Abt. 1 (Zentrum): Teilnahme an der IAH-Versammlung 19,30 Uhr im Büro der IAH, Poppitz 18. – Themen: Reichsversicherung, Stellungnahme zur Antikriegswoche.

9. Juli RFMB-Abt. 3 (Striesen): Versammlung in der „Dornblüthschenke". – Redner: Herbert Paulsen; Lichtbildervortrag „Der Berliner Blutmai".

21. Juli Konferenz der werktätigen Frauen in Dresden zur Vorbereitung des Reichskongresses werktätiger Frauen. – Einstimmiger Beschluss zum Aufruf an die werktätigen Frauen.

„Aufruf an die werktätigen Frauen"
[...] unsere Losung für den Reichskongreß: / In jedem Betrieb eine gründliche Berichterstattung von der Bezirkskonferenz werktätiger Frauen gegen den Krieg! / Aus jedem Betrieb eine Delegation für den Reichsfrauenkongreß! / Hebt hoch das Banner des proletarischen Klassenkampfes!
Wir sind eine Macht, lernen wir diese Macht einzusetzen für unsere Interessen, für die Befreiung der werktätigen Frauen aus allen Fesseln der Ausbeutung und Unterdrückung. Wir kämpfen für die gegenseitige Hilfe der Ausgebeuteten aller Welt. Wir kämpfen gegen alle Kriegspläne der Machthaber aller Länder. Wir setzen uns ein für die Verteidigung des ersten Arbeiterstaates der Welt. Wir schützen die Sowjetunion!
Vorbereitendes Komitee für den Reichskongreß werktätiger Frauen." *(Aus: Arbeiterstimme, 23.07.1929)*

24. Juli RFMB-Abt. 1 (Zentrum): Lichtbildervortrag im Restaurant „Neue Post", Am See 5. – Redner: Herbert Paulsen; Thema: „Blutmai in Berlin".

26. Juli RFMB-Abt. 1 (Zentrum): Teilnahme an einer Demonstration. – Stellen 17,30 Uhr „Brandenburger Hof", Berliner Straße 26/Ecke Peterstraße.

28. Juli RFMB-Abt. 1 (Zentrum): Stellen 17 Uhr auf dem Fischhofplatz.

31. Juli RFMB-Gau Ostsachsen: Aufruf der RFMB-Gauleitung an die RFMB-Ortsgruppen zur Teilnahme an den Antikriegsdemonstrationen und -kundgebungen am 1. August.

31. Juli RFMB-OG Löbau: Teilnahme an der Antikriegskundgebung auf dem Marktplatz.

„Am Mittwoch dem 31. Juli versammelten sich sofort nach Arbeitsschluß über 200 Arbeiter und Arbeiterinnen auf dem Marktplatz in Löbau, um gegen den imperialistischen Krieg und für die Sowjetunion zu demonstrieren. / Genosse Kurt Sindermann, Dresden, schilderte die Bedeutung des internationalen Roten Tages und wies auf die von der Arbeiterschaft durchzuführenden Aufgaben hin. / Die Kundgebung der Löbauer Arbeiterschaft zeigte, daß auch sie gewillt ist, in der großen proletarischen Front zum Schutz und zur Verteidigung der Sowjetunion zu marschieren." *(Aus: Arbeiterstimme, 01.08.1929)*

1. August RFMB-OG Groß-Dresden: Teilnahme an der Antikriegsdemonstration.

„Die Ansprache des Genossen [Kurt] Sindermann wurde von den über 7000 Anwesenden mit lebhaftem Beifall aufgenommen. Nach der Ansprache formierte sich ein Demonstrationszug durch die Stadt. [...] Die Gruppe des Roten Frauen- und Mädchenbundes zeigte, daß auch die Arbeiterinnen ihre Aufgabe erkannt haben." *(Aus: Arbeiterstimme, 02.08.1929)*

1. August RFMB-OG Pirna: Teilnahme an der Antikriegsdemonstration und -kundgebung. – Stellen 17 Uhr am „Volkshaus", Reitbahnstraße 3.

„Die Antikriegsdemonstration [...] war ein glänzender Kampfaufmarsch des revolutionären Proletariats. 400 Demonstranten durchzogen unter revolutionären Parolen die Straßen der Stadt, während ein großer Teil Arbeiter die Straßen umsäumte [...] / Bei der Kundgebung auf dem Marktplatz waren über 600 Arbeiter anwesend. / Am Abend fand im Volkshaus eine Gründungsversammlung der Arbeiterwehr statt. Nach einem kurzen Referat über die faschistische Gefahr schlossen sich sofort die Arbeiter der Arbeiterwehr an." *(Aus: Arbeiterstimme, 02.08.1928)*

2. August RFMB-OG Pirna: Versammlung im „Volkshaus", Reitbahnstraße 3. – Thema: „Konferenz der werktätigen Frauen Ostsachsen" (→ 17.03.1929).

10. August Ankündigung des 3. RFMB-Reichskongresses in Erfurt (→ 17.–19.08.1929).

„Reichskongreß des RFMB
Vom 17. Bis 19. August findet in Erfurt, Restaurant Harmonie, Magdeburger Straße, der 3. Reichskongreß des RFMB statt. Er soll ein Kampfkongreß gegen die Kriegsgefahr und ein Bekenntnis zum Schutz der Sowjetunion sein. Er wird die Richtlinien festlegen, nach denen die Arbeit der kommenden Jahre vorgenommen wird.
Die Tagesordnung lautet: / 1. Wahl des Präsidiums, Wahl der Kommissionen; / 2. Begrüßungsansprachen der Vertreter der eingeladenen Organisationen; / 3. Die drohende Kriegsgefahr und unsere Aufgaben. Referentin: Genn. [Genossin] Lene [Helene] Overlach, M.d.R.; / 4. Tätigkeitsbericht und Methoden unserer Arbeit. Referentin: Genn. [Genossin] Hanna Ludewig, M.d.L.; / 5. Kassenbericht; / 6. Anträge; / 7. Neuwahl der Bundesleitung.
Die Tagung beginnt am Sonnabend dem 17. August 1929 um 14 Uhr. Am Sonntag dem 18 August 1929 findet aus Anlaß der Reichskonferenz [des Reichskongresses] ein Großthüringer Gautreffen und eine Gartenveranstaltung mit künstlerischen Darbietungen statt." *(Aus: Arbeiterstimme, 10.08.1929)*

10. August RFMB-Gauleitung Ostsachsen: Kasse fordert sofortige Abrechnung der Spendenmarken zum 3. RFMB-Reichskongress.

12. August RFMB-OG Groß-Dresden: Teilnahme von Delegierten aller RFMB-Abteilungen an der Antikriegskonferenz 9 Uhr im „Bürger-Casino", Große Brüdergasse 25.

12. August RFMB-Gau Ostsachsen: Teilnahme mit weiteren proletarischen Organisationen an einer KPD-Leitungssitzung zu „Agitation und Propaganda".

13. August Vorbereitung des 3. RFMB-Reichskongresses (→ 17.–19.08.1929) durch einen Beitrag in der „Arbeiterstimme", KPD-Tageszeitung für den Bezirk Ostsachsen.

„Die Kriegsfrage und der RFMB. Zum 3. [RFMB-]Reichskongreß in Erfurt
Nach dem auf der Sitzung der Abrüstungskommission des Völkerbundes in Genf im Frühjahr d. J. die Abrüstungsvorschläge der Sowjetunion nicht einmal diskutiert worden sind, wurde es [...] klar, daß die Kriegsgefahr in bedrohliche Nähe gerückt ist. [...] Auch die Frauen begannen allmählich aufzuhorchen, und verlangten dringend Aufklärung. / Diese Aufklärung gab ihnen der RFMB. Er veranstaltete im ganzen Reiche neben unzähligen Abteilungsabenden [...] noch vor dem 1. August in den wichtigsten Gauen Rote Treffen oder Gautreffen gegen den imperialistischen Krieg, zu denen viele Tausende von Arbeiterinnen und proletarischen Hausfrauen aufmarschierten. [...]" *(Aus: Arbeiterstimme, 13.08.1929)*

13. August RFMB-Abt. 3 (Striesen): Versammlung im „Glashütter Hof". – Thema: „Konferenz der werktätigen Frauen Ostsachsens" (→ 17.03.1929).

15. August RFMB-Abt. 1 (Zentrum): Versammlung 20 Uhr im „Restaurant Schirmer", Fischhofplatz 14.

16. August RFMB-Gau Ostsachsen: Kasse fordert wiederholt sofortige Abrechnung der Spendenmarken zum 3. RFMB-Reichskongress. – RFMB-OG Bannewitz wird namentlich gemahnt.

17.–19. August 3. RFMB-Reichskongress in Erfurt.

„Der 3. Reichskongreß des RFMB eröffnet. Das Erfurter Proletariat empfängt die Delegiertinnen des Roten Frauen- und Mädchenbundes / Ein Vertreter des verbotenen RFB spricht auf der Eröffnungskundgebung

Sonnabendnachmittag wurde der 3. Reichskongreß des Roten Frauen- und Mädchenbundes unter starker Anteilnahme der Arbeiterbevölkerung in Erfurt eröffnet. Aus allen Teilen Deutschlands trafen im Laufe des Vormittags die Delegiertinnen, Gäste und Vertreter anderer Arbeiterorganisationen ein. Der Erfurter Bahnhof ist zum Empfang der Delegiertinnen der deutschen Arbeiterfrauen festlich geschmückt. Rote Fahnen und große Transparente mit dem Bundesabzeichen des RFMB begrüßen die einzelnen Delegiertinnen.

In dem reichgeschmückten Tagungslokal, einem der größten Säle Erfurts, begrüßt im Auftrag der Reichsleitung des RFMB [RFMB-Bundesleitung] die Genossin Schönlein die Delegiertinnen und Gäste des Reichskongresses und führte u.a. aus: Der 3. Reichskongreß des Roten Frauen- und Mädchenbundes hat die Aufgabe, in einer Situation gesteigerter Kriegsgefahr die Arbeiterinnen Deutschlands aufzuklären, daß es ihre Pflicht ist, unermüdlich gegen den imperialistischen Krieg zu kämpfen und zum Schutze der Sowjetunion, des einzigen Arbeiter- und Bauernstaates der Welt, bereit zu sein. Eine weitere Aufgabe des Kongresses ist es, die Proletarierinnen einzureihen in die große Front des Kampfes gegen Unterdrückung und Ausbeutung. [...] Die ganze Schärfe des Kampfes, für den der Reichkongress die Waffen schmieden soll, muß sich gegen die bürgerlichen und reformistischen Frauenorganisationen richten, über deren arbeiterfeindlichen Charakter ständig Aufklärung unter die Arbeiterinnen getragen werden muß. [...] Es folgen dann Begrüßungsansprachen der Vertreter einer ganzen Reihe anderer proletarischer Frauenorganisationen.

Stürmisch begrüßt wird ein Vertreter des ‚verbotenen' Roten Frontkämpfer-Bundes, der die brüderlichen Kampfesgrüße derer überbringt, die trotz dem sozialfaschistischem Polizeiterror die rote Fahne hochhalten. Ein dreifaches ‚Rot Front!' dröhnt durch den Saal, [...]

Mit dem Tätigkeitsbericht der Genn. [Genossin] Hanna Ludewig [...] schloß die eindrucksvolle Eröffnungskundgebung des Kongresses." *(Aus: Arbeiterstimme, 19.08.1929)*

24. August RFMB-Abt. 2 (Neustadt-West): Wanderabend nach Rähnitz. – Stellen 18,30 Uhr Leisniger Platz, Abmarsch 19 Uhr vom Hubertusplatz.

25. August Teilnahme der RFMB-OG Groß-Dresden an einem Waldfest der KPD.

29. August RFMB-Abt. 1 (Zentrum): Versammlung 20 Uhr im „Restaurant Schirmer", Fischhofplatz 14.

29. August RFMB-Abt. 10 (Reick-Dobritz): Versammlung 19,30 Uhr im „Gasthof Dobritz", Pirnaer Landstraße 28. – Thema: „3. RFMB-Reichskongress in Erfurt" (→ 17.–19.08.1929).

29. August RFMB-Abt. 11 (Johannstadt): Versammlung. – Thema: „3. RFMB-Reichskongress in Erfurt" (→ 17.–19.08.1929).

30. August RFMB-OG Freital: Versammlung im IAH-Kinderheim. – Thema: „3. RFMB-Reichskongress in Erfurt" (→ 17.–19.08.1929).

30. August RFMB-OG Pirna: Versammlung 20 Uhr im „Volkshaus", Reitbahnstraße 3.

31. August RFMB-Gau Ostsachsen: Teilnahme mit weiteren proletarischen Organisationen an einer Landarbeitersitzung der KPD-Bezirksleitung Ostsachsen im Büro der IAH in Dresden, Poppitz 18.

1. September 15. Internationaler Jugendtag des KJVD in Freital. – Teilnahme des RFMB-Gaues Ostsachsen und weiterer proletarischer Organisationen.

3. September RFMB-Abt. 6 (Süd-West): Versammlung im „Bürgergarten", Lübecker Straße 16.

4. September RFMB-Abt. 8 (Neustadt-Ost): Versammlung 20 Uhr im „Alaungarten". – Kontrolle der Mitgliedsbücher.

Abzeichen „Krieg dem imperialistischen Kriege – 15. Internationaler Jugendtag 1.9.29 Freital"

5. September RFMB-OG Groß-Dresden: Teilnahme in den Stadtteilen an Demonstrationen für die Erwerbslosenforderungen.

5. September RFMB-Abt. 3 (Striesen): Versammlung im „Glashütter Hof". – Rednerin: Helene Glatzer, RFMB-Gauleiterin Ostsachsen; Thema: „3. RFMB-Reichskongreß in Erfurt" (→ 17.–19.08.1929).

5. September RFMB-Abt. 11 (Johannstadt): Versammlung in „Dahms Restaurant", Rietschelstraße 20. – Lichtbildervortrag.

8. September RFMB-OG Groß-Dresden: Teilnahme am Sommerfest des Stadtteils 1 der KPD in „Onkel Tom's Hütte", Ostragehege.

11. September RFMB-Abt. 8 (Neustadt-Ost): Versammlung 20 Uhr im „Alaungarten".

12. September RFMB-Abt. 1 (Zentrum): Versammlung im „Restaurant Schirmer", Fischhofplatz 14. – Rednerin: Helene Glatzer, RFMB-Gauleiterin Ostsachsen; Thema: „3. RFMB-Reichskongreß in Erfurt" (17.-19.08.1929)

13. September RFMB-OG Pirna: Teilnahme an der Versammlung der Antifaschistischen Arbeiterwehr (über 50 Mitglieder) 20 Uhr im „Volkshaus", Reitbahnstraße 3.

15. September RFMB-Gau Ostsachsen: Teilnahme an der Bezirkskonferenz des KJVD Ostsachsen in Dresden.

„Die Vertreter der RH und die Vertreterin des RFMB betonten die Zugehörigkeit dieser revolutionären Organisationen mit dem aktivsten Teil des Jungproletariats, der kommunistischen Jugend [...]" *(Aus: Arbeiterstimme, 16.09.1929)*

16. September RFMB-Abt. 6 (Süd-West): Versammlung im „Bürgergarten", Lübecker Straße 16.

17. September RFMB-OG Groß-Dresden: Vorbereitung zur Teilnahme am Roten Frauentreffen in Bischofswerda (→ 29.09.1929).

„Rotes Frauentreffen in Bischofswerda.
Wir fahren alle per Auto. Stellen 7,30 Uhr, Abfahrt 8 Uhr vom Fischhofplatz. Fahrpreis 1,70 RM. Die Autositze sind gepolstert. / Fahrkartenausgabe durch Lene [Helene] Glatzer [RFMB-Gauleiterin Ostsachsen] und am Freitag dem 20.09.[1929] in der Kundgebung in den ‚Annensälen', [Fischhofplatz 10]. Befreundete Organisationen sind eingeladen." *(Aus: Arbeiterstimme, 17.09.1929)*

18. September RFMB-Abt. 2 (Neustadt-West): Liederabend 20 Uhr im Restaurant „Zur Börse".

18. September RFMB-OG Freital: Versammlung 19,30 Uhr bei „Stadt Freital", Bahnhofstraße 10. – Thema: „3. RFMB-Reichskongress in Erfurt (→ 17.–19.08.1929).

20. September RFMB-OG Groß-Dresden: Protestkundgebung gegen Zollwucher und Unterstützungsraub.

„Jede Arbeiterin und Hausfrau geht in die Protestkundgebung des RFMB gegen Zollwucher und Unterstützungsraub am Freitag, den 20. September, 19,30 Uhr in den ‚Annensälen' [Fischhofplatz 10]. / Schalmeienkonzert, Theaterszenen werden die Kundgebung umrahmen. RFMB Groß-Dresden." *(Aus: Arbeiterstimme, 17.09.1929)*

21. September RFMB-OG Dohna: Wanderung nach Burkhardswalde. – Stellen 17 Uhr am „Restaurant Müglitztal".

24. September RFMB-Abt. 3 (Striesen): Teilnahme an einer öffentlichen Betriebsversammlung 16,30 Uhr in der „Dornblüthschenke". – Thema: „Das neue Arbeitslosenversicherungsgesetz und die fortschreitende Verelendung der werktätigen Frauen".

25. September RFMB-Abt. 10 (Reick-Dobritz): Versammlung mit der Roten Hilfe 19,30 Uhr im „Gasthof Dobritz", Pirnaer Landstraße 28. – Redner: Häber; Bericht von der Bezirkskonferenz des KJVD Ostsachsen in Dresden. (→ 15.09.1929).

26. September RFMB-Abt. 1 (Zentrum): Versammlung im „Restaurant Schirmer", Fischhofplatz 14. – Vorbereitung zur Teilnahme am Roten Frauentreffen des RFMB in Bischofswerda (→ 29.09.1929).

26. September RFMB-Abt. 11 (Johannstadt): Versammlung 20 Uhr in „Dahms Restaurant", Rietschelstraße 20. – Rednerin: Frieda Gansauge; Thema: „3. RFMB-Reichskongreß in Erfurt" (→ 17.–19.08.1929).

27. September Versammlung der RFMB-Abt. 9 (Leuben) im „Lindengarten", Altleuben 1. Rednerin: Frieda Gansauge; Thema: „3. RFMB-Reichskongreß in Erfurt" (→ 17.–19.08.1929)

27. September RFMB-OG Pirna: Versammlung 20 Uhr im „Volkshaus", Reitbahnstraße 3.

28. September RFMB-Gau Ostsachsen: Aufruf der RFMB-Gauleitung unter Bezug auf ein Vorkommnis in Stolpen („Vor dem Krankenhaus entbunden!").

„Frauen und Mädchen! Schließt euch überall dem Roten Frauen- und Mädchenbund an! Es ist die einzige Frauenorganisation, die in Gemeinschaft mit anderen revolutionären Organisationen gegen solche Zustände kämpft. / Gründet überall Ortsgruppen des Roten Frauen- und Mädchenbundes! Kämpft gegen § 218" *(Aus: Arbeiterstimme, 28.09.1929)*

28. September Vorbereitung des Roten Frauentreffens in Bischofswerda (→ 29.09. 1929) in der „Arbeiterstimme", KPD-Zeitung für den Bezirk Ostsachsen, u.a. durch ein Gedicht[30]:

„Frauen in der Fron!
Zum Roten Frauentreffen
Frauen in der Fron!
Ihr in Fabriken! Ihr in Mietskasernen!
Mädchen – ihr jungen, lebensfrohen – lebt
im Schatten; die Sonne seht ihr kaum.
Was seid ihr stille und schreit nicht auf,
Ihr duckt euch immer,
duldet der Kinder Hungern und Gewimmer
und schreit nicht auf: Ein End' damit!
Tagtäglich kriecht ihr in die Fron,
tagtäglich euch Gespenster drohn:
Entlassung, Lohnabbau,
Aussperrung, Aushungerung.
Tagtäglich kriecht ihr in die Fron.
Wie lange noch?!
Kämpft mit uns! Schart euch um das rote Banner,
um die Fahne der Revolution!

218 – der Paragraph,
grausam reißt er den Leib auch auf.
Kinder gebären – wie sie ernähren?!
Die schwarzrotgoldne Republik höhnt:
Die Kinder frühzeitig ans Hungern gewöhnt!
Zum Krieg rüstet die Welt!
Die Republik rüstet mit,
zum Panzerkreuzerbauen braucht sie das Geld.
Da bleibt nichts übrig, um Kinder zu speisen.
Warum erst viel füttern –
morgen gibt's Krieg,
da müssen ins Gras sie sowieso beißen.

Ihr alle in der Hungerfron!
Was gilt's?!
Es gilt den Kampf um Brot und Lohn.
Es gilt die Leuteschinder zu vertreiben.
Das Herrenregiment – wie lange soll's
noch bleiben?
Wie lange noch, daß ihr im Elend webt.
Der Herr, die Dame
in Protz und Prunk zum Hohn euch lebt.
Seid ihr schon so im Jammer drin,
daß ihr das Pack nicht mehr könnt hassen?
Ist euer Arm schon so entkräftet,
daß er den Feind nicht könnte fassen?
Besinnt euch – Frauen in der Fron!
Greift zum roten Banner,
faßt mutig die Fahne der Revolution!

Die Republik schleudert so blutigen Hohn
frech ins Gesicht euch Frauen in doppelter Fron.
Ein End' dem Hohn!
Ein End' der Fron!
Vorwärts zum Kampf!
Vorwärts zum Sieg!
Vorwärts zur Revolution!"
(Aus: Arbeiterstimme, 28.09.1929)

30 ohne Angabe eines Verfassers

28. September RFMB-Gau Ostsachsen: Aufruf zum Roten Frauentreffen in Bischofswerda (→ 29.09.1929).

„Frauen demonstrieren morgen [29.09.1929] in Bischofswerda gegen Unterdrückung und Ausbeutung
Ihr Frauen aus den Betrieben, aus dem Büro, aus dem Haushalt! Ihr alle leidet unter den sich täglich steigernden Lasten, die auf euch abgewälzt werden. Neue Teuerung, Entzug der Erwerbslosenunterstützung, größere Antreibung in den Betrieben, Abbau der Löhne sollen euch noch mehr knebeln, sollen euch gefügiger machen als Lohndrücker und im Falle eines Räuberkrieges als willige Munitionsarbeiter und Soldaten. / Der Rote Frauen- und Mädchenbund, der in den Betrieben die Vorkämpferinnen im Kampf um Lohn und Brot stellt, der die Arbeiterinnen den Klauen der bürgerlichen Frauenvereine entreißt und sie in der roten Front organisiert, solidarisiert sich auch heute mit den Textilarbeiterinnen, die in Bischofswerda zusammentreten, um neue Formen des Kampfes zu schmieden, um fester das Band der ausgebeuteten Arbeiter zu knüpfen.
Werktätige Frauen! Der Roten Frauen- und Mädchenbund organisiert den Kampf der proletarischen Frauen gegen den Hungerfeldzug, gegen den imperialistischen Krieg. So wie der 3. Reichskongreß des RFMB sich zur Hauptaufgabe stellte, die Arbeiterinnen aus den Betrieben um unser Banner zu scharen, so wie am 1. Mai und am 1. August die Frauen mit Begeisterung aufmarschierten, so wird der RFMB in Zukunft mit an der Spitze marschieren. Diszipliniert, einheitlich als ein Kampfblock marschiert der RFMB in Bischofswerda auf, ruft mit seinen Kampflosungen die Frauen.
Reiht euch ein in die Front des kämpfenden Proletariats!
Hunderttausende von Proletarierinnen gilt es noch für die rote Klassenfront zu gewinnen, sie in unseren Organisationen zusammenzuschließen. Der RFMB ruft deshalb den arbeitenden Frauen und Mädchen zu: Stärkt die rote Front! Setzt dem Gegner eine geeinte, kraftbewußte und kampfgestählte Klassenfront entgegen, marschiert mit uns für unsere Forderungen:
Gleichen Lohn für gleiche Leistung! / 7-Stunden-Tag; mehr Schutz für Mutter und Kind! / Weg mit § 218, her mit billigen Wohnungen! / Krieg dem imperialistischen Krieg! / Schutz für die Sowjetunion!
Am 29. September zum Roten Frauentreffen in Bischofswerda." *(Aus: Arbeiterstimme, 28.09.1929)*

29. September RFMB-Gau Ostsachsen: Rotes Frauentreffen in Bischofswerda anlässlich der ersten Konferenz der Textilarbeiteropposition im Bezirk Ostsachsen (Aufruf → 28.09.1929). – Teilnahme u.a. RFMB-OG Groß-Dresden; RFMB-Abt. 1 (Zentrum). – Stellen 7 Uhr Fischhofplatz, Fahrt mit Auto, Fahrgeld 1,70 RM.

„Kundgebung des RFMB [Rotes Frauentreffen] in Bischofswerda
Unter roten Fahnen marschierten die Frauen des RFMB (Bund proletarischer Frauen) zur Kundgebung in Bischofswerda anläßlich der ersten Konferenz der Textilarbeiteropposition im Bezirk Ostsachsen auf. In einer Ansprache im Stadtbad wies Genosse H.[31] darauf hin, daß diese Kundgebung anläßlich der Textilarbeiteropposition seitens des RFMB zeigt, daß die Frauen den richtigen Kurs ihres Kampfes erkannten. Gerade gegenwärtig ist es Haupterfordernis, stärker denn je den Kampf der Arbeiterinnen in den Betrieben gegen die Ausbeutung zu unterstützen. Aufgabe des Roten Frauen- und Mädchenbundes wird es sein, systematisch den Kampf der Arbeiterinnen in den

31 Genosse H.: vermutlich Martin Hoop

Betrieben zu organisieren, um die Frauen einzureihen in den Befreiungskampf der proletarischen Klasse." *(Aus: Arbeiterstimme, 30.09.1929)*

Oktober RFMB-Gau Ostsachsen: Teilnahme an der Kampagne proletarischer Organisationen gegen das RFB-Verbot.

„In dieser Sitzung [Anfang Oktober] wurde einmütig beschlossen, in Verbindung mit dem Kampf des Reichskomitees gegen das RFB-Verbot eine große Kampagne zu organisieren, die zu einer ostsächsischen Kundgebung am 27. Oktober [1929] in Dresden gesteigert werden soll. / Der Kampf gegen das Verbot des Roten Frontkämpferbundes steht in engster Verbindung mit dem Kampf um die Tagesforderungen der Arbeiter. Organisiert überall Komitees gegen das RFB-Verbot! Mobilisiert die Betriebe! Ruft in allen Organisationen und Versammlungen die Arbeiter auf zum Kampf für die Losungen: Nieder mit dem RFB-Verbot! Nieder mit dem national- und sozialfaschistischem Terror! Hinein in die Rote Klassenfront! Organisiert das Kampfbündnis der Arbeiter und Bauern! Zusammenfassung aller Kräfte zum Kampf für ein Sowjetdeutschland!" *(Aus: Arbeiterstimme, 04.10.1929)*

1. Oktober RFMB-Abt. 6 (Süd-West): Versammlung im „Bürgergarten", Lübecker Straße 16.

2. Oktober RFMB-Abt. 2 (Neustadt-West): Versammlung 20 Uhr im Restaurant „Zur Börse". – Gäste willkommen.

5. Oktober RFMB-OG Groß-Dresden: Teilnahme an der Beisetzung der am 1. Oktober verstorbenen Marie Köhler, Mitglied der RFMB-Abt. 6 (Süd-West), auf dem Löbtauer Friedhof.

Abzeichen „Gegen das RFB Verbot"

7. Oktober RFMB-Gau Ostsachsen: Kontrolle durch ZK der KPD.

„In einer Bezirksleitungssitzung [Sitzung der Erweiterten RFMB-Gauleitung in Dresden im KPD-Büro, Columbusstraße 9] wurde ein Bericht vom letzten RFMB-Kongreß [3. RFMB-Reichskongreß in Erfurt {→ 17.–19.08.1929}] gegeben. Die Organisation [RFMB] zählt in Dresden 300 Mitglieder. Fraktionsarbeit im RFMB[-Gau Ostsachsen] fast nicht vorhanden. Eintritte vom RFMB in die Partei [KPD] wurden im Jahre 1929 9 vollzogen. Zur Vorbereitung des Reichskongresses der werktätigen Frauen wie zu den Kommunalwahlen ist bereits Stellung genommen und entsprechende Anweisungen sind an die Mitgliedschaft gegeben worden." *(Aus: Bericht über Kontrolle KPD-Bezirk Ostsachsen 7.10.1929 durch ZK der KPD, 11.10.1929)*

8. Oktober RFMB-Gau Ostsachsen: RFMB-Gauleitung fordert Teilnahmemeldungen für den am 15. Oktober beginnenden Kursus der Arbeitsgemeinschaft sozialpolitischer Organisationen (ARSO) zur Jugendfürsorge.

9. Oktober RFMB-Abt. 8 (Neustadt-Ost): Versammlung 20 Uhr in der „Louisenburg". – Thema: „Zoll und Erwerbslosenfürsorge".

9. Oktober RFMB-Abt. 10 (Reick-Dobritz): Außerordentliche Versammlung 19,30 Uhr im „Gasthof Dobritz", Pirnaer Landstraße 28. – Ganz wichtige Tagesordnung.

9. Oktober RFMB-Abt. 11 (Johannstadt): Versammlung 20 Uhr in „Dahms Restaurant", Rietschelstraße 20. – Redner anwesend; Liederbücher mitbringen.

9. Oktober RFMB-OG Freital: Versammlung in „Stadt Freital", Bahnhofstraße 10. – Thema: „Die Bedeutung der Gemeindeverordnetenwahlen".

10. Oktober RFMB-Abt. 1 (Zentrum): Versammlung 20 Uhr im „Restaurant Schirmer", Fischhofplatz 14. – Rednerin: Olga Körner; Thema: „Stadtverordnetenwahlen".

10. Oktober RFMB-OG Pirna: Versammlung 19,30 Uhr in Pratzschwitz. – Rednerin: Olga Körner; Thema: „Kommunalwahlen".

11. Oktober RFMB-Abt. 11 (Johannstadt): Versammlung 19,30 Uhr in „Dahms Restaurant", Rietschelstraße 20. – Rednerin: Olga Körner.

11. Oktober RFMB-OG Freital: Versammlung bei „Stadt Freital", Bahnhofstraße 10. – Redner: Otto Schön; Thema: „Gemeindeverordnetenwahlen".

12. Oktober RFMB-Gau Ostsachsen: Aufruf der RFMB-Gauleitung und anderer proletarischer Organisationen zur Solidarität mit den Berliner Rohrlegern, die seit 7 Wochen gegen einen schlechteren Tarifabschluss kämpfen.

12. Oktober RFMB-OG Pirna: Tanzabend in Pratzschwitz. – Stellen 18 Uhr am Volkshaus, Reitbahnstraße 3. – Alle proletarischen Organisationen sind eingeladen.

13. Oktober RFMB-OG Freital: Teilnahme am Sammel- und Werbesonntag von KPD und weiteren proletarischen Organisationen.

15. Oktober RFMB-Gau Ostsachsen: Termin für die Abrechnung der Karten „Frauen kämpft mit uns!" – Abschlagszahlungen sind „sofort" an die RFMB-Gauleitung zu senden.

15. Oktober RFMB-OG Groß-Dresden: Teilnahme an einem Kursus der Arbeitsgemeinschaft sozialpolitischer Organisationen (ARSO) zur Jugendfürsorge im Büro der IAH, Poppitz 18 (→ 08.10.1929, 26.11.1929).

15. Oktober RFMB-Abt. 3 (Striesen): Versammlung im „Glashütter Hof". – Rednerin: Frieda Gansauge; Thema: „Stadtverordnetenwahlen".

15. Oktober RFMB-Abt. 6 (Süd-West): Versammlung im „Bürgergarten", Lübecker Straße 16. – Rednerin: Olga Körner; Thema: „Erwerbslosenversicherung".

16. Oktober RFMB-Abt. 2 (Neustadt-West): Versammlung 19,30 Uhr im Restaurant „Zur Börse".

16. Oktober RFMB-Abt. 8 (Neustadt-Ost): Versammlung 20 Uhr in der „Louisenburg". – Rednerin: Frieda Gansauge; Thema: „Kommunalwahlen".

16. Oktober RFMB-OG Freital: Versammlung 19,30 Uhr im „Döhlener Hof", Untere Dresdner Straße 142.

16. Oktober RFMB-OG Pirna: Beginn des Schulungskursus 20 Uhr im „Volkshaus", Reitbahnstraße 3. – Sympathisierende Frauen sind eingeladen.

17. Oktober RFMB-OG Olbersdorf: Versammlung mit KPD 20 Uhr. – Redner: Martin Wehnert, Zittau; Thema: „Kommunalwahlen".

18. Oktober RFMB-OG Pirna: Versammlung 20 Uhr im „Volkshaus", Reitbahnstraße 3.

20. Oktober Reichskongress werktätiger Frauen in Berlin. – Rednerin: Helene Overlach, RFMB-Bundesvorsitzende; Thema: „Was will der Reichskongreß werktätiger Frauen?"

20. Oktober RFMB-Abt. 8 (Neustadt-Ost): Versammlung 20 Uhr in der „Louisenburg". – Rednerin: Genossin Böhme; Thema: „Erwerbslosenversicherung".

21. Oktober RFMB-Abt. 2 (Neustadt-West): Kursusabend bei Genossin Elly[32], Torgauer Straße 45.

32 Familienname unbekannt

21. Oktober RFMB-Abt. 5 (Laubegast): Versammlung 19,30 Uhr im „Steirischen Hof".

22. Oktober RFMB-Gau Ostsachsen: Aufforderung der Gauleitung an die RFMB-OG Groß-Dresden, für die Angehörigen der Opfer des Reichswehreinmarsches 1923 in Freiberg bis zum 25. Oktober ein Lebensmittelpaket bei der Rote Hilfe, Dresden, Wilsdruffer Straße 27, abzugeben.

23. Oktober Aufruf proletarischer Organisationen zur Demonstration am 27. Oktober 1929 in Dresden gegen das RFB-Verbot (→ 27.10.1929).

24. Oktober RFMB-Abt. 1 (Zentrum): Versammlung im „Restaurant Schirmer", Fischhofplatz 14. – Rednerin: Olga Körner.

24. Oktober RFMB-Abt. 8 (Neustadt-Ost): Versammlung 20 Uhr in „Hoffmanns Restaurant". – Lichtbildervortrag.

24. Oktober RFMB-Abt. 9 (Leuben): Versammlung 20 Uhr im „Gasthof Leuben", Pirnaer Landstraße 131. – Redner: Dr. Alfred Cohn; Thema: „Gesundheitspolitik".

26./27. Oktober RFMB-Gau Ostsachsen: Teilnahme an der Gedächtniskundgebung (26.10.1929) 20 Uhr im „Oberhof" und Kranzniederlegung (27.10.1929) in Freiberg für die Reichswehropfer von 1923.

„Glänzende Kundgebung für die Reichswehropfer in Freiberg
Am Sonnabend dem 26. Oktober [1929] fand in Freiberg eine Gedächtniskundgebung zu Ehren der 1923 von der Reichswehr niedergeschlagenen und niedergeschossenen 34 Revolutionsopfer statt. Die zahlreich erschienenen auswärtigen Kranzdelegationen, u.a. die Rote Hilfe Bezirk Ostsachsen, IAH, KPD und KJVD Bezirk Ostsachsen, RFMB, Roter Frontkämpferbund, Antifaschistische Arbeiterwehr, viele Ortsgruppen der Partei [KPD] und Rote Hilfe sowie zahlreiche Betriebe, darunter Straßenbahn und Eltwerk Dresden, wurden am Bahnhof Freiberg von der Arbeiterschaft begeistert empfangen. Es formierte sich sofort ein ansehnlicher Demonstrationszug mit brennenden Fackeln unter Vorantritt der Freiberger Arbeiter-Musikvereinigung. Die Spießer Freibergs lugten versteckt hinter den Vorhängen, die Arbeiter aber waren begeistert. Durch einige Straßen ging es nach dem ‚Oberhof'. Hier fand die Saalkundgebung, die bis auf den letzten Platz gefüllt war, statt. Die Spieltruppe ‚Rote Trommler' Dresden, die den größten Teil der Kundgebung mit ihren geradezu glänzenden und mit ungeheurem Beifall aufgenommenen Aufführungen ausfüllte, schmückte die Feier außerordentlich. Der Genosse B.[runo] Siegel [Landtagsabgeordneter, KPD], Dresden, ging bei seiner Ansprache auf die Entwicklung der politischen Lage der Arbeiterschaft seit 1923 ein. [...] Die mit starkem Beifall aufgenommene Rede des Genossen Siegel endete mit einem Appell an die Freiberger Arbeiter, sich auch hier noch mehr wie bisher in die rote Klassenfront einzureihen. [...] / Die Ansprache des Jugendvertreters des Jungspartakus und des Vertreters des im Namen aller übrigen

Delegationen Sprechenden (Gen. [Bernhard] Koch, Dresden) fanden ungeteilten Beifall. Zu einer besonders imposanten Kundgebung steigerte sich die Versammlung, als der Vertreter des [verbotenen] Roten Frontkämpferbundes revolutionäre Grüße übermittelte, er wurde mit starkem Beifall empfangen. / Zum Schluß sprach der Gen. P.[aul] Becker, der Spitzenkandidat der kommunistischen Liste in Freiberg. Seine Ausführungen waren ein starker Appell an die Freiberger Arbeiter, die Kommunistische Partei in ihren Kämpfen zu unterstützen, da gerade Freiberg mit seiner reaktionären Verwaltung dies besonders erforderlich macht. Er schloß die Kundgebung gegen 23 Uhr unter starker Begeisterung. –
Am Sonntag [27.10.1929] formierte sich ein Zug der Kranzdelegationen [9,30 Uhr am Restaurant ‚Zur Lokomotive', Humboldtstraße] nach dem [Donats-]Friedhof, wo Gen. Bochmann an den Gräbern der Opfer von 1923 mahnende Worte an die Arbeiter sprach." *(Aus: Arbeiterstimme, 28.10.1929)*

„Der Kranzniederlegung durch den RFMB [am 27.10.1929] „folgte eine Kranzniederlegung durch einen Kommunisten mit etwa folgenden Worten: ‚Auch der verbotene Rote Frontkämpferbund Groß-Dresden hat es sich nicht nehmen lassen, an den Gräbern der Opfer des Klassenkampfes einen Kranz niederzulegen.'" *(Aus: Bericht Polizei Freiberg, 28.10.29)*

27. Oktober RFMB-OG Groß-Dresden: Teilnahme an der Demonstration und der Kundgebung gegen das RFB-Verbot (→ Anfang 10.1929, Aufruf → 23.10.1929). – Teilnahme u.a. RFMB-Abt. 1 (Zentrum); Stellen 13,20 Uhr Freiberger Platz.

29. Oktober RFMB-OG Groß-Dresden: Vollmitgliederversammlung im „Brandenburger Hof", Berliner Straße 26/Ecke Peterstraße. – Thema: „Reichskongreß werktätiger Frauen in Berlin" (→ 20.10.1929).

30. Oktober RFMB-Abt. 2 (Neustadt-West): Unterhaltungsabend 19,30 Uhr im Restaurant „Zur Börse".

Demonstriert am 27. Oktober gegen das Verbot des RFB!

Klebezettel zur Werbung für die Demonstration am 27. Oktober 1929 gegen das RFB-Verbot; herausgegeben vom Reichskomitee gegen das RFB-Verbot

Aufruf proletarischer Organisationen zur Demonstration am 27. Oktober 1929 in Dresden gegen das RFB-Verbot (Aus: Arbeiterstimme, 23.10.1929)

30. Oktober RFMB-Abt. 8 (Neustadt-Ost): Versammlung 19,30 Uhr in der „Louisenburg". – Rednerin: Genossin Böhme.

31. Oktober RFMB-Abt. 2 (Neustadt-West): Versammlung 20 Uhr bei „Dahms", Rietschelstraße 20. – Redner: Bruno Goldhammer; Thema: „Die Frau im neuen Rußland".

1. November RFMB-OG Groß-Dresden: Versammlung von Delegierten 20 Uhr im KPD-Büro, Columbusstraße 9. – Thema: „Reichskongreß werktätiger Frauen in Berlin" (→ 20.10.1929).

5. November RFMB-Ab. 3 (Striesen): Frauenkundgebung in der Gaststätte „Eiche". – Rednerin: Olga Körner; Lichtbildervortrag „Deutschland, Deutschland über alles"; Rezitationen: Gertrud Strzelewicz.

5. November RFMB-Abt. 6 (Süd-West): Versammlung im „Bürgergarten", Lübecker Straße 16. – Rednerin: Elisabeth Sparschuh; Thema: „Forderungen der werktätigen Frauen und Kommunalwahlen".

6. November RFMB-OG Freital: Versammlung 19,30 Uhr in „Stadt Freital", Bahnhofstraße 10.

6. November RFMB-OG Pirna: Schulungsabend 20 Uhr im „Volkshaus", Reitbahnstraße 3.

6. November RFMB-OG Olbersdorf: Versammlung 19,30 Uhr in „Taubners Restaurant". – Rednerin: Helene Glatzer, RFMB-Gauleiterin Ostsachsen.

7. November RFMB-OG Groß-Dresden: Teilnahme an den Revolutionskundgebungen in den „Annensälen", Fischhofplatz 10 (Redner: Reichstagsabgeordneter Siegfried Rädel, KPD), in „Hammers Hotel", Augsburger Straße 7 (Redner: Herbert Wehner) und im „Orpheum", Kamenzer Straße 19 (Redner: Landtagsabgeordneter Bruno Siegel, KPD).

„Glänzende Revolutionsfeiern in Dresden
[…] Die Popularisierung der revolutionären Bedeutung des 7. November als Jahrestag der russischen Revolution im Kampf der Kommunisten gegen den Reaktionsvorstoß zur Abschaffung des 9. November als Feiertag hat, das beweisen die gestrigen Kundgebungen, breite Massen erfaßt. […] In allen Stadtteilen fanden Umzüge statt, die mit Transparenten, Fahnen und Fackeln unter der Begleitung von den Kapellen der Arbeiterschaft die Straßen beherrschten. Zur gleichen Zeit […] sammelte sich in den Annensälen [Fischhofplatz 10] eine riesige Menschenmenge zur Feier der rus-

Werbung für drei Revolutionskundgebungen in Dresden am 7. November 1929 (Aus: Arbeiterstimme, 07.11.1929)

sischen Revolution für die Löbtauer, Friedrichstädter und dem zu Stadtteil 1 [der KPD] gehörenden Teil der Altstädter Arbeiter. Als Genosse [Bruno] Goldhammer die Kundgebung eröffnete, waren Saal und Galerien wegen Überfüllung gesperrt, so daß über 200 Menschen keinen Einlaß mehr fanden. [...] Die wuchtigen Klänge des russischen Rotgardistenmarsches, vortrefflich gespielt durch das Friedrichstädter Arbeiterorchester[33], leiteten die Feier ein. Tosender Beifall folgte den Szenen der Roten Raketen, [...] Starken Beifall fanden neben den Rezitationen der Genossin Morgenstern besonders die zwei Kampflieder, die Genosse Forberger vortrefflich sang. Den Höhepunkt der Veranstaltung bildete die zündende Ansprache des Genossen Siegfried Rädel [Reichstagsabgeordneter, KPD], [...]
Die Kundgebung im Orpheum [Kamener Straße 19] [...] Eingeleitet wurde durch die Arbeitermusikkapellen [Dresden-]Neustadt und Lausa. Genosse Bruno Siegel [Landtagsabgeordneter, KPD] [...] hielt eine scharfe Anklagerede gegen den sozialdemokratischen Verrat. In flammenden Worten

33 Proletarische Musikvereinigung Dresden-Friedrichstadt

Die „Proletarische Musikvereinigung Dresden-Friedrichstadt", hervorgegangen aus der Blaskapelle der RFB-Abteilung 2 (Zentrum), spielte zur Revolutionskundgebung am 7. November 1929 in den „Annensälen" u.a. den Russischen Rotgardistenmarsch

zeigte er das gewaltige Aufbauwerk der russischen Arbeiter, Bauern und der Roten Armee unter Führung der Kommunistischen Partei. Seine Aufforderung, auch in Deutschland nicht zu ruhen und zu rasten, bis überall die Sowjetfahne weht, fand begeisterte Zustimmung. Die Roten Raketen brachten durch die Aufführung verschiedener Szenen Kampf und Sieg des russischen Proletariats zum Ausdruck.
In Hammers Hotel [Augsburger Straße 7] sprach vor ebenfalls vollbesetztem Haus Genosse [Herbert] Wehner zu den Striesener Arbeitern. Die Roten Trommler und ein proletarischer Tambourzug gestalteten die Kundgebung aus." *(Aus: Arbeiterstimme, 08.11.1929)*

7. November RFMB-OG Bautzen: Teilnahme an der Kundgebung zum Jahrestag der russischen Revolution.

„Dort [in Bautzen] waren über 400 Arbeiter und Arbeiterinnen in der Revolutionskundgebung erschienen. Genosse Blazek, Dresden, sprach, oft von Beifall unterbrochen. Auch seine Rede mündete in einem Appell zur Unterstützung des Kampfes der Kommunistischen Partei und fand lebhafte einmütige Zustimmung bei den versammelten Arbeitern und Arbeiterinnen." *(Aus: Arbeiterstimme, 08.11.1929)*
„Die Arbeiter kommen zur Partei der Revolution
Bautzens Proletariats feierte am 7. November die russische Revolution. Die Kundgebung, unter Mitwirkung der KJ, des RFMB und des Mundharmonikaklub nahm einen glänzenden Verlauf. Immer

mehr dringt die Erkenntnis in die Arbeiterschaft, auch ein rotes Sowjetdeutschland zu erkämpfen. Trotz der Rußlandhetze von den Deutschnationalen bis zu den ‚linken Kommunisten' stehen die Arbeiter zur Sowjetunion und zur Kommunistischen Partei. Das bewies eine in der Kundgebung durchgeführte Sammlung für den Wahlfonds, wo 12 Mark gesammelt wurden. Außerdem traten vier Arbeiter und eine Arbeiterin in die Partei. / Werktätige Bautzens, unterstützt die KPD im Kampfe um die Befreiung der Arbeiterklasse so weiter, dann wird der Sieg unser sein. Am 17. November wählt Liste 2! *(Arbeiterkorrespondenz Nr. 1725. Aus: Arbeiterstimme, 12.11.1929)*

Abzeichen der Kommunistischen Partei Deutschlands (KPD)

8. November RFMB-OG Pirna: Versammlung 20 Uhr im „Volkshaus", Reitbahnstraße 3.

10. November RFMB-Abt. 2 (Neustadt-West): Theaterabend mit Tanz und großen Überraschungen 17 Uhr im „Deutschen Haus. – Eintritt 30 Pf.

13. November RFMB-Abt. 2 (Neustadt-West): Filmvortrag für alle proletarischen Frauen 19,30 Uhr im „Maria-Anna-Hof".

14. November RFMB-Gau Ostsachsen: Sitzung der RFMB-Gauleitung in Dresden im KPD-Büro in Dresden, Columbusstraße 9.

14. November RFMB-Abt. 8 (Neustadt-Ost): Versammlung 20 Uhr in der „Louisenburg". – Rednerin: Genossin Böhme; Thema: „Faschismus".

15. November RFMB-Gau Ostsachsen: Aufruf der RFMB-Gauleitung zum Einsatz bei den Kommunalwahlen.

„An alle Ortsgruppen und Abteilungen.
Von großer Wichtigkeit ist, daß sich Frauen und Mädchen einreihen in die Front der Aufklärungsarbeit. Deshalb stellen sich alle Mitglieder den Wahlkomitees zur Verfügung. Erkundigt euch bei den Parteileitern, wo die Verteilung der Wahlarbeit stattfindet." *(Aus: Arbeiterstimme, 15.11.1929)*

15. November RFMB-Abt. 1 (Zentrum): Stellen 18 Uhr auf dem Freiberger Platz.

17. November RFMB-Abt. 1 (Zentrum): Teilnahme an der Wahlarbeit zur Stadtverordnetenwahl. – Stellen 8,30 Uhr im „Restaurant Findeisen", Töpferstraße 3.

KPD-Büro in Dresden, Columbusstraße 9. – Im KPD-Büro fanden gelegentlich Sitzungen der RFMB-Gauleitung Ostsachsen statt. – Abbildung: KPD-Büro als Werbelokal der RFB-Abteilung 1 (Süd-West) im März 1927

20. November RFMB-OG Groß-Dresden: Vollmitgliederversammlung 18 Uhr im „Plauenschen Hof".

19. November RFMB-Abt. 6 (Süd-West): Versammlung im „Bürgergarten", Lübecker Straße 16. – Rednerin: Olga Körner.

21. November RFMB-Abt. 1 (Zentrum): Versammlung 20 Uhr im „Restaurant Schirmer", Fischhofplatz 14. – Thema: „Reichskongreß werktätiger Frauen in Berlin" (→ 20.10.1929).

21. November RFMB-Abt. 8 (Neustadt-Ost): Versammlung 20 Uhr in der „Louisenburg".

22. November RFMB-OG Pirna: Versammlung 20 Uhr im „Volkshaus", Reitbahnstraße 3.

26. November RFMB-OG Groß-Dresden: Teilnahme je einer Vertreterin aus jeder RFMB-Abteilung an einem ARSO-Kursus zur Jugendfürsorge im Büro der IAH, Poppitz 18.

26. November RFMB-OG Groß-Dresden: Sitzung der Funktionärinnen 20 Uhr im KPD-Büro, Columbusstraße 9.

26. November RFMB-OG Freital: Versammlung 19,30 Uhr bei „Stadt Freital", Bahnhofstraße 10. – Thema: „Bericht von der Vollmitgliederversammlung".

26. November RFMB-OG Heidenau: Versammlung 20 Uhr im „Deutschen Krug", Bismarckstraße 14. – Rednerin: Elisabeth Sparschuh. – Lichtbildervortrag „Die Frau im neuen Rußland".

27. November RFMB-Abt. 2 (Neustadt-West): Versammlung 19,30 Uhr im Restaurant „Zur Börse". – Gäste willkommen.

27. November RFMB-Abt. 11 (Johannstadt): Versammlung 20 Uhr in „Dahms Restaurant", Rietschelstraße 20. – Lichtbildervortrag; Liederbücher mitbringen.

28. November RFMB-Abt. 3 (Striesen): Versammlung im „Glashütter Hof". – Rednerin: Helene Glatzer, RFMB-Gauleiterin Ostsachsen; Thema: „Die Frau im neuen Rußland".

2. Dezember RFMB-Gau Ostsachsen: Kasse mahnt zur Abrechnung der verkauften Marken zum Reichskongress werktätiger Frauen in Berlin (→ 20.10.1929)

3. Dezember RFMB-Abt. 2 (Neustadt-West): Versammlung 20 Uhr im Restaurant „Zur Börse". – Redner: Genosse Seiffert; Thema: „Youngplan".

3. Dezember RFMB-Abt. 5 (Laubegast): Versammlung 19,30 Uhr im „Steirischen Hof".

5. Dezember RFMB-Abt. 1 (Zentrum): Versammlung im „Restaurant Schirmer", Fischhofplatz 14. – Redner: Albert Ebert; Thema: „Youngplan".

5. Dezember RFMB-Abt. 9 (Leuben): Versammlung im „Lindengarten", Altleuben 1. – Rednerin: Olga Körner; Thema: „Youngplan".

5. Dezember RFMB-OG Olbersdorf: Versammlung 20 Uhr in „Taubners Restaurant". – Rednerin: Helene Glatzer, RFMB-Gauleiterin Ostsachsen.

6. Dezember RFMB-OG Bannewitz: Öffentliche Frauenversammlung im „Amselgrund".

6. Dezember RFMB-OG Zschachwitz: Versammlung. – Rednerin: Elisabeth Sparschuh; Lichtbildervortrag: „Die Frau im neuen Rußland".

7. Dezember RFMB-Gau Ostsachsen: Kasse mahnt zur Abrechnung der verkauften Spendenmarken zum Reichskongress werktätiger Frauen in Berlin (20.10.) und der Mitgliedsbeiträge für November.

9. Dezember RFMB-OG Pirna: Versammlung 20 Uhr im „Volkshaus", Reitbahnstraße 3.

11. Dezember RFMB-Abt. 2 (Neustadt-West): Versammlung 19,30 Uhr im Restaurant „Zur Börse".

12. Dezember RFMB-OG Groß-Dresden: Frauenabend 19,30 Uhr im Restaurant „Sportfreund", Oppellstraße.

13. Dezember RFMB-Abt. 5 (Laubegast): Teilnahme an der Sonnenwendfeier proletarischer Organisationen im Jugendheim.

13. Dezember RFMB-Abt. 11 (Johannstadt): Versammlung 19,30 Uhr in „Krugs Restaurant".

13. Dezember RFMB-OG Coßmannsdorf: Öffentliche Frauenversammlung 19,30 Uhr in „Linkes Restaurant". – Rednerin: Helene Glatzer, RFMB-Gauleiterin Ostsachsen.

16. Dezember RFMB-Abt. 1 (Zentrum): Versammlung 19,30 Uhr im „Restaurant Schirmer", Fischhofplatz 14. – Probe der RFMB-Theatergruppe.

18. Dezember RFMB-Abt. 6 (Süd-West): Kursusabend im „Bürgergarten", Lübecker Straße 16.

18. Dezember RFMB-OG Pirna: Versammlung 20 Uhr im „Volkshaus", Reitbahnstraße 3.

27. Dezember RFMB-OG Pirna: Singestunde 20 Uhr im „Volkshaus", Reitbahnstraße 3.

30. Dezember RFMB-OG Pirna: Teilnahme an der Weihnachtsfeier des Internationalen Bundes der Opfer des Krieges und der Arbeit (IB) 18 Uhr im „Zwinger".

31. Dezember RFMB-Abt. 10 (Reick-Dobritz): Roter Rummel im Restaurant „Zur Post", Dobritz. – Auftritt der Roten Raketen, Spieltruppe des KJVD Ostsachsen.

3.5 1930

Anfang 1930 RFMB-Gauleitung Ostsachsen: Beitrag von Helene Glatzer, RFMB-Gauleiterin Ostsachsen, im Jahrbuch 1930 der „Arbeiterstimme", KPD-Tageszeitung für den Bezirk Ostsachsen:

„Der Bund proletarischer Frauen (RFMB)
wurde am 25.[richtig: 29.]11.1925 gegründet. Der Bund ist die einzige proletarische Frauenorganisation Deutschlands, er steht auf dem Boden des Klassenkampfes und hat sich als Ziel gesetzt: / Die Gewinnung der werktätigen Frauen für den Kampf gegen Ausbeutung und Entrechtung, für den Kampf gegen den imperialistischen Krieg.
Der RFMB will allen, nach einer Hilfe an ihrer wachsenden Not, nach einem Ausweg aus ihrem Elend suchenden Frauen in Stadt und Land Berater und Wegweiser sein. Er will den Frauen zeigen, daß und warum sie sich aktiv in die Klassenfront des Proletariats einreihen müssen. Der RFMB will die werktätigen Frauen lehren, wie sie im täglichen Daseinskampfe die besitzende Klasse als ihren Klassenfeind erkennen und bekämpfen sollen.
Der RFMB will die in seiner Organisation zusammengeschlossenen Frauen in die großen Kämpfe des Proletariats einreihen, indem er an diesen Aktionen teilnimmt und indem er seine Mitglieder den freien Gewerkschaften und Genossenschaften zuführt.
Der RFMB will die werktätigen Frauen, die noch ungeheuer unter dem Einfluß der bürgerlichen Parteien und ihrer Frauenorganisationen stehen, loslösen und seiner Organisation zuführen.
Der RFMB will auch die werktätigen Frauen von dem ebenso arbeiterfeindlichen Einfluß der sozialdemokratischen Führer und ihrer Frauengruppen befreien. Er will die Verbindung mit den sozial demokratischen Arbeiterinnen zum Zwecke gemeinsamen Kampfes herbeiführen. / Der RFMB will die gegenseitige praktische Solidarität unter seinen Mitgliedern, wie auch unter allen Angehörigen der proletarischen Klasse üben.
Gauleitung Ostsachsen: Helene Glatzer, Dresden-A. 19, Eilenburger Straße 15." *(Aus: Jahrbuch 1930 für die Leser der „Arbeiterstimme", Organ der Kommunistischen Partei Deutschlands, Bezirk Ostsachsen, Dresden [o.J.]*

Helene Glatzer, RFMB-Gauleiterin Ostsachsen von Oktober 1927 bis Januar 1930 (Aus: Arbeiterstimme, 11.05.1929)

18. Januar RFMB-Gau Ostsachsen: Vorbereitung der 5. RFMB-Gaukonferenz Ostsachsen (→ 19.01.1930) durch einen Beitrag in der „Arbeiterstimme", KPD-Tageszeitung für den Bezirk Ostsachsen:

„Der Rote Frauen- und Mädchenbund ist die Wehrorganisation der proletarischen Frauen
Am 19. Januar [1930] treten in Dresden die Delegierten des Gaues Ostsachsen des Roten Frauen- und Mädchenbundes zu ihrem Gautag [5. RFMB-Gaukonferenz] zusammen. Die Wehrorganisation der proletarischen Frauen hat gewaltige Aufgaben zu lösen. Immer mehr verschärfen sich die Gegensätze zwischen Arbeiterklasse und Kapital. [...] / Drohend steht die Kriegsgefahr vor uns. [...] Fieberhaft wird gerüstet und alle ‚Friedenskonferenzen' sind nichts anderes als Werkstätten, in denen neue Kriegspläne gegen die Sowjetunion geschmiedet werden. Die proletarische Frau weiß, daß es beim imperialistischen Krieg nur gilt, die Profite der Unternehmer zu verteidigen. / Hand in Hand mit den Interventionsplänen der Imperialisten geht die Niederschlagung der Arbeiter in den einzelnen Ländern. Überall erhebt der Faschismus sein Haupt. Demonstrationen der Arbeiter werden auf Befehl sozialfaschistischer Polizeipräsidenten nicht nur mit den Gummiknüppeln auseinandergetrieben, sondern im Blute erstickt. Am Jahrestag der Ermordung Rosa Luxemburgs und Karl Liebknechts floß Arbeiterblut in Deutschland. Der Rote Frauen- und Mädchenbund hat die Aufgabe, die proletarischen Frauen zusammenzufassen zum Kampf gegen National- und Sozialfaschismus, zum Kampf gegen den imperialistischen Krieg.
In den wirtschaftlichen Kämpfen der Arbeiterinnen steht der Rote Frauen- und Mädchenbund mit in vorderster Linie. Die Forderungen der revolutionären Gewerkschaftsopposition sind seine Forderungen. Der Rote Frauen- und Mädchenbund kämpft nicht nur gegen die Kriegsgefahr, er kämpft auch für den Siebenstundentag, für Lohnerhöhungen, gegen Massenelend und Trustbourgeoisie, für die proletarische Revolution.
Auf dem [3.] Reichskongreß des Roten Frauen- und Mädchenbundes [→ 17.–19.08.1929] wurde als Hauptaufgabe der Kampf gegen den imperialistischen Krieg gestellt. Die Gauleitung [Ostsachsen] des Roten Frauen- und Mädchenbundes, der Wehrorganisation der proletarischen Frauen, wird im Sinne des Reichskongresses tagen." *(Aus: Arbeiterstimme, 18.01.1930)*

19. Januar 5. RFMB-Gaukonferenz Ostsachsen. – Tagungsort: Dresden, „Bürgergarten", Lübecker Straße 16.– Zusammenlegung der RFMB-Gaue Ostsachsen (Dresden), Westsachsen (Leipzig) und Erzgebirge/Vogtland (Chemnitz) zum RFMB-Gau Sachsen; Wahl der RFMB-Gauleitung Sachsen.

„Landeskonferenz [5. Gaukonferenz Ostsachsen] des Roten Frauen- und Mädchenbundes [...]
Am Sonntag dem 19. Januar [1930] tagte eine Konferenz des Roten Frauen- und Mädchenbundes im Bürgergarten Dresden [Lübecker Straße 16]. / Die Konferenz nahm Stellung zum Kampf der Arbeiterinnen und Arbeiterfrauen gegen den Kapitalismus. In den Berichten der Delegierten aus ganz Sachsen kam zum Ausdruck, daß die Arbeiterfrau und Arbeiterin immer mehr in den Vordergrund des Kampfes gegen das kapitalistische System tritt. Die neue Landesleitung für ganz Sachsen wurde einstimmig gewählt, um auch die Kräfte des RFMB (Bund proletarischer Frauen) für Sachsen zu konzentrieren. Auf den fortgesetzten Terror der Sozial- und Nationalfaschisten antworteten die Delegierten mit dem Beschluß, eine große Kampagne für die Wehrhaftmachung der proletarischen Frauen, um den Arbeitermördern und Terroristen gebührend begegnen zu können. Die Aufgabe

wurde in einer einstimmig angenommenen Resolution umrissen, [...] Mit dem Kampflied der Arbeiterklasse schlossen die Delegierten die Konferenz des Roten Frauen- und Mädchenbundes, die das Gelöbnis ablegten, alle Kräfte daranzusetzen, die Arbeiterinnen und Arbeiterfrauen einzureihen in die Front des proletarischen Befreiungskampfes." *(Aus: Arbeiterstimme, 22.01.1930)*

„Reiht die Proletarierinnen ein in den Roten Frauen- und Mädchenbund!
Resolution der [5.] Gaukonferenz [Ostsachsen] des Roten Frauen- und Mädchenbundes am 19. Januar [1930] in Dresden
Die [5.] Gaukonferenz des RFMB Ostsachsen weist alle Genossinnen auf den Ernst der politischen Lage und die rasche Zuspitzung des Klassenkampfes hin. Um den Youngplan auf die Schultern der Arbeiter abzuwälzen, um die Profite noch mehr steigern zu können, stoßen die Unternehmer immer frecher vor. Sie führen eine weitere brutale Rationalisierung durch, die hunderttausende Arbeiter brotlos macht. Bis auf die Hälfte werden die Belegschaften reduziert, die das Doppelte und Dreifache produzieren müssen. Das Antreibersystem und Hetztempo in den Betrieben wird ins Unerträgliche gesteigert, die Arbeitszeit wird verlängert, die Löhne sinken und die Teuerung steigt. An Stelle der gelernten Arbeiter werden Frauen in die Betriebe hineingezogen, sie schuften für Hungerlöhne. Besonders in der Textilindustrie haben wir eine ungeheure Ausbeutung der Arbeiterinnen, aber nicht minder die Ausbeutung in der Metall- und Tabakindustrie. / Die Sozialisten stimmen allen Entlassungen, vor allem Entlassungen verheirateter Frauen zu, die Erwerbslosigkeit wächst ins Riesenhafte. Die Unterstützung, sowie Sozialfürsorge überhaupt, wird unter aktiver Mitwirkung der Sozialdemokratie und Gewerkschaftsbürokratie abgebaut. Den verheirateten Frauen wird die Unterstützung ganz geraubt. Die aufmarschierenden Hungernden werden mit blauen Bohnen von den sozialfaschistischen Polizeibestien niedergeschossen. / Die Sozialdemokratie, die auf Gedeih und Verderb mit dem Unternehmertum verbunden ist, wird alle Lohnforderungen der Arbeiter unterbinden, alle Lohnkämpfe abwürgen, es gilt deshalb, stärker als bisher den Kampf um Lohn und Brot zu organisieren.
In den Betrieben führen die Faschisten einen immer stärkeren Terror durch und versuchen, mit Werksport und schönen Versprechungen die Arbeiter einzufangen.
Wir müssen deshalb unseren Beschluß vom Reichskongreß mit größter Kraft durchführen, müssen Betriebsgruppen aufbauen um die Arbeiterinnen zu schulen, um sie in den Kampf um Lohn und Brot einzureihen, sie den Fangarmen der National- und Sozialfaschisten zu entreißen.
Schafft das engste Bündnis mit den Delegiertenversammlungen und führt ihre Beschlüsse durch.
Rote Betriebsräte müssen wir schaffen! Wir müssen die Interessenvertreter der Arbeiterinnen in den Betrieben werden!
Wir wählen Delegierte zum Kongreß der Gewerkschaftsopposition am 25. und 26. Januar [1930] in Chemnitz und wollen seine Kampfbeschlüsse mit durchführen! / Die proletarischen Hausfrauen, die durch Mietwucher und Teuerung am stärksten getroffen werden, müssen mit in den Kampf zur Verbesserung ihrer Lebenslage eingereiht werden. / Als Wehrorgan der proletarischen Mädchen und Frauen gilt es, bei allen Lohnbewegungen, überall dort, wo Frauen im Kampf stehen, durch Bereitstellung von besonderen Abteilungen zu Abwehr von Streikbrechergarden den Streikenden zu helfen. Fieberhaft rüsten die Kapitalisten und schmieden Pläne für den Raubzug der Imperialisten, gegen die Sowjetunion und zur Niederschlagung des revolutionären Proletariats.
Die bürgerlichen Frauenorganisationen erziehen ihre Mitglieder zum ‚Durchhalten' und die faschistischen Organisationen lehren sie schießen, machen sie wehrhaft für das Kapital, mißbrauchen sie

für die Interessen des Geldsacks. Die Sozialdemokraten, die wie 1914 mit dem Bürgertum durch dick und dünn gehen wollen die Frauen einschläfern und vertrösten sie auf bessere Zeiten. / Dem setzen wir entgegen die Aufklärung der Arbeiterfrauen über die wahren Ursachen des Krieges und lehren sie, mit revolutionären Methoden gegen den imperialistischen Raubzug zu kämpfen.

Der ungeheuren Hetze der Sozialfaschisten und des Bürgertums gegen die revolutionären Organisationen, die Kommunistische Partei und die Sowjetunion, beantworten wir mit unserem Treuschwur zur Sowjetunion.

Wir begrüßen den gigantischen Aufbau des Sozialismus und erneuern unser Gelöbnis, das Vaterland aller Werktätigen mit unserem Blut und Leben zu verteidigen. / Verstärkt entgegen den militärischen Kampforganisationen des Kapitals, den faschistischen Wehr- und Frauenorganisationen die Wehrorganisation der proletarischen Frauen, den Roten Frauen- und Mädchenbund! [...] / Wie am 1. Mai [1929] in Berlin, bei Streiks, im Ruhrgebiet und in allen Ländern die Frauen mit an erster Stelle kämpfen, so müssen wir weiter an vorderster Front stehen! / Die werktätigen Frauen müssen Soldaten der Revolution werden." *(Aus: Arbeiterstimme, 23.01.1930)*

Durch die Zusammenlegung der RFMB-Gaue Ostsachsen (Dresden), Westsachsen (Leipzig) und Erzgebirge/Vogtland (Chemnitz) zum RFMB-Gau Sachsen und die Wahl der neuen RFMB-Gauleitung Sachsen auf der 5. RFMB-Gaukonferenz Ostsachsen in Dresden am 19. Januar 1930 endet die Geschichte des selbständigen RFMB-Gaues Ostsachsen, er geht in dem neugebildeten RFMB-Gau Sachsen auf.

Im Deutschen Reich besteht der RFMB bis 1933, bis aufgrund der Notverordnung vom 28. Februar 1933 alle revolutionären proletarischen Organisationen verboten und aufgelöst werden. In Sachsen erfolgt das Verbot des RFMB Ende April 1933.

4. Anhang

4.1 RFMB-Gauleiterinnen

von	*bis*	*Name*	*Vorname*
1925, Dezember	1926, April	Husche	Ella
1926, April	1927, Oktober	Kluttig	Margarethe
1927, Oktober	1930, Januar	Glatzer	Helene

4.2 RFMB-Gaukonferenzen

Nr.	*Datum*	*Tagungsort*
1	20.02.1926	Dresden, Hauptbahnhof, Wartesaal 3./4. Klasse
2	06.03.1927	Dresden, Heim der RFB-Abteilung Dresden 2 (Zentrum), Vorwerkstraße 20
3	30.10.1927	Dresden, „Restaurant Königshof", Gerhart-Hauptmann-Straße 62-64
4	21.10.1928	Dresden, „Bürgergarten", Lübecker Straße 16
5	19.01.1930	Dresden, „Bürgergarten", Lübecker Straße 16

4.3 RFMB-Ortsgruppen

4.3.1 RFMB-Ortsgruppen (alphabetisch)

Lfd. Nr.	*Ortsgruppe*	*Ortsgruppen-Gründung*	*Ortsgruppe erwähnt ab*[1]	*im RFB-Untergau*
01	Bannewitz	04.03.1926	–	Dresden
02	Bautzen	?	26.04.1926	Bautzen
03	Bischofswerda	?	10.10.1926	Bischofswerda
04	Coßmannsdorf	?	27.04.1927	Freital
05	Demitz-Thumitz	09.12.1927	–	Bischofswerda
06	Dohna	?	11.08.1928	Pirna
07	Groß-Dresden (11 Abt.[2])	14.12.1925[3]		Dresden
08	Ebersbach/Friedersdorf	?	03.02.1926	Ebersbach
09	Freital	18.08.1926	–	Freital

1 Ortsgruppen-Gründung unbekannt, deshalb Angabe der erstmaligen Erwähnung der Ortsgruppe
2 siehe Anhang 4.4
3 Gründung aus der seit Sommer 1925 bestehenden „Frauengruppe"

Lfd. Nr.	Ortsgruppe	Ortsgruppen-Gründung	Ortsgruppe erwähnt ab	im RFB-Untergau
10	Gittersee	16.07.1926	–	Freital
11	Großröhrsdorf	07.04.1927	–	Dresden
12	Heidenau	?	20.05.1927	Pirna
13	Königsbrück	?	08.09.1927	Dresden
14	Kötzschenbroda	Ende 12.1925	–	Meißen
15	Löbau	?	02.04.1927	Ebersbach
16	Lockwitz	?	19.03.1926	Pirna
17	Meißen	24.04.1926	–	Meißen
18	Neusalza-Spremberg	?	02.10.1926	Ebersbach
19	Olbersdorf	?	16.07.1927	Zittau
20	Pirna	27.08.1925[4]	–	Pirna
21	Radeberg	?	05.02.1926	Dresden
22	Weinböhla	?	27.03.1926	Weinböhla[5]
23	Zittau	?	26.02.1926	Zittau
24	Zschachwitz	?	03.03.1926	Pirna

4.3.2 RFMB-Ortsgruppen (chronologisch)

Lfd. Nr.	Ortsgruppen-Gründung	Ortsgruppe erwähnt ab[6]	Ortsgruppe	im RFB-Untergau
01	1925, 27. August[7]	–	Pirna	Pirna
02	1925, 14. Dezember[8]	–	Groß-Dresden (11 Abt.[9])	Dresden
03	1925, Ende Dezember	–	Kötzschenbroda	Meißen
04	?	1926, 3. Februar	Ebersbach/Friedersdorf	Ebersbach
05	?	1926, 5. Februar	Radeberg	Dresden
06	?	1926, 26. Februar	Zittau	Zittau
07	?	1926, 3. März	Zschachwitz	Pirna
08	1926, 4. März	–	Bannewitz	Dresden
09	?	1926, 19. März	Lockwitz	Pirna
10	?	1926, 27. März	Weinböhla	Weinböhla[10]
11	1926, 24. April	–	Meißen	Meißen
12	?	1926, 26. April	Bautzen	Bautzen

4 Gründung als „Frauengruppe"
5 RFB-Untergau Weinböhla, ab Oktober 1926 RFB-Untergau Meißen
6 Ortsgruppen-Gründung unbekannt, deshalb Angabe der erstmaligen Erwähnung der Ortsgruppe
7 Gründung als „Frauengruppe"
8 Gründung aus der seit Sommer 1925 bestehenden „Frauengruppe"
9 siehe Anhang 4.4
10 RFB-Untergau Weinböhla, ab Oktober 1926 RFB-Untergau Meißen

Lfd. Nr.	*Ortsgruppen-Gründung*	*Ortsgruppe erwähnt ab*	*Ortsgruppe*	*im RFB-Untergau*
13	1926, 16. Juli	–	Gittersee	Freital
14	1926, 18. August	–	Freital	Freital
15	?	1926, 2. Oktober	Neusalza-Spremberg	Ebersbach
16	?	1926, 10. Oktober	Bischofswerda	Bischofswerda
17	?	1927. 2. April	Löbau	Ebersbach
18	1927, 7. April	–	Großröhrsdorf	Dresden
19	?	1927, 27. April	Coßmannsdorf	Freital
20	?	1927, 20. Mai	Heidenau	Pirna
21	?	1927, 16. Juli	Olbersdorf	Zittau
22	?	1927, 8. September	Königsbrück	Dresden
23	1927, 9. Dezember	–	Demitz-Thumitz	Bischofswerda
24	?	1928, 11. August	Dohna	Pirna

4.4 Abteilungen der RFMB-Ortsgruppe Groß-Dresden

Lfd. Nr.	*Abteilung (Stadtgebiet)*	*Abteilungs-Gründung*	*Abteilung erwähnt ab*[11]
01	RFMB-Abt. 1 (Zentrum)	?	1926, 8. Juni
02	RFMB-Abt. 2 (Neustadt-West)	?	1926, 2. Juni
03	RFMB-Abt. 3 (Striesen)	?	1926, 11. August
04	RFMB-Abt. 4 (Kaitz-Strehlen)	?	1926, 1. Juni
05	RFMB-Abt. 5 (Laubegast)	1926, 9. November	–
06	RFMB-Abt. 6 (Süd-West)	1926, 15. November	–
07	RFMB-Abt. 7 (Kemnitz-Cossebaude)	?	1926, 27. August
08	RFMB-Abt. 8 (Neustadt-Ost)	?	1927, 18. Januar
09	RFMB-Abt. 9 (Leuben)	1927, 20. Januar	–
10	RFMB-Abt. 10 (Reich-Dobritz)	?	1927, 21. Februar
11	RFMB-Abt. 11 (Johannstadt)	?	1926, 22. Oktober

11 Abteilungs-Gründung unbekannt, deshalb Angabe der erstmaligen Erwähnung der Abteilung

4.5 Personenverzeichnis

Zur Beachtung:
Nicht bekannte Vor- oder Familiennamen sind mit … gekennzeichnet, das Geschlecht der jeweiligen Person ist – sofern aus dem Vornamen nicht ersichtlich – mit w. (weiblich) und m. (männlich) angegeben.

4.6 Geografisches Verzeichnis

Zur Beachtung:
Die *24* RFMB-Ortsgruppen sind einzeln und getrennt vom jeweiligen Ort angegeben.
Die *11* RFMB-Abteilungen der RFMB-Ortsgruppe Groß-Dresden sind einzeln angegeben.
Verzeichnet sind auch die zu einigen Hauptwörtern gebildeten Eigenschaftswörter und Ableitungen.

E

F

G

4.7 Abkürzungsverzeichnis

Abt.	Abteilung
ARSO	Arbeitsgemeinschaft sozialpolitischer Organisationen
DNVP	Deutschnationale Volkspartei
DSV	Dresdner Sportverein
e.G.m.b.H.	eingetragene Genossenschaft mit beschränkter Haftpflicht
e.V.	eingetragener Verein
Gebagos	Gemeinnützigen Bekleidungs- und Ausrüstungs-Genossenschaft
Gen.	Genosse
Genn.	Genossin
IAH	Internationale Arbeiterhilfe
IB	Internationaler Bund der Opfer des Krieges und der Arbeit
JSB	Jung-Spartakus-Bund
Kam.	Kamerad
KJI	Kommunistische Jugendinternationale
KJVD	Kommunistischer Jugendverband Deutschlands
komm.	kommunistisch, -e, -er
KPD	Kommunistische Partei Deutschlands
LLL-...	Lenin-Liebknecht-Luxemburg-...
M.d.L.	Mitglied des Landtages
M.d.R.	Mitglied des Reichstages
OG	Ortsgruppe
RB	Reichsbanner
RFB (auch R.F.B.)	Roter Frontkämpferbund
RFMB (auch R.F.M.B.)	Roter Frauen- und Mädchenbund
RH	Rote Hilfe
RHD	Rote Hilfe Deutschland
RJ (auch R.J., R.J.St.)	Roter Jungsturm, ab 1926 Rote Jungfront
SPD	Sozialdemokratische Partei Deutschlands
Stahlhelm	Stahlhelm, Bund der Frontsoldaten
UB	Unterbezirk
UG	Untergau
VESBA (auch Vesba)	Vereins-, Sport-, Berufs-Bekleidung und Ausrüstung
ZK	Zentralkomitee

4.8 Literaturauswahl

Arendt, Hans-Jürgen / Freigang, Werner: Der Rote Frauen- und Mädchenbund – die revolutionäre Frauenorganisation in der Weimarer Republik. In: Beiträge zur Geschichte der Arbeiterbewegung, Berlin, Heft 2/1979, S. 249-258.

Arendt, Hans-Jürgen: Der Rote Frauen- und Mädchenbund in der Weimarer Republik. In: Politikverbot, Politikzugang, Politikverdruss? Frauen und Politik im 19. Und 20. Jahrhundert. Berichte vom 16. Louise-Otto-Peters-Tag 2008 Leipzig, Leipzig 2009, S. 104-110.

Arendt, Hans-Jürgen: Sie stritt mit Herz und Verstand für den Sozialismus. Helene Overlach. In: Beiträge zur Geschichte der Arbeiterbewegung, Berlin, Heft 6/1988, S. 803-812.

Arendt, Hans-Jürgen: Zum Anteil der Frauen in den Organisationen der deutschen Arbeiterbewegung in den Jahren der Weimarer Republik. In: Mitteilungsblatt der Arbeitsgemeinschaft „Geschichte des Kampfes der deutschen Arbeiterklasse um die Befreiung der Frau", Leipzig, Heft 3/1973, S. 27-31.

Finker, Kurt: Geschichte des Roten Frontkämpferbundes, 2. Auflage, Berlin 1982.

Freigang, Werner: Der Rote Frauen- und Mädchenbund. In: Die Frau und die Gesellschaft. Aus der Geschichte des Kampfes um die Gleichberechtigung der Frau, Leipzig 1974.

Freigang, Werner: Von der Roten Frauenliga zum Roten Frauen- und Mädchenbund (Mai bis November 1925). In: Mitteilungsblatt der Arbeitsgemeinschaft „Geschichte des Kampfes der deutschen Arbeiterklasse um die Befreiung der Frau", Leipzig, Heft 3/1973, S. 14-26.

Hermann, Christian: Roter Frontkämpferbund 1924–1929. Katalog, Dresden 1984.

Hermann, Christian: Roter Frontkämpferbund in Dresden und Ostsachsen 1924–1929. Chronik-Bilder-Dokumente, Leipzig 2014.

Schuster, Kurt G. P.: Der Rote Frontkämpferbund 1924–1929. Beiträge zur Geschichte und Organisation eines politischen Kampfbundes, Düsseldorf 1975.

Voigt, Carsten: Kampfbünde der Arbeiterbewegung. Das Reichsbanner Schwarz-Rot-Gold und der Rote Frontkämpferbund in Sachsen 1924–1933, Köln [u.a.] 2009.

Zum Autor / Herausgeber

Christian Hermann wurde 1942 geboren. Von 1965 bis 1969 studierte er Geschichte und Russisch an der Pädagogischen Hochschule Dresden; 1981 erfolgte die Promotion. Von 1970 bis 2007 war er im Armeemuseum der DDR bzw. (ab 1991) im Militärhistorischen Museum der Bundeswehr in Dresden tätig. Dort bildeten das Sammeln, Erforschen und Ausstellen von Sachzeugen zur deutschen Militärgeschichte (1917 bis 1945) und entsprechende Veröffentlichungen die Schwerpunkte seiner Arbeit.

Im Leipziger Universitätsverlag erschienen:

Feldpost eines Dresdners 1915/1919
aus und nach dem Kriegsgebiet „im Osten"
Leipzig 2023 (Herausgeber)

Feldpost einer Dresdner Familie 1944/1945
aus und nach Paris und Bologna
Leipzig 2022 (Herausgeber)

Feldpost einer Dresdner Familie 1943
aus und nach Paris
Leipzig 2022 (Herausgeber)

Feldpost einer Dresdner Familie 1942
aus und nach Paris
Leipzig 2021 (Herausgeber)

Feldpost einer Dresdner Familie 1940/1941
aus und nach Paris
Leipzig 2021 (Herausgeber)

Feldpost einer Dresdner Familie 1939/1940
aus Deutschland und Polen
Leipzig 2021 (Herausgeber)

Garnisonkirche Dresden 1899:
Die Einlagen in der Turmkugel
Leipzig 2019 (Herausgeber)

Nationalkomitee „Freies Deutschland"
Frontstelle Goßens 1944–1945
Berichte und Flugblätter
Mit einem Geleitwort von Gerald Diesener
Leipzig 2018 (Herausgeber)

Dresden 1943–1945
Ein Briefwechsel im Kriege
Leipzig 2018 (Herausgeber)

Dresden 1934–1936
Ein Briefwechsel in schwerer Zeit
Leipzig 2016 (Herausgeber)

Roter Frontkämpferbund (RFB) in Dresden und Ostsachsen 1924–1929
Chronik – Bilder – Dokumente
Leipzig 2014

Frei Hilf! Samariter in Dresden
Zur Geschichte der Arbeiter-Samariter-Kolonne Dresden (1901–1933)
Leipzig 1999